余世锋 胡 蕾 | 主 编
黄妮妮 余安安 | 副主编

大学语文

文学经典编
传统文化编
应用写作编

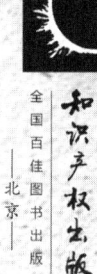

知识产权出版社
全国百佳图书出版单位
——北京——

图书在版编目（CIP）数据

大学语文 / 余世锋, 胡蕾主编 . — 北京：知识产权出版社, 2022.9（2024.1重印）
ISBN 978-7-5130-8294-5

Ⅰ. ①大… Ⅱ. ①余… ②胡… Ⅲ. ①大学语文课－高等学校－教材 Ⅳ. ①H193.9

中国版本图书馆 CIP 数据核字（2022）第 145951 号

内容提要

本教材根据应用型大学的人才培养特点，从大学生的文学修养、文化素质及语言应用能力出发确定内容，分为文学经典编、传统文化编和应用写作编三部分，充分发挥语文学科的人文性和基础性特点，顺应人文科学与自然科学交叉渗透的趋势，以期全面提高大学生的综合素质。

责任编辑：王志茹　　　　　　　　　　　　　　　责任印制：刘译文

大学语文
DAXUE YUWEN

余世锋　胡　蕾　主　编
黄妮妮　余安安　副主编

出版发行：	知识产权出版社有限责任公司	网　　址：	http://www.ipph.cn	
			http://www.laichushu.com	
电　　话：	010-82004826			
社　　址：	北京市海淀区气象路50号院	邮　　编：	100081	
责编电话：	010-82000860转8761	责编邮箱：	laichushu@cnipr.com	
发行电话：	010-82000860转8101	发行传真：	010-82000893	
印　　刷：	三河市国英印务有限公司	经　　销：	新华书店、各大网上书店及相关专业书店	
开　　本：	787mm×1092mm　1/16	印　　张：	20.75	
版　　次：	2022年9月第1版	印　　次：	2024年1月第4次印刷	
字　　数：	365千字	定　　价：	68.00元	

ISBN 978-7-5130-8294-5

出版权专有　侵权必究
如有印装质量问题，本社负责调换。

《大学语文》编委会

主　任：胡　蕾

委　员：余世锋　黄妮妮

主　编：余世锋　胡　蕾

副主编：黄妮妮　余安安

编　委：胡　蕾　余世锋　黄妮妮　王雨菲　胡婷婷　张　盼
　　　　江　戢　余安安

前　言

"大学语文"是面向高等院校非汉语言文学专业学生开设的一门公共基础课。在教学过程中,教师面对的最大困惑就是非汉语言文学专业的学生学习"大学语文"究竟有什么用。有的学生甚至说:"学习这门课程是学校的要求,反正没什么用。老师不用太认真,学生不必太用功,送我们学分就好了。"学生们对待"大学语文"课程的态度,实际上反映了一个关键的问题,那就是为什么要在大学里为非汉语言文学专业的学生开设这门课。难道开设这门课仅仅是为了给予或者获得学分吗？如果是这样,不仅是对本就紧张的大学教育资源的挥霍,而且是对学生们宝贵学习时间的浪费。这显然不是高等院校开设"大学语文"课程的初衷和目的。那么,"大学语文"到底是一门什么样的课程呢？

"大学语文"是一门母语高等教育课程,承载着为大学生提供必要的母语教育功能,这是其他课程无法替代的。母语学习既是公民的权利,也是公民的义务。2021年,国务院办公厅发布的《关于全面加强新时代语言文字工作的意见》指出:"语言文字事业具有基础性、全局性、社会性和全民性特点,事关国民素质提高和人的全面发展,事关历史文化传承和经济社会发展,事关国家统一和民族团结,是国家综合实力的重要支撑,在党和国家工作大局中具有重要地位和作用。"因此,在高等院校开设"大学语文"课程是对"母语及其文化传承"的尊崇,是实现中华民族伟大复兴事业的重要环节。

"大学语文"以听、说、读、写为基本载体,是一门工具性课程,是学习其他大学课程的工具,为学生的终身学习夯实基础,为他们适应社会做好准备。这门课融思想性、知识性、审美性于一体,是一门人文课程,具有培养气质、陶冶情操、净化心灵等功能。2006年,教育部在《大学语文教学大纲》(征求意见稿)中明确指出:"在全日制高校设置大学语文课程,其根本目的在于:充分发挥语文学科的人文性和基础性特点,适应当代人文科学与自然科学日益交叉渗透的发展趋势,为我国的社会主义现代化建设培养具有全面素质的高质量人才。"

学习"大学语文",不仅能增强学生的阅读与理解、表达与交流能力,为学生学好其他课程及未来的职业发展奠定基础,还能帮助他们汲取优秀传统文化和知识的精华,在丰富其情感世界和精神生活的同时，进一步帮助他们拓宽视野、陶冶性情、净化心灵、升华人格，引导他们学会学习、学会做人、学会生活。"大学语文"虽然不是一项求职技能，但它能为大学生的人生打底色、事业打基础。一个既有专业知识又有较强语文能力的人，必定会比只懂专业知识而语文能力低下的人在事业上更有发展前景、更有竞争力。

其实，"大学语文"能给予学生的还有很多。语文的内涵很丰富，语文的世界很精彩。可以说，世界有多大，语文就有多大，大到修身齐家治国平天下；人生有多长，语文就有多长，长到风雨彩虹陪你变老。虽然本教材给不了大家一个标准答案，但是我们会用自己的理解来阐释它。

本教材是根据大学生素质教育的总体要求和应用型大学的培养目标确定基本体例、具体内容的。为了让学生乐学、易学，我们在体例安排、内容选择、写作方法、语言表述等方面进行了创新。本教材分为三个部分，即文学经典编、传统文化编、应用写作编。文学经典编选择中外经典的文学作品，如诗歌、散文、戏剧、小说、辞赋等，侧重提升学生的文学修养和审美素质。传统文化编着力挖掘传统文化中的精华，如古代神话、历史哲学、科学文化、文艺理论、军事思想及爱国情怀等，通过中华民族的优秀文化传统培养学生高尚的思想品质和健康的道德情操，使其接受爱国精神的熏陶和教育、增强民族自豪感和自信心、确立文化自信。应用写作编侧重实用写作，选取在生活、工作中最常用到的文种，如总结、计划、演讲稿、毕业论文和新闻等，使学生通过学习切实提高应用写作能力。三个部分既自成体系，又相互支持、紧密结合，从文化品位到精神素养，再到实际应用，着力提升学生的综合素质。

本教材由武汉东湖学院文法学院的老师们编写。其中，胡蕾负责确定写作思路、框架和主要内容并撰写前言，王雨菲、胡婷婷、张盼、江戢负责文学经典编中部分篇目的编写，余世锋、黄妮妮负责文学经典编中部分篇目及传统文化编的编写，余安安负责应用写作编的编写。全书由余世锋、黄妮妮、余安安统稿，胡蕾审定。

由于编者水平有限，写作时间仓促，疏漏和不足在所难免，恳请使用本教材的教师、学生、读者批评指正，以便我们不断完善和充实，把它做成精品，使其真正成为学生的良师益友。

胡　蕾

2022年6月

目　　录

文学经典编 ... 001

采　　薇《诗经》... 003

橘　　颂 屈原 ... 007

谏逐客书 李斯 ... 010

登楼赋 王粲 ... 017

短歌行 曹操 ... 022

燕歌行 曹丕 ... 025

白马篇 曹植 ... 027

迢迢牵牛星《古诗十九首》... 030

上　　邪 汉乐府 ... 032

宋定伯捉鬼《搜神记》... 034

归去来兮辞 陶渊明 ... 037

登池上楼 谢灵运 ... 043

魏武将见匈奴使《世说新语》... 046

与陈伯之书 丘迟 ... 048

从军行 骆宾王 ... 053

春江花月夜 张若虚 ... 055

汉江临泛 王维 ... 058

长干行(其一) 李白 ... 060

兵车行 杜甫 ... 063

张中丞传后叙 韩愈 ... 067

柳毅传 李朝威 ... 074

长恨歌 白居易 ... 085

种树郭橐驼传 柳宗元 ... 093

雁门太守行 李贺 ... 098

浣溪沙·一向年光有限身晏殊 …… 101
八声甘州·对潇潇暮雨洒江天柳永 …… 103
秋声赋欧阳修 …… 106
答司马谏议书王安石 …… 111
定风波·莫听穿林打叶声苏轼 …… 116
如梦令·昨夜雨疏风骤李清照 …… 119
钗头凤·红酥手陆游 …… 121
破阵子·为陈同甫赋壮词以寄之辛弃疾 …… 124
西厢记·长亭送别王实甫 …… 126
牡丹亭·游园惊梦汤显祖 …… 131
煮酒论英雄罗贯中 …… 137
湖心亭看雪张岱 …… 140
长相思·山一程纳兰性德 …… 143
婴　宁蒲松龄 …… 145
红楼梦(节选)曹雪芹 …… 154
再别康桥徐志摩 …… 161
茶馆(第一幕)老舍 …… 164
我用残损的手掌戴望舒 …… 177
哈姆莱特(节选)威廉·莎士比亚 …… 180
热爱生命杰克·伦敦 …… 186

传统文化编 …… 203

精卫填海《山海经》 …… 205
伊阿宋和珀利阿斯古斯塔夫·施瓦布 …… 207
子路、曾皙、冉有、公西华侍坐《论语》 …… 210
梁惠王上(节选)孟子 …… 214
秋水(节选)庄子 …… 216
菩提偈慧能 …… 220
计　篇孙武 …… 222
城濮之战(节选)《左传》 …… 226
垓下之围(节选)司马迁 …… 231

侠客行 李 白 ………………………………………………………… 236

九歌·国殇 屈 原 ………………………………………………… 239

满江红·怒发冲冠 岳 飞 …………………………………………… 242

情 采 刘 勰 ………………………………………………………… 244

文与可画筼筜谷偃竹记 苏 轼 …………………………………… 249

人间词话（节选） 王国维 ………………………………………… 253

梦溪笔谈·序 沈 括 ……………………………………………… 257

溯江纪源 徐霞客 ………………………………………………… 260

应用写作编

通　知 …………………………………………………………… 267

通　报 …………………………………………………………… 273

计　划 …………………………………………………………… 278

总　结 …………………………………………………………… 284

调查报告 ………………………………………………………… 288

毕业论文 ………………………………………………………… 292

求职简历 ………………………………………………………… 297

演讲稿 …………………………………………………………… 301

策划方案 ………………………………………………………… 306

启　事 …………………………………………………………… 312

新　闻 …………………………………………………………… 315

参考文献 ………………………………………………………… 319

文学经典编

采 薇

《诗经》

【题解】 《采薇》选自《诗经·小雅·鹿鸣之什》,是一首戍边之歌,也是《诗经》战争诗中的重要作品,约作于周宣王时期。周代,北方的狎狁(后来的匈奴)已十分强悍,经常入侵中原,给当时北方人民的生活带来不少灾难,对中原构成了巨大的威胁。历史上,有不少周天子派兵戍守边关和命将士出兵打败狎狁的记载。从《采薇》的内容看,它唱出了从军将士的艰辛生活和思归情怀。全诗先描写士卒离家出征、久戍在外的痛苦,随后描写军中车马服饰的盛况及士卒戒备打仗的辛劳,最后描写士卒在归途中又遇雨雪饥渴、劳苦悲伤的情景。这首诗描写了一位出征将士在归途中的所见、所思、所感,将思念故乡、牵挂亲人与抵御外敌入侵、保家卫国的情感交织在一起。全诗将人物塑造得饱满立体、有血有肉、情感丰富,对后世的边塞诗及抒情诗都影响深远。

【原文】 采薇采薇[1],薇亦作止[2]。曰归曰归[3],岁亦莫止[4]。靡室靡家[5],狎狁之故[6]。不遑启居[7],狎狁之故。

采薇采薇,薇亦柔止[8]。曰归曰归,心亦忧止。忧心烈烈[9],载饥载渴[10]。我戍未定[11],靡使归聘[12]。

采薇采薇,薇亦刚止[13]。曰归曰归,岁亦阳止[14]。王事靡盬[15],不遑启处[16]。忧心孔疚[17],我行不来!

彼尔维何[18]?维常之华[19]。彼路斯何[20]?君子之车[21]。戎车既驾[22],四牡业业[23]。岂敢定居[24]?一月三捷[25]。

驾彼四牡,四牡骙骙[26],君子所依,小人所腓[27]。四牡翼翼[28],象弭鱼服[29]。岂不日戒[30]?狎狁孔棘[31]!

昔我往矣[32],杨柳依依[33]。今我来思[34],雨雪霏霏[35]。行道迟迟[36],载渴载饥。我心伤悲,莫知我哀!

【注释】

[1]薇:野豌豆苗,可食。

[2]作:生,指初生。止:语末助词。

[3]曰:言、说。一说为语首助词,无实义。

[4]莫:通"暮"。

[5]靡室靡家:没有室家生活,意指男旷女怨。

[6]狎(xiǎn)狁(yǔn):北狄、匈奴,或作"猃允"。

[7]不遑:不暇。启:跪,危坐。居:安坐,安居。古人席地而坐,故有危坐、安坐的分别。无论危坐还是安坐,都是两膝着席。危坐(跪)时腰部伸直,臀部同足离开;安坐时则将臀部贴在足跟上。

[8]柔:柔嫩。"柔"比"作"更进一步生长。

[9]烈烈:炽烈。

[10]载饥载渴:则饥则渴,即又饥又渴。

[11]戍:防守。定:止。

[12]聘:问,谓问候。

[13]刚:坚硬。

[14]阳:十月为阳。今犹言"十月小阳春"。

[15]靡盬(gǔ):王引之释为无止息。

[16]启处:犹言启居。

[17]孔:甚,很。疚(jiù):病,苦痛。

[18]尔:假作"薾"。薾:花盛貌。

[19]常:常棣,即扶栘,植物名。

[20]路:假作"辂",大车。斯何:犹言维何。

[21]君子:指将帅。

[22]戎车:兵车。

[23]牡:雄马。业业:壮大貌。

[24]定居:犹言安居。

[25]捷:接,谓接战、交战。一说为邪出,指改道行军。此句意为一月多次行军。

[26]骙骙(kuí):雄强,威武。

[27]腓(féi):庇,掩护。《郑笺》:"腓当作芘(庇)。此言戎车者,将率之所依乘,戍役之所芘倚。"

[28]翼翼:安闲貌,谓马训练有素。

[29]弭(mǐ):弓的一种,其两端饰以骨角。象弭:以象牙装饰弓端的弭。鱼服:鱼皮制的箭袋。

[30]日戒:日日警惕戒备。

[31]棘:急。孔棘:很紧急。

[32]昔:指出征时。

[33]依依:茂盛貌。一说依恋貌。

[34]思:语末助词。

[35]霏霏:雪大貌。

[36]迟迟:迟缓。

【作品导读】《采薇》是一首战争题材的诗歌,但是与"王于兴师,修我甲兵"的秦地国风截然不同。全诗从士兵个人的角度出发,以周王朝与少数民族的战争冲突为背景,将大时代下邦国的军事行动同个体的真实感受分离开来,通过对一个戍卒在归途中变化的心路历程的描写,来集中表现数千年前被卷入大时代战争的士卒们久戍难归、忧心如焚的内心世界,从而表达他们对和平生活的眷恋。其中,"昔我往矣,杨柳依依。今我来思,雨雪霏霏"两句,与杜甫《兵车行》中的名句"去时里正与裹头,归来头白还戍边"可谓有异曲同工之妙。

全诗共分六章,句式皆为四言,每章的内容逐层递进,工整的对仗加以比兴手法使诗歌具有更鲜明的音乐美感,并具有足以引人共情的强大生命力和感染力,传唱数千年而经久不衰。《采薇》以一唱三叹的自然流畅表达巧妙地将家国矛盾置于现实描写与个人思绪中,军队的雄壮、战士的豪情、思乡的柔情都一一得以呈现。其中,叠词的使用可谓生花妙笔。诗歌多处使用叠词,抒情、状物和写景更加形象生动。抒情类叠词,如"忧心烈烈"中的"烈烈",表现了士卒内心忧思的炽烈。状物类叠词,如"业业""骙骙""翼翼",形容马高大雄壮、行列整齐。写景类叠词,如"依依""霏霏""迟迟"等,使读者如见其形、深感亲切,又映衬了征人的离家之情。叠词的使用增强了诗歌语言表现的形象性,更使诗句具有和谐铿锵的节奏韵律,富有音乐美感。刘勰在《文心雕龙·物色》中谈到景物对情感有兴发作用,并以"依依"为例:"是以诗人感物,联类不穷……属采附声,亦与心而徘徊……'依依'尽杨柳之貌……"此外,晋人谢玄将"昔我往矣,杨柳依依。今我来思,雨雪霏霏"四句论为诗三百篇中最好的诗句。

本诗在文学史上影响极大,成为《诗经》中借景抒情的典范,为历代文学家所称颂,尤其末章以景写情、情景交融、感人至深。在艺术审美、战争主题揭示等方面,《采薇》的创作意蕴深刻地影响着后世诗歌。

【思考练习】

1. 有人认为,"昔我往矣,杨柳依依。今我来思,雨雪霏霏"是《诗经》中最好的一章。你对此有何看法?
2.《采薇》用了哪些表现手法,达到了怎样的艺术效果?

橘　颂

屈　原

【题解】 屈原(约前340—前278年)，芈姓，屈氏，名平，字原，出生于楚国丹阳秭归(今湖北省宜昌市)，是战国时期楚国的贵族、政治家、著名诗人。屈原是楚武王熊通之子屈瑕的后代，家世显赫，少年时受过良好的教育。楚怀王时期，屈原曾任左徒、三闾大夫等职，执掌内政、外交大权。屈原主政期间，提倡"美政"理念，对内选贤举能、修明法度，对外则主张合纵、联齐制秦，因遭政敌诽谤排挤而被流放至汉北、沅湘等地。前278年，秦将白起率军攻陷郢都，楚顷襄王仓皇出逃，屈原怀着对国事完全绝望的心情自沉于汨罗江，时年六十二岁。

屈原是中国历史上一位伟大的爱国诗人、浪漫主义文学的奠基人，也是"楚辞"的创立者和代表作家，被后人誉为"楚辞之祖"。作为一位失败的改革家，流放期间屈原时常以诗赋的方式表达自我追求与政见，并以比喻的手法对楚国当时的政治风气做出深刻的揭批，在其生命的最后十余年里创作了大量的优秀文学作品。屈原作品的出现标志着中国诗歌进入了一个从大雅歌唱到浪漫独创的时代，其代表作品有《离骚》《九歌》《九章》《天问》等。

《橘颂》出自《楚辞》第四卷《九章》，其体裁具有鲜明的楚地风格，内容新颖别致。《橘颂》是一首咏物诗，作者以诗歌的形式托物言志，通过歌颂橘树的特质进行道德追求与信念坚定的自白，歌颂坚贞不渝的美德，是古代咏物诗的典范。《橘颂》是我国最早的咏物之作，对后世咏物诗和咏物赋的形成与发展产生深远的影响。

【原文】 后皇[1]嘉树，橘徕服[2]兮；受命[3]不迁，生南国兮。

深固难徙，更壹志兮；绿叶素荣[4]，纷其可喜兮！

曾枝剡棘[5]，圆果抟[6]兮；青黄杂糅，文章烂[7]兮。

精色内白[8]，类任道[9]兮；纷缊宜修[10]，姱而不丑兮！

嗟[11]尔幼志，有以异兮；独立不迁，岂不可喜兮！

深固难徙，廓[12]其无求兮；苏[13]世独立，横而不流兮[14]。

闭心[15]自慎，终不失过[16]兮；秉德无私[17]，参天地兮[18]。

愿岁并谢[19]，与长友兮；淑离[20]不淫，梗其有理[21]兮。

年岁虽少，可师长兮；行比伯夷[22]，置以为象[23]兮。

【注释】

[1]后：后土。皇：皇天。后皇：对天地的尊称。先"后"后"皇"，是因为古代称人王为"皇后"（如《尚书·顾命》中的"皇后凭玉几"），倒置为"后皇"，可避免与人王的"皇后"相混。

[2]徕：同"来"。服：习惯。

[3]受命：受天地之命，即禀性、天性。《周礼·考工记》中说："橘逾淮（河）而北为枳（音zhǐ，俗名臭橘）。"

[4]素荣：白花。

[5]曾：通"增"。曾枝：犹繁枝。剡（yǎn）：尖利。棘：刺。

[6]抟（tuán）：同"团"，圆圆的。

[7]文章：花纹色彩。烂：光泽貌。

[8]精色：鲜明的皮色。内白：内瓤清白净洁。

[9]类：像。任：抱。《悲回风》中说："任重石之何益。"道：道德。

[10]纷缊（yùn）：繁茂。宜修：修饰得体。

[11]嗟：赞叹词。

[12]廓：胸怀旷达。

[13]苏：醒。

[14]横：横渡。流：水向下。这句意思是以驾舟横渡不随流而下，比喻为人处世能特立独行。

[15]闭心：节欲，意同上文"无求"、下文"自慎"。

[16]失过："过失"的倒文。

[17]秉：持。私：偏阿、不公正。

[18]参：合，这里是匹配的意思。古说"天无私覆，地无私载"，作者说橘也公正"无私"，其德可比天地。

[19]岁：年寿。并谢：同死。这句意思是誓同生死。

[20]淑：善。离：借作"丽"。

[21]梗：正直。理：条理。

[22]伯夷:殷末义士,周灭殷后耻食周粟,饿死于首阳山。

[23]象:榜样。

【作品导读】《橘颂》是一首托物言志的咏物诗,表面上歌颂橘树,实际是诗人对自己理想和人格的表白。全诗分为两部分,前八句为第一部分,以描写为主,着重歌颂橘树的形象与属性;后十句为第二部分,以抒情为主,从上一部分对橘树本身的描写转向对其内在精神的热情讴歌。两个部分各有侧重,又相互勾连、融为一体。诗人通过对橘树不同方面的赞颂表达自己的道德追求与坚定的信念。

对于这首诗的形成时间与背景,历代研究者有不同观点。诗中没有丝毫的悲愤情绪,而有"嗟尔幼志""年岁虽少"等表达,这是很多学者认为它是屈原早期作品的主要理由。例如,当代文艺理论家马茂元的《楚辞选》从诗歌形体的层面推论"本篇基本上是四言,句法少变化,当是屈原在文学生活中创造性还没有发挥出来少年时期的作品"。但是,《橘颂》整首诗反复歌颂的美德集中在"受命不迁""深固难徙"上,与《离骚》诸篇所颂扬的美德十分相似。从这个角度来看,该诗又可能是屈原在政治失意后所写的。例如,汉代学者王逸在《楚辞章句》中认为,此篇是屈原被谗言陷害之后的作品。此外,明人王船山在《楚辞通释》中对此分析认为,该诗是屈原被楚怀王疏远后为表达自己与众不同、拒不合流的品质所作。

然而,无论作品形成的时间与背景如何,这首诗独特的艺术创作与思想内涵都是备受称道的。本诗借物抒志,以物写人,既沟通物我,又融会古今。橘树流传成为身处逆境、不改操守的伟大志士精神之象征。清人林云铭在其《楚辞灯》中写道:"(这首诗)看来句句是颂橘,句句不是颂橘,但见(屈)原与橘分不得是一是二,彼此互映,有镜花水月之妙。"因为这首诗,宋代大家刘辰翁将屈原称为"咏物之祖"。

【思考练习】

1. 以《橘颂》为代表的楚辞作品具有鲜明的楚地风格,与《诗经》的表达方式截然不同。结合《诗经》与《楚辞》的代表作品,论述其差异与暗合之处。
2. 结合诗句的内容,试述《橘颂》的形成时间与背景,并说明理由。

谏逐客书

李 斯

【题解】 李斯(约前280—前208年),秦朝政治家、文学家和书法家,楚国上蔡(今河南省上蔡县西南)人,初为郡小吏,后从荀况学帝王之术,战国末年入秦,为吕不韦舍人,后被秦王政任为客卿,秦统一六国后任丞相。他参与制定法律并完善了秦朝的制度;主张实行郡县制,废除分封制;主张焚烧民间收藏的《诗》《书》和百家语,禁止私学,以加强专制主义中央集权的统治;提出并主持了文字、车轨、货币、度量衡的统一。李斯提出的郡县制等政治主张,奠定了中国两千多年政治制度的基本格局。秦始皇死后,他与赵高合谋立胡亥为帝,后为赵高所忌,被杀。李斯著有《谏逐客书》《仓颉篇》。

《谏逐客书》是李斯写给秦王政的一份奏章。秦王政十年(前237年),秦国宗室贵族借韩国派水工修灌溉渠、图谋消耗秦的国力之机,谏秦王下令驱逐一切客卿。下逐客令时,李斯上书力谏客不可逐。秦王读了李斯的奏章,取消了逐客令。可见,本文说服力之强。

【原文】 臣闻吏议逐客,窃以为过矣。昔缪公求士,西取由余[1]于戎,东得百里奚于宛[2],迎蹇叔于宋[3],求邳豹、公孙支于晋[4]。此五者,不产[5]于秦,而缪公用之,并国二十,遂霸西戎[6]。孝公用商鞅之法[7],移风易俗,民以殷盛[8],国以富强,百姓乐用,诸侯亲服,获楚、魏之师[9],举地千里,至今治强。惠王用张仪之计[10],拔三川之地[11],西并巴[12]、蜀,北收上郡[13],南取汉中[14],包[15]九夷[16],制鄢、郢[17],东据成皋[18]之险,割膏腴之壤,遂散六国[19]之从,使之西面事秦,功施[20]到今。昭王[21]得范雎[22],废穰侯[23],逐华阳[24],强公室,杜私门,蚕食[25]诸侯,使秦成帝业。此四君者,皆以客之功。由此观之,客何负于秦哉!向使[26]四君却客而不内[27],疏士而不用,是使国无富利之实,而秦无强大之名也。

今陛下致[28]昆山[29]之玉,有随、和之宝[30],垂明月[31]之珠,服太阿[32]之剑,乘纤离[33]之马,建翠凤之旗[34],树灵鼍[35]之鼓。此数宝者,秦不生一焉,而陛下说[36]之何也?必秦国之所生然后可;则是夜光之璧,不饰朝廷;犀象之器,不为玩好;郑、卫[37]之女,不充后宫;而骏良駃騠[38],不实外厩[39],江南[40]金锡不为用,西蜀丹青[41]不为采[42];所以饰后宫,充下陈[43],娱心意,说耳目者,必出于秦然后可;则是宛珠之簪[44],傅玑之珥[45],阿缟[46]之衣,锦绣之饰,不进于前;而随俗雅化[47],佳冶[48]窈窕,赵[49]女不立于侧也。夫击瓮叩缶[50],弹筝搏髀[51],而歌呼呜呜快耳目者,真秦之声也。郑、卫、桑间[52],昭、虞、武、象[53]者,异国之乐也。今弃击瓮叩缶而就郑、卫,退弹筝而取昭、虞,若是者何也?快意当前,适观而已矣。今取人则不然。不问可否,不论曲直,非秦者去,为客者逐。然则是所重者在乎色乐珠玉,而所轻者在乎人民也。此非所以跨海内制诸侯之术也。

臣闻地广者粟多,国大者人众,兵强则士勇。是以太山[54]不让[55]土壤,故能成其大;河海不择[56]细流,故能就其深;王者不却[57]众庶,故能明其德。是以地无四方,民无异国,四时充美,鬼神降福,此五帝[58]三王[59]之所以无敌也。今乃弃黔首[60]以资[61]敌国,却宾客以业[62]诸侯,使天下之士,退而不敢西向,裹足不入秦,此所谓藉寇兵而赍盗粮[63]者也。夫物不产于秦,可宝者多;士不产于秦,而愿忠者众。今逐客以资敌国,损民以益雠[64],内自虚而外树怨于诸侯[65],求国无危,不可得也。

【注释】

[1]由余:亦作"繇余",戎王的臣子,是晋人的后裔。

[2]百里奚:原为虞国大夫,秦缪公用五张黑公羊皮将其赎出,用为上大夫,故称"五羖大夫"。宛(yuān):楚国邑名,在今河南省南阳市。

[3]蹇(jiǎn)叔:百里奚的好友,经百里奚推荐,秦缪公把他从宋国请来,委任为上大夫。宋:国名,或称"商""殷",子姓,始封君为商纣王庶兄微子启。

[4]邳豹:晋国大夫邳郑之子,邳郑被晋惠公杀死后投奔秦国,秦缪公任其为大夫。公孙支:"支"或作"枝",字子桑,秦人,曾游晋,后返秦任大夫。晋:国名,姬姓,始封君为周成王之弟叔虞,建都于唐(今陕西省翼城县西),约有今山西省西南部之地。

[5]产:生,出生。

[6]并:吞并。并国二十,遂霸西戎:《秦本纪》云秦缪公"益国十二,开地千里,遂霸西戎",这里的"二十"当是约数。

[7]孝公:秦孝公。商鞅:卫国公族,公孙氏,亦称"公孙鞅",初为魏相公叔痤家臣,公叔痤死后入秦,受到秦孝公重用,号称"商君"。

[8]殷:多,众多。殷盛:百姓众多且富裕。

[9]魏:国名,始封君魏文侯。获楚、魏之师:战胜楚国、魏国的军队。

[10]惠王:秦惠王,名驷,秦孝公之子,于前325年称王。张仪:魏人,秦惠王时数次

任秦相,封武信君。此句以下诸事,并非都是张仪之计,因为张仪曾经作为宰相,就把功劳归于他。

[11]三川之地:黄河、洛水、伊水三川之地,在今河南省西北部黄河以南的洛水、伊水流域。

[12]巴:国名,周武王灭商后被封为子国,称"巴子国",在今四川省东部、湖北省西部一带。

[13]上郡:郡名,本来是楚地,在今陕西省榆林市。

[14]汉中:郡名,在今陕西省汉中市。

[15]包:这里有并吞的意思。

[16]九夷:指楚国境内西北部的少数部族,在今陕西、湖北、四川三省交界地区。

[17]鄢(yān):楚国别都,在今湖北省宜城市东南。郢(yǐng):楚国都城,在今湖北省江陵市西北纪南城。

[18]成皋:邑名,在今河南省荥阳市汜水镇,地势险要,是著名的军事重地。

[19]六国:韩、魏、燕、赵、齐、楚。

[20]施(yì):蔓延,延续。

[21]昭王:秦昭王,名稷,一作侧或则,秦惠王之子,秦武王异母弟,前306—前251年在位。

[22]范雎(jū):一作"范且",亦称"范叔",魏人,入秦后改名张禄,受到秦昭王信任,为秦相。

[23]穰(ráng)侯:魏冉,楚人后裔,秦昭王母宣太后之异父弟。

[24]华阳:华阳君芈戎,秦昭王母宣太后之同父弟,曾任将军等职。

[25]蚕食:比喻像蚕吃桑叶那样逐渐吞并侵占。

[26]向使:假使,倘若。

[27]内:同"纳",接纳。

[28]致:求得,收罗。

[29]昆山:昆仑山。

[30]随、和之宝:随侯珠与和氏璧,传说中春秋时随侯所得的夜明珠和楚人卞和所得的美玉。

[31]明月:宝珠名。

[32]太阿(ē):亦称"泰阿",宝剑名,相传为春秋著名工匠欧冶子、干将所铸。

[33] 纤离:骏马名。

[34] 翠凤之旗:用翠凤羽毛做装饰的旗帜。

[35] 鼍(tuó):亦称"扬子鳄",俗称"猪婆龙",皮可蒙鼓。

[36] 说:通"悦",喜悦、喜爱。

[37] 郑:国名,姬姓,始封君为周宣王弟友。卫:国名,姬姓,始封君为周武王弟康叔。

[38] 駃騠(juétí):骏马名。

[39] 外厩(jiù):宫外的马圈。

[40] 江南:长江以南的楚地,素以出产金、锡出名。

[41] 丹:丹砂,可以制成红色颜料。青:可以制成青黑色颜料。西蜀丹青:蜀地素以出产丹青矿石出名。

[42] 采:彩色,彩绘。

[43] 充下陈:泛指将财物、美女充满府库后宫。

[44] 宛:婉转,缠绕。宛珠之簪:缀绕珍珠的发簪,或以"宛"为地名,指用宛(今河南省南阳市)地出产的珍珠做装饰的发簪。

[45] 傅:附着,镶嵌。玑:不圆的珠子,泛指珠子。珥(ěr):耳饰。

[46] 阿:细缯,一种轻细的丝织物,或以"阿"为地名,指齐国东阿(今山东省东阿县)。缟(gǎo):未经染色的绢。

[47] 随俗雅化:随合时俗而雅致不凡。

[48] 冶:妖冶,艳丽。

[49] 赵:国名,始封君赵烈侯,系晋国大夫赵衰后裔。古人多以燕、赵为出美女之地。

[50] 缶(fǒu):一种口小腹大的陶器。秦人将瓮、缶作为打击乐器。

[51] 搏髀(bì):拍打大腿,以此掌握音乐唱歌的节奏。

[52] 郑:郑国故地的音乐。卫:卫国故地的音乐。桑间:为卫国濮水边上的地名,在今河南省濮阳县南,有男女聚会唱歌的风俗,此指桑间的音乐。

[53] 昭:通"韶",《史记集解》引徐广曰"昭,一作'韶'",歌颂虞舜的舞乐。虞:按《史记会注考证校补》引南化本、枫山本、三条本等作"护",当为歌颂商汤的舞乐。武:歌颂周武王的舞乐。象:歌颂周文王的舞乐。

[54] 太山:泰山。

[55]让:辞让,拒绝。

[56]择:舍弃,抛弃。

[57]却:推却,拒绝。

[58]五帝:黄帝、颛顼、帝喾、尧、舜。

[59]三王:夏、商、周三代开国君主,即夏禹、商汤、周文王和周武王。

[60]黔首:无爵平民不能服冠,只能以黑巾裹头,故称"黔首",此泛指百姓。秦始皇统一六国后正式称百姓为"黔首"。《史记·秦始皇本纪》载:"更名民曰黔首。"

[61]资:资助,供给。

[62]业:从业,从事,事奉。

[63]赍(jī):送,送给。此句意为把武器、粮食供给寇盗。

[64]益:增益,增多。雠:通"仇",仇敌。此句意为减少该国的人口而增加敌国的人力。

[65]外树怨于诸侯:指宾客被驱逐出外必投奔其他诸侯,从而构树新怨。

【作品导读】 战国时期的历史告诉人们,国家唯有改革才能强盛,只有坚持改革才能取得最后的胜利。战国时期的改革风潮从韩、魏开始,但将改革进行到底的则是秦国。这是秦国最后统一六国的重要原因。除改革之外,秦国强大的另一个重要原因就是敞开胸怀、招揽人才。秦始皇为了完成统一大业,更是从各国广揽人才。其中,最著名的就是李斯。

李斯本是楚国人,曾拜荀子为师,学业有成之后,决定到秦国干一番事业。在秦国,他如鱼得水、大展抱负,为秦国出谋划策、立下功勋,因此被拜为客卿。然而正当李斯意气风发、踌躇满志之时,秦国发生了一个令人震惊的事件:秦国正在建设的一项大型水利工程被发现是一个阴谋,这个后来被称为"郑国渠"的水利工程竟然是韩国的一个弱秦之计。原来,"战国七雄"中的韩国既国力弱小又处于四战之地,饱受兵祸。秦王嬴政继位后,更是立志统一六国,韩国首当其冲。于是,韩国想出了一条"妙计",就是派当时著名的水利工程师郑国去游说秦人,建议秦国修一条连通泾水和洛水的运河用于灌溉,但韩国的真正目的是想借修运河大量消耗秦国国力,让其暂时无力东顾。然而,这个阴谋被发现了,秦国朝野上下一片哗然。这时正值嫪毐和吕不韦事件之后不久,嫪毐、吕不韦、郑国三个人都不是秦国人,都做了不利于秦国或秦王的事。因此,秦国的一批宗室大臣认为,各国来秦国的人都是为了他们国家的利益而来,所以建议驱逐来自外国的客卿。秦王听后,就下了一道逐客令,李斯也在被逐之列。李斯心有不甘,于是向秦王上奏了这篇名垂千古的《谏逐客书》。

文章分为五个部分。第一部分提出总论点"臣闻吏议逐客,窃以为过矣",开门见山,直接提出自己对逐客之事的判断:秦国逐客是错误的。第二部分用历史证明秦用客卿是秦国走向强大的原因之一。秦缪公用由余、百里奚、蹇叔、邳豹、公孙支五人,结果"并国二十,遂霸西戎"。秦孝公用商鞅变法富国强兵,开疆拓土。秦惠王任用张仪"散六国之从"。秦昭王任用范雎开疆拓土。可见,秦国立国、兴国、统一的历史就是一部任用客卿富国强兵的发展史。雄心勃勃的秦王怎能视而不见。可以说,此部分足以打动秦王,秦国的逐客之举必将改弦易辙。第三部分从"物"的角度证明秦王用物并不"逐客",以逻辑推理来论证"逐客"之过。"夜光之璧""犀象之器""郑、卫之女"等都是国外之宝,可是秦王都"悦之",如果万物"必秦国之所生然后可",那么秦王只能享受"击瓮叩缶""弹筝搏髀"了。这部分设事推理、设事喻理,证明逐客的荒谬和矛盾。第四部分通过"五帝三王之所以无敌"进行理论辨析,从而指出"逐客"的严重危害。根据历史经验"地广者粟多,国大者人众,兵强则士勇",因此李斯提出"太山不让土壤,故能成其大;河海不择细流,故能就其深",从而推论"王者不却众庶,故能明其德",又以此作为根据引出逐客是"弃黔首以资敌国,却宾客以业诸侯",而这不是"藉寇兵而赍盗粮"吗?第五部分收束全文,进一步说明逐客关系到秦国的安危。"逐客以资敌国,损民以益雠",这不是损己而利敌吗?如此则"求国无危,不可得也",从而与文章开头提出的论点"窃以为过"相呼应,具有首尾相连、前后贯通之妙。

《谏逐客书》识高文亦高,它不仅思想可贵,而且辞采华丽,写作技巧十分出色。首先,摆事实,设比喻,重铺叙,论辩有力,说理透辟。文章第一段摆出一系列历史事实,第二段为一系列比喻和铺陈,第三段充满说理和论证。事实、比喻、铺叙、渲染,不仅深入浅出、形象鲜明地说清了道理,而且增强了文章铺张扬厉的特色。其次,在文章结构上,既曲折多变,又严谨有序。在论说秦王对物的态度时,几层意思差不多,但一会儿顺说,一会儿倒说,一会儿正叙,一会儿反诘,或者略换几个字,或者稍变手法,真是跌宕生姿,极尽曲折变化。同时,此文围绕"逐客"之过这个中心,在行文上注意到前后呼应、一气贯通,所以全文显得紧凑缜密。最后,文章气势雄浑奔放。文章气势充沛主要是由严密的逻辑、有力的论辩形成的,同时排比和对偶在音节上抑扬顿挫、铿锵响亮,这些使其形成雄放不羁的气势。

读完李斯的《谏逐客书》后,嬴政幡然醒悟,毅然接受了李斯的建议,立即下令取消逐客令。不仅李斯官复原职,而且郑国也得到重用,继续指挥水渠的修筑工程,此渠就是郑国渠。可见,李斯的《谏逐客书》不只是一篇奇文,更是一个奇策,其社会价值、历史价值远不止改变"逐客",更为秦王朝统一天下奠定了策略基础。

在秦代短暂的历史上,李斯在文学上一枝独秀。鲁迅先生曾称赞:"秦之文章,李斯一人而已。"

【思考练习】

1. 如何理解"是以太山不让土壤,故能成其大;河海不择细流,故能就其深;王者不却众庶,故能明其德"所蕴含的思想,并据此谈谈我国历史文化的发展与变迁。

2. 联系现实,谈谈你对"逐客卿"的看法。

登楼赋

王　粲

【题解】 王粲(177—217年),字仲宣,山阳郡高平县(今山东省邹县)人,东汉末年著名文学家,"建安七子"之一,与曹植并称"曹王",著有诗、赋、论近六十篇。王粲少时即有才名,博闻强记,有过目不忘之才,曾受到著名学者蔡邕的赏识;先依刘表,未被重用,后为曹操幕僚,官拜侍中,赐爵关内侯,在兴革制度、谋划军事方面发挥了重要作用,后随曹操征吴,病死途中。

《登楼赋》写于王粲依荆州牧刘表期间,主要抒写自己生逢乱世、长期客居他乡、才能不能施展而产生的思乡怀国之情和怀才不遇之忧,表达了对动乱时局的忧虑和国家和平统一的希望,以及渴望施展抱负、建功立业的志向。作品结构完整,语言平易隽永,写景、抒情融为一体,用事感怀自然浑成、从容柔曼、一往情深,是建安时期抒情小赋的代表作品。

【原文】 登兹楼[1]以四望兮,聊暇日以销忧[2]。览斯宇之所处[3]兮,实显敞而寡仇[4]。挟清漳之通浦兮[5],倚曲沮之长洲[6],背坟衍之广陆兮[7],临皋隰之沃流[8]。北弥陶牧[9],西接昭邱[10],华实蔽野[11],黍稷盈畴[12]。虽信美而非吾土兮[13],曾何足以少留[14]!

遭纷浊而迁逝兮[15],漫逾纪以迄今[16]。情眷眷[17]而怀归兮,孰忧思之可任[18]?凭轩槛以遥望兮,向北风而开襟[19]。平原远而极目兮,蔽荆山之高岑[20]。路逶迤而修迥兮[21],川既漾而济深[22]。悲旧乡之壅隔兮[23],涕横坠而弗禁[24]。昔尼父之在陈兮,有归欤之叹音[25]。钟仪幽而楚奏兮[26],庄舄显而越吟[27]。人情同于怀土兮[28],岂穷达而异心[29]!

惟日月之逾迈兮[30],俟河清其未极[31]。冀王道之一平兮[32],假高衢而骋力[33]。惧匏瓜之徒悬兮[34],畏井渫之莫食[35]。步栖迟以徙倚兮[36],白日忽其将匿[37]。风萧瑟而并兴兮[38],天惨惨而无色[39]。兽狂顾以求群兮[40],鸟相鸣而举翼[41]。原野阒其无人兮[42],征夫行而未息[43]。心凄怆以感发兮[44],意忉怛而憯恻[45]。循阶除而下降兮[46],气交愤于胸臆[47]。夜参半而不寐兮[48],怅盘桓以反侧[49]。

【注释】

[1]兹:此。王粲所登何楼,向有异说。《文选》李善注引盛弘之《荆州记》,以为是当阳城楼。《文选》刘良注则说为江陵城楼。按赋中所述"挟清漳之通浦兮,倚曲沮之长洲"和"西接昭邱"的位置,应为当阳东南、漳沮二水之间的麦城城楼。

[2]聊:姑且,暂且。暇日:假借此日。暇:通"假",借。销忧:解除忧虑。

[3]斯宇之所处:指这座楼所处的环境。

[4]实显敞而寡仇:此楼的宽阔敞亮很少能有与它相比的。寡:少。仇:匹敌。

[5]挟清漳之通浦兮:漳水和沮水在这里汇合。挟:带。清漳:漳水,发源于湖北省南漳,流经当阳,与沮水汇合,经江陵注入长江。通浦:两条河流的相通之处。

[6]倚曲沮之长洲:弯曲的沮水中间是一块长形陆地。倚:靠。曲沮:弯曲的沮水。沮水发源于湖北省保康,流经南漳。长洲:水中长形陆地。

[7]背坟衍之广陆兮:楼北是地势较高的广袤原野。背:背靠,指北面。坟:高。衍:平。广陆:广袤的原野。

[8]临皋(gāo)隰(xí)之沃流:楼南是地势低洼的低湿之地。临:面临,指南面。皋隰:水边低洼之地。沃流:可以灌溉的水流。

[9]北弥陶牧:北接陶朱公所在的江陵。弥:接。陶牧:春秋时越国的范蠡帮助越王勾践灭吴后弃官来到陶,自称"陶朱公"。牧:郊外。湖北省江陵西有陶朱公墓,故称"陶牧"。

[10]昭邱:楚昭王的坟墓,在当阳郊外。

[11]华实蔽野:(放眼望去)花和果实覆盖着原野。华:同"花"。

[12]黍(shǔ)稷(jì)盈畴:农作物遍布田野。黍稷:泛指农作物。

[13]信美:确实美。吾土:这里指作者的故乡。

[14]曾何足以少留:怎能暂居一段。

[15]遭纷浊而迁逝兮:生逢乱世,到处迁徙流亡。纷浊:纷乱混浊,比喻乱世。

[16]漫逾纪以迄今:这种流亡生活至今已超过了十二年。逾:超过。纪:十二年。迄今:至今。

[17]眷眷(juàn):形容念念不忘。

[18]孰忧思之可任:这种忧思谁能经受得住呢?任:承受。

[19]凭:倚,靠。开襟:敞开胸襟。

[20]蔽荆山之高岑(cén):高耸的荆山挡住了视线。荆山:在湖北省南漳县。高岑:小而高的山。

[21]路逶迤(wēiyí)而修迥兮:道路曲折漫长。修:长。迥:远。

[22]川既漾而济深:河水荡漾而深,很难渡过。这两句是说路远水长归路艰难。

[23]悲旧乡之壅(yōng)隔兮:想到与故乡阻塞隔绝就悲伤不已。壅:阻塞。

[24]涕横坠而弗禁:禁不住泪流满面。涕:眼泪。弗禁:止不住。

[25]昔尼父之在陈兮,有归欤之叹音:据《论语·公冶长》记载,孔子周游列国的时候,在陈、蔡绝粮时感叹:"归欤,归欤!"尼父:孔子。

[26]钟仪幽而楚奏兮:指钟仪被囚,仍不忘弹奏家乡的乐曲。《左传·成公九年》载,楚人钟仪被郑国作为俘虏献给晋国,晋侯让他弹琴,晋侯称赞说:"乐操土风,不忘旧也。"

[27]庄舄(xì)显而越吟:指庄舄身居要职,仍说家乡方言。《史记·张仪列传》载,庄舄在楚国做官时病了。楚王说:"他原来是越国的穷人,现在楚国做了大官,还能思念越国吗?"于是,楚王派人去看,原来庄舄正在用家乡话自言自语。

[28]人情同于怀土兮:人都有怀念故乡的心情。

[29]岂穷达而异心:怎能因不得志和显达而不同。

[30]惟日月之逾迈兮:日月如梭,时光飞逝。惟:发语词,无实义。

[31]俟(sì)河清其未极:黄河水还没有到澄清的那一天。俟:等待。河:黄河。未极:未至。

[32]冀王道之一平兮:希望国家统一安定。冀:希望。

[33]假高衢(qú)而骋力:自己可以施展才能和抱负。假:凭借。高衢:大道。

[34]惧匏(páo)瓜之徒悬兮:担心自己像匏瓜那样被白白地挂在那里。《论语·阳货》中有"吾岂匏瓜也哉?焉能系而不食?",比喻不为世所用。

[35]畏井渫(xiè)之莫食:害怕井淘好了,却没有人来打水吃。渫:淘井。《周易·井卦》中有"井渫不食,为我心恻",比喻一个洁身自持而不被重用的人。

[36]步栖(qī)迟以徙倚兮:在楼上漫步徘徊。栖迟、徙倚都有徘徊、漫步之义。

[37]白日忽其将匿(nì):太阳将要下沉。匿:隐藏。

[38]风萧瑟而并兴兮:林涛阵阵,八面来风。萧瑟:树木被风吹拂的声音。并兴:指风从不同的地方同时吹起。

[39]天惨惨而无色:天空暗淡无光。

[40]兽狂顾以求群兮:野兽惊恐地张望寻找伙伴。狂顾:惊恐地回头望。

[41]鸟相鸣而举翼:鸟张开翅膀互相鸣叫。

[42]原野阒(qù)其无人兮:原野静寂无人。阒:静寂。

[43]征夫行而未息:离家远行的人还在匆匆赶路。

[44]心凄怆以感发兮:指自己为周围景物所感触,不禁觉得凄凉悲怆。

[45]意忉怛(dāodá)而憯(cǎn)恻:指心情悲痛,无限伤感。这两句为互文。憯:同"惨"。

[46]循阶除而下降兮:沿着阶梯下楼。循:沿着。除:台阶。

[47]气交愤于胸臆:胸中闷气郁结,愤懑难平。

[48]夜参半而不寐兮:直到半夜还难以入睡。

[49]怅盘桓以反侧:惆怅难耐,辗转反侧。盘桓:这里指内心的不平静。

【作品导读】 王粲出身名门、年少才高,曾受著名学者蔡邕赏识。然而董卓之乱后政局混乱,经过一番考虑,年仅十八岁的他离开长安,前往荆州投靠刘表。荆州远离北方的政治中心,相对安定。刘表本是王粲的同乡故旧,所以他渴望在荆州施展抱负。然而到荆州后,一是王粲虽有才名,但长相不佳;二是刘表本非雄心进取之辈,满腹才华的王粲不被重用。本该意气风发的王粲不得不在襄阳流寓十余年,心情极为抑郁苦闷。建安九年(204年)秋,他久客思归,登上当阳东南的麦城城楼,举目四望、百感交集,写下这篇抒情赋作。

全文分为三段,首段写登上城楼,举目四望,一片盛景。"虽信美而非吾土兮,曾何足以少留",景虽美,但不足以让我停留,于是转入次段,叙怀乡之情,遥望北方,山川阻隔,"人情同于怀土兮,岂穷达而异心",由怀想之"人情"转入人生之"穷达",开启末段的人生之思。总的来说,《登楼赋》集中抒写了王粲生逢乱世、久居异乡、怀才不遇,因而产生思乡怀土之情及人生易逝、壮志未酬之忧思。这篇文章并非一般的思乡怀土之作,还有深刻的人生思索和现实的政治意涵。"遭纷浊而迁逝兮,漫逾纪以迄今",概括了当时动荡的时代特征和作者悲惨不幸的遭遇;"惟日月之逾迈兮,俟河清其未极",写出了作者时不我待、渴望天下太平的紧迫感;"冀王道之一平兮,假高衢而骋力",反映了作者以天下为己任、急于建功立业的使命感。总之,作者通过登楼四望,抒发了浓重的故土之思,倾吐了宏图难展的悲慨,表达了建功立业的迫切愿望。

从艺术上看,首先,本赋结构较为严谨,以"忧思"贯穿全文,"忧思"奠定了抒情基调。第一段写景中透露出"忧思",以"望"写景,以"忧"写思。第二段集中表达了作者的怀乡之思。第三段对思乡之情进一步开掘,揭示"忧思"深层的人生思考和政治意涵。其次,本赋情景交融,以铺叙手法,由登楼极目四望之景而生思乡之情,由思乡之情而生忧时伤事之慨,把异乡之景和眷恋故乡、怀才不遇之情巧妙地结合起来,景中有情、情融于景。同时,本赋语言清新流转,大量运用富有音乐美的修饰词语,如"眷眷""惨惨""凄怆""憯恻""盘桓"等,或双声或叠韵或连绵,音节流畅,朗朗上口。本文善用典,典故与主观感情的抒发相契合,如"井渫莫食""匏瓜徒悬"等典故,都表达出作者的怀乡之情和怀才不遇的怨愤。总之,《登楼赋》风格沉郁悲凉,情思深厚丰腴,语言流畅自然,是建安时期抒情小赋的杰作。

《登楼赋》后来成为一个典故,被后人引用、演绎,同样也是为了抒发愁和苦,如郑光祖的杂剧《王粲登楼》、王庭筠的《凤栖梧》中"王粲登临寥落际。雁飞不断天连水"、李商隐的《安定城楼》中"贾生年少虚垂涕,王粲春来更远游"、周密的《一萼红·登蓬莱阁有感》中"故国山川,故园心眼,还似王粲登楼"等。

【思考练习】

1. 王粲登楼遥望,意在消愁,试分析作者的"愁"从何而来。
2. 结合本文,谈谈你对建安时期抒情小赋的认识。

短歌行

曹　操

【题解】 曹操(155—220年),字孟德,沛国谯县(今安徽省亳州市)人,我国古代著名的政治家、军事家、文学家、书法家,是三国中曹魏政权的奠基人。从他在政治、军事、经济各方面的表现来看,如推行屯田、兴修水利、实行盐铁官卖制度等,对当时的社会经济恢复起到了积极作用。建安二十五年(220年),曹操病死于洛阳,终年六十六岁。

曹操的诗文深受历代文人墨客的喜爱。他的诗歌大多为乐府诗,抒发了自己远大的政治理想,也反映了汉末百姓的苦难生活。他的诗歌在风格上气魄雄伟,情感上慷慨悲凉。此外,他的散文也以清俊整洁、简约严明著称,具有开明通脱的特点。他擅长书法,唐朝的张怀瑾称其"尤工章草,雄逸绝伦",称赞其章草作品为"妙品"。

本文写于建安十五年(210年),曹操时年五十六岁。他完成统一北方大业后,继而想统一全国。《短歌行》概述了曹操统一北方的过程,闪耀着政治智慧、军事智慧和文学智慧的光芒。

【原文】 对酒当歌,人生几何?譬如朝露,去日苦多[1]。慨当以慷[2],忧思难忘。何以解忧[3]?唯有杜康[4]。青青子衿[5],悠悠我心[6]。但为君故,沉吟至今[7]。呦呦[8]鹿鸣,食野之苹[9]。我有嘉宾,鼓瑟吹笙[10]。明明如月,何时可辍[11]?忧从中来,不可断绝[12]。越陌度阡[13],枉用相存[14]。契阔[15]谈䜩,心念旧恩[16]。月明星稀,乌鹊南飞。绕树三匝[17],何枝可依?山不厌高,水不厌深。周公吐哺[18],天下归心[19]。

【注释】

[1]去日:过去了的日子。苦多:恨多。

[2]慨当以慷:慨而且慷。慨慷:同"慷慨",指因不能实现自己的理想而产生的一种不平静的感情。

[3]何以解忧:什么东西可以解除我的忧愁?

[4]杜康:相传古代最初造酒的人。这里作为酒的代称。

[5]衿:衣领。青衿是周代学子的服装。

[6]悠悠:长也,形容思虑连绵不断。以上两句是《诗经·郑风·子衿》中的成句,用于表达对贤才的思念。

[7]"但为君故"二句:原本无此两句,据胡刻《文选》校补。沉吟:沉思吟味,意为整日在心头回旋。

[8]呦呦:鹿鸣声。

[9]苹:藾蒿。

[10]瑟、笙:两种乐器名。以上四句是《诗经·小雅·鹿鸣》中的成句,《鹿鸣》本是宴宾客的诗,这里用于表明自己优礼贤才的态度。

[11]辍:停止,一作"掇"。以上两句形容人才难得。

[12]"忧从中来"二句:指未得贤才,忧思难断。

[13]越陌度阡:客人远道来访。陌和阡都是田间的道路。南北叫阡,东西叫陌。

[14]枉用相存:枉劳存问的意思。枉:屈驾。用:以。存:问候。

[15]契阔:聚散。这里有久别重逢的意思。

[16]旧恩:旧日的情谊。以上四句是作者希望久别的友朋远道来归。

[17]匝(zā):周围。

[18]哺:口中咀嚼着的食物。《韩诗外传》中说周公"一饭三吐哺,犹恐失天下之士",意思是说周公忙于接待天下贤士,吃饭也没有时间。

[19]以上四句是说贤才多多益善,并以周公的求贤若渴来说明自己渴望贤才帮助建功立业的心思。

【作品导读】 曹操的《短歌行》有两首,这里所选为其中的第一首。行,是古代诗歌的一种体裁。本诗选自《乐府诗集》卷三十,是曹操的代表作品之一。曹操在诗中抒发了渴望招纳贤才、建功立业的政治理想,准确而巧妙地运用了比兴手法,寓理于情,以情感人。诗歌无论是思想内容还是艺术上,都取得了极高的成就,语言质朴,立意深远,气势充沛。

全诗沿用汉乐府中短歌行格式的四言体。《短歌行》表面上看写的是个人的感慨,其实抒发了一位政治家珍惜光阴、希望建功立业的宽阔胸怀。"青青子衿,悠悠我心"是《诗经·郑风·子衿》中的原句,诗人借用该句表达对贤才的渴求,接下来又引用了《诗经·小雅·鹿鸣》中的句子"呦呦鹿鸣,食野之苹",描写宾主欢宴的情景。最后,"月明星稀,乌鹊南飞"等句进一步表达了作者求贤若渴的心态。"周公吐哺"等句作为诗歌的画龙点睛之笔,表达了希望人才都来归顺,点明了全诗的主旨。

这首诗主题突出、中心明确,通过一系列新颖、生动的比喻和富有创新的典故运用增强了艺术感染力,摆脱了乐府诗歌的束缚,是建安文学的代表作品之一。

【思考练习】

1. 全诗反复出现一个"忧"字,诗人"忧"的是什么?
2. 如何理解"对酒当歌,人生几何?譬如朝露,去日苦多"四句所表达的思想感情?

燕歌行

曹 丕

【题解】 曹丕(187—226年),字子桓,三国时期著名的政治家、文学家,曹魏的开国皇帝。他自幼好文学,于诗、赋皆有成就,尤擅长五言诗,与曹操和曹植并称"三曹",今存《魏文帝集》二卷。

曹丕的诗歌形式多样,语言通俗,具有民歌风韵,手法则委婉细致,主要以男女爱情和游子思妇为题材。曹丕现存诗约四十首。《燕歌行》是曹丕的代表作,据考据写于建安十二年(207年)曹操北征三郡乌桓时期,是中国文学史上现存最早、最完整的第一首七言诗。《燕歌行》属乐府《相和歌辞·平调曲》。燕是北方的边地,时常发生战争,所以《燕歌行》大多是写征人与思妇的离别之情。

【原文】 秋风萧瑟天气凉,草木摇落露为霜,群燕辞归雁[1]南翔。念君客游思断肠[2],慊慊[3]思归恋故乡,何为淹留寄佗方[4]?贱妾茕茕[5]守空房,忧来思君不敢忘,不觉泪下沾衣裳。援琴鸣弦发清商[6],短歌微吟不能长。明月皎皎照我床,星汉西流夜未央[7]。牵牛织女遥相望,尔独何辜限河梁[8]。

【注释】

[1]雁:《乐府诗集》作"鹄"。

[2]思断肠:《乐府诗集》作"多思肠"。

[3]慊慊:空虚之感。

[4]何为:《乐府诗集》作"君何"。淹留:久留。佗:同"他"。

[5]茕(qióng)茕:孤独貌。

[6]援:取。清商:乐曲名。

[7]星汉西流:银河转向西,表示夜已很深。夜未央:夜已深而未尽之时。

[8]尔:指银河两边的牵牛星、织女星。辜:罪。河梁:河上的桥,这里即指银河。限河梁:为银河所隔,不能会面。

【作品导读】 《燕歌行》是曹丕的代表作,描写了一个闺中女子在不眠的秋夜对客居他乡的丈夫的深沉思念。这首诗从侧面反映了汉末社会动乱、亲朋离散的现实,具有较广泛的社会意义。《燕歌行》是一首具有多重美感的诗歌。它用简约之笔绘就了一幅典型的秋意图,呈现出物境之美。它的形象之美体现在诗中塑造了一个美丽、哀怨、深情的女性形象。燕雁南归,飞禽知返,但亲人回家无期,使主人公泪湿衣衫,感情更为激荡。凄凉的夜景、动人的传说更使主人公感到"此恨绵绵无绝期",感情跌入更加悲痛的境地。这首诗借景生情、因情置景、情景交融,可谓到了水乳交融的地步。

此外,诗歌写景抒情,语言流畅,辞采华美,句句用韵,一韵到底,音节和谐自然,体现了曹丕"诗赋欲丽"的主张。清人王夫之赞之"倾情、倾度、倾色、倾声,古今无两",是有一定道理的。这首诗以其完整的七言形式,不仅为乐府创造了一种新体制,也为我国诗歌形式开创了新纪元。

【思考练习】

1. 试比较《燕歌行》与后世成熟的七言诗在形式特点上的异同。
2. 分析本诗在写作上有何艺术特色。

白马篇

曹 植

【题解】 曹植(192—232年),字子建,沛国谯县(今安徽省亳州市)人,三国时期著名文学家,建安文学的代表人物,曹操之子、曹丕之弟,曾为陈王,谥号思,因此又称"陈思王"。虽然曹植在政治上是一个悲剧人物,但是他在诗歌创作上卓有成就。曹植的代表作品有《洛神赋》《白马篇》《七哀诗》等。后人将曹植、曹操、曹丕合称为"三曹"。

作为"建安之杰"的曹植受到了文人墨客的特别关注。曹植现存诗歌九十余首,其中有六十多首是五言诗。他的诗歌既体现了《诗经》"哀而不伤"的庄雅,又蕴含了《楚辞》窈窕深邃的奇谲;既继承了汉乐府反映现实的笔力,又保留了《古诗十九首》温丽悲远的情调。他继承了先秦《诗》《骚》的优秀文学传统,又从两汉辞赋民歌中汲取营养。其诗骨气奇高、词采华茂,从内容和形式上丰富了诗赋,为六朝隋唐文学开辟了道路。曹植的诗有自己鲜明独特的风格,完成了乐府民歌向文人诗的转变。曹植是建安文学之集大成者,对后世影响很大。受时代背景的影响,曹植在诗歌中不仅书写了自己"建功立业"的功业追求及英雄情怀,而且表达出对国家前途命运、百姓生存状态的密切关注,体现出一种超越个人追求的爱国情怀,这种家国情怀正是"建安风骨"的内核。在两晋南北朝时期,他被推尊到文章典范的地位。南朝大诗人谢灵运更是对他赞许有加:"天下才共一石,曹子建独得八斗,我得一斗,自古及今共分一斗。"王士禛曾论汉魏以来两千年间诗家堪称"仙才"者,曹植、李白、苏轼三人。

《白马篇》又名《游侠篇》,是曹植创作的乐府新题,属《杂曲歌·齐瑟行》。《白马篇》对侠义伦理进行了改造,为怀才不遇的文人找到了一种新的情感表达方式,对后世的"侠文化"产生深远的影响。

【原文】 白马饰金羁[1],连翩西北驰。借问谁家子,幽并游侠儿[2]。少小去乡邑,扬声沙漠垂[3]。宿昔秉[4]良弓,楛矢何参差[5]。控弦破左的[6],右发摧月支[7]。仰手接飞猱[8],俯身散马蹄[9]。狡捷过猴猿,勇剽若豹螭[10]。边城多警急,虏骑数迁移。羽檄[11]从北来,厉马[12]登高堤。长驱蹈匈奴,左顾陵鲜卑[13]。弃身锋刃端,性命安可怀[14]?父母且不顾,何言子与妻!名在壮士籍,不得中顾[15]私。捐躯赴国难,视死忽如归。

【注释】

[1]羁(jī):马络头。

[2]幽并:幽州和并州,现在的河北、山西和陕西诸省的一部分地方。游侠儿:重义轻生之人。

[3]扬声:扬名。垂:同"陲",边远的地区。

[4]宿昔:昔时、旧日。秉:操持。

[5]楛(hù)矢:用楛木做箭杆的箭。参差:不齐貌。

[6]控弦:拉弓。破左的:射中左边的目标。

[7]摧:毁坏。月支:射贴(箭靶之类)的名称。

[8]接:迎射飞驰而来的东西。猱:猿类,行动轻捷,攀缘树木,上下如飞。

[9]散:摧裂。马蹄:一种箭靶子的名称。

[10]剽(piào):行动轻捷。螭(chī):传说中形状如龙的黄色猛兽。

[11]檄:军事方面用于征召的文书。当檄被插上羽毛时,表示如鸟飞一样迅速紧急,就称为羽檄。

[12]厉马:奋马、策马。

[13]陵:陵轹,践踏之意。鲜卑:古代我国东北方的一个少数民族,东汉末年开始强大。

[14]怀:顾惜。

[15]中顾:内顾。

【作品导读】 在《白马篇》中,曹植通过描写武艺高超、保家卫国的少年游侠形象,抒发了自己的报国壮志。在诗中,少年游侠为国守土、骁勇杀敌。少年游侠的报国壮志实际是曹植的自我写照。诗歌开头通过"连翩西北驰"的画面体现了一种勇往直前的精神。接着,在"幽并游侠儿"的具体描绘中也是极尽绘声绘色的诗歌表达能力。全诗语言精巧俊丽,结构张弛有度,展现出曹植"骨气奇高"的独特写作气质。

《白马篇》又名《游侠篇》。早在春秋战国时期就有"游侠",游侠是一个特殊的群体。游侠素来行侠仗义,以捍卫公平和正义为己任,轻生死、重承诺,可为朋友两肋插刀。诗中塑造了一位忠勇报国的少年游侠,他是一位保家卫国的在册军人,有着侠士的传统气质。

曹植在《白马篇》中塑造的游侠形象富有理想,成为后世青年学习的侠士典范。品读本诗,我们可以感受其中的爱国热情和远大理想。全诗语言富有韵味,读起来朗朗上口。

【思考练习】

1. 清代学者称曹植的诗"极工起调",意思是曹植作诗非常讲究开头,请简析本诗开头两句的精彩之处。

2. 全诗是从哪几个方面塑造游侠这一形象的,抒发了哪些思想感情?

迢迢牵牛星

《古诗十九首》

【题解】《古诗十九首》,组诗名,五言诗,是乐府古诗文人化的显著标志。东汉末年,社会动荡,政治混乱,下层文士漂泊蹉跎,游宦无门。《古诗十九首》产生于这样的时代,讲述相似的境遇和感受。综合考察《古诗十九首》所体现的情感倾向、社会生活情状、艺术技巧,一般认为它所产生的年代应当是从东汉顺帝末到献帝前,即汉末建安之前的几十年间。南朝萧统从传世无名氏《古诗》中选录十九首编入《昭明文选》(又称《文选》)而成。这十九首诗通常以首句作为标题。《古诗十九首》深刻地再现了汉末文人在社会思想大转变时期所追求的幻灭与沉沦,心灵的觉醒与痛苦。其内容多写离愁别恨和彷徨失意,思想消极,情调低沉,但它的艺术成就很高,长于抒情,善用事物烘托,寓情于景,情景交融。刘勰的《文心雕龙》称它为"五言之冠冕"。

本篇选自南朝梁萧统《文选》卷二十九《古诗十九首》。该组诗作者不详,写作时间大约在东汉末年。

【原文】 迢迢牵牛星[1],皎皎河汉女[2]。纤纤擢[3]素手,札札弄机杼[4]。终日不成章[5],泣涕零[6]如雨。河汉清且浅,相去复几许[7]?盈盈[8]一水间,脉脉[9]不得语。

【注释】

[1]迢迢:远貌。牵牛星:天鹰星座主星,俗称"扁担星"。

[2]皎皎:明貌。河汉:银河。河汉女:织女星,天琴星座主星,在银河北与牵牛星隔河相对。

[3]纤纤:柔长貌,形容素手。擢:摆动。

[4]札札:织机声。杼(zhù):织布机上的梭子。

[5]章:布帛上的纹理。这句意思是织女因相思而无心织布。

[6]零:落。

[7]"河汉清且浅"二句:牵牛星、织女星彼此只隔一道清浅的银河,相距又有多远呢?

[8]盈盈:水清浅貌。

[9]脉脉:相视貌。

【作品导读】《迢迢牵牛星》是《古诗十九首》的代表作,这首诗将现实和愿望进行强烈对比,通过描绘牵牛、织女隔河相望而不能互诉衷肠的痛苦,抒写男女的离别之情,哀怨动人。诗歌开头两句分别从两处着墨,言牵牛曰"迢迢",状织女曰"皎皎"。迢迢、皎皎互文见义。牵牛何尝不皎皎,织女何尝不迢迢呢?诗歌语言的微妙于此可见一斑。

牵牛和织女本是两个星宿的名称,早在《诗经》中已有对牵牛星和织女星的描写,但只是将其作为两颗星来写。成于东汉的《古诗十九首》中的《迢迢牵牛星》,将牵牛星与织女星赋予人间淳朴的情感,也成为后世将牵牛与织女的故事作为神话来源的开端。作者自然地将天上地下、神话现实融为一体,创造了崭新、感人的艺术形象。诗歌集中笔触,单从女方着手诉说,写相思而不能相聚的离愁别绪,成为著名的闺怨诗。

【思考练习】

1. 以本诗为例,总结《古诗十九首》的语言艺术特点。
2. 本诗用牛郎、织女的神话故事表达了怎样的思想感情?

上 邪

汉乐府

【题解】 汉乐府是继《诗经》之后我国古代民歌的又一次大规模汇集。不同于《诗经》的是,汉乐府开创了中国古代诗歌的现实主义新风。在中国文学史上,汉乐府有极高的地位,与《诗经》《楚辞》鼎足而立。

本诗是乐府《鼓吹曲辞·汉铙歌十八曲》之一,以首句"上邪"为名,是一首情诗。

【原文】 上邪[1]！我欲与君相知[2],长命无绝衰[3]。山无陵[4],江水为竭,冬雷震震[5],夏雨[6]雪,天地合[7],乃敢与君绝！

【注释】

[1]上:天。邪:读为"耶",语气词。这句的意思是天哪。

[2]相知:相亲相爱。

[3]命:令,使。这句的意思是让爱情永不衰绝。

[4]陵:山峰。这句的意思是高山变平地。

[5]震震:雷声。

[6]雨:动词,落。

[7]"山无陵"五句:都是假设的情状,意思是除非发生了这类不可能发生的事,我才敢和你断绝爱情。

【作品导读】 《上邪》为乐府"汉铙歌十八曲"之一。全诗以直抒胸臆的语言气魄表现了主人公对爱情忠贞不渝的决心。文中刻画了一位女性为证明自己对爱情的矢志不渝,接连列举五种自然界中不可能出现的现象,即"山无陵,江水为竭,冬雷震震,夏雨雪,天地合",以指天地日月式的盟誓抒写主人公对爱情的矢志不渝。作品中所列的五种自然现象反映了汉人"天人感应"的观念,实际是对负心人的警告、惩罚。诗中"雷""雪"等意象构成天象自然画面,流动变幻且具有奇异神秘的色彩。

全诗感情强烈、气势奔放、深情奇想、感人肺腑,被誉为"短章中神品"。诗中女主人公剖白内心,以不可能出现的自然现象反证自己对爱情的忠贞,具有一种强烈的浪漫主义色彩。《上邪》是用热血乃至生命铸就的爱情篇章,对后世影响深远。

【思考练习】

1. 文学评论都认为《上邪》这首诗的主人公是女性,其依据是什么?结合具体诗句进行论述。
2. 这首诗使用了哪些抒情方式,抒发了怎样的思想感情?

宋定伯捉鬼

《搜神记》

【题解】 干宝(约283—351年),字令升,东晋史学家、文学家,汝南郡新蔡县(今河南省新蔡县)人。他著述颇丰,主要有《周易注》《五气变化论》《论妖怪》《搜神记》等。其父干莹曾仕吴,任立节都尉,迁居海盐。干宝自幼博览群书,晋元帝时担任佐著作郎,奉命领修国史。除精通史学外,他还喜爱易学,为撰写《搜神记》奠定了基础。

《宋定伯捉鬼》选自《搜神记》。《搜神记》是干宝根据百家古籍收集了许多古今神怪故事而编成的笔记体小说,其中有许多有价值的民间故事,内容大多记述怪异、事多荒诞。《搜神记》开创了我国古代神话小说的先河,干宝因此被称为"中国志怪小说的鼻祖"。全书原有三十卷,晋朝之后多有遗失。《宋定伯捉鬼》写的是宋定伯捉鬼的故事。少年宋定伯夜行逢鬼,毫不畏惧,勇敢机智地回答了鬼提出的种种疑问,用很多假象迷惑鬼,并从鬼的口中打探出制服鬼的办法,最后把鬼捉住。宋定伯捉鬼的故事富有启发意义。

【原文】 南阳[1]宋定伯,年少时,夜行逢鬼。问之,鬼言:"我是鬼。"鬼问:"汝复谁?"定伯诳[2]之,言:"我亦鬼。"鬼问:"欲至何所?"答曰:"欲至宛市[3]。"鬼言:"我亦欲至宛市。"遂行数里。鬼言:"步行太迟[4],可共递相担[5],何如?"定伯曰:"大善。"鬼便先担定伯数里。鬼言:"卿[6]太重,不是鬼也!"定伯言:"我新鬼,故身重耳。"定伯因复担鬼,鬼略无重[7]。如是再三[8]。

定伯复言:"我新鬼,不知有何所恶忌?"鬼答言:"唯不喜人唾[9]。"于是共行。道遇水,定伯令鬼渡;听之了然无水音。定伯自渡,漕漼[10]作声。鬼复言:"何以有声?"定伯曰:"新死,不习渡水故尔,勿怪吾也!"行欲至宛市,定伯便担鬼著肩上,急执[11]之。鬼大呼,声咋咋[12]然,索下[13]。不复听之,径至[14]宛市中。下著地,化为一羊,便卖之。恐其变化,唾之。得钱千五百,乃去。

当时有言:"定伯卖鬼,得钱千五。"

【注释】

[1]南阳:郡名,在今河南省西南部和湖北省北部一带,郡治在宛。

[2]诳:骗。

[3]宛市:今河南省南阳市。

[4]迟:缓慢。

[5]递:轮流。这句的意思是彼此轮流背负。

[6]卿:指定伯。魏晋南北朝人朋友间称呼对方常用"卿"字,以示亲昵。

[7]鬼略无重:鬼几乎没有重量。

[8]如是再三:如此轮流背负数次。

[9]唾:吐口液。

[10]漕(cáo)漼(cuǐ):涉水的响声。

[11]执:抓牢。

[12]咋(zhà)咋:鬼惨叫的声音。

[13]索下:请求下来。

[14]径至:一直走到。

【作品导读】《宋定伯捉鬼》出自《搜神记》,是一个颠覆人们传统观念的志怪故事。文章通过对逢鬼、骗鬼和捉鬼的描写,赞扬了少年宋定伯的机智勇敢,说明鬼并没有什么可怕。当时,人们科学知识贫乏,迷信盛行,相信"人鬼乃皆实有",本文的写作具有积极意义。

《宋定伯捉鬼》主要以宋定伯和鬼之间的对话展开故事情节。作者把宋定伯和鬼的对话描述得十分生动有趣。在对话中,鬼的形象是笨拙、窝囊、怯懦的。与此相反,宋定伯则是灵活、机智、勇敢的。二者的形象形成了极其鲜明的对比,增强了艺术表达效果。宋定伯捉鬼的情节也被描绘得极为生动。"鬼大呼,声咋咋然",宋定伯"不复听之",使凄然求饶的鬼和坚定果断的宋定伯跃然纸上。

宋定伯捉鬼的故事在20世纪60年代曾被何其芳编入《不怕鬼的故事》一书。何其芳在1959年受托编写此书,书编成后在序言中说:"如果觉悟提高,迷信破除,思想解放,那么不但鬼神不可怕……一切实际存在的天灾人祸,对于马克思列宁主义者来说,都是不可怕的,都是可以战胜的。"由此可见,《宋定伯捉鬼》的故事宣扬了不怕鬼、敢捉鬼、制服鬼的主题,刻画了宋定伯这个智勇兼备的少年英雄形象,表达了人能战胜邪恶、战胜困难的思想。

【思考练习】

1. 宋定伯具有哪些特点?
2. 世上本没有鬼,而故事写得生动有趣。请思考文中的"鬼"究竟指什么?

归去来兮辞

陶渊明

【题解】 陶渊明(365—427年),字元亮,号"五柳先生",谥号"靖节先生",出身于没落的官宦家庭,二十九岁进入官场,自做彭泽县令八十多天便弃职而去,从此归隐田园。

陶渊明是我国山水田园诗派的鼻祖,被称为"千古隐逸之宗"。他的诗以优美的自然风光来表现乡村隐逸生活的恬淡、闲适,流露出对自然山水、田园生活的赞美与热爱,并在此基础上凸显出对政治、官场的厌弃与决裂,语言质朴清丽,情感热烈真挚,具有浓郁的生活气息。

本文是陶渊明人生转折的重要标志,也是中国文学史上归隐之作的巅峰。"归去来兮"的意思是回去吧。来是语助词,无意义。兮是语气词。辞是古代的一种文体。

【原文】 余家贫,耕植[1]不足以自给[2]。幼稚盈室[3],缾无储粟[4],生生所资[5],未见其术[6]。亲故多劝余为长吏[7],脱然有怀[8],求之靡途[9]。会有四方之事[10],诸侯以惠爱为德[11],家叔[12]以余贫苦,遂见[13]用于小邑。于时风波未静[14],心惮远役[15]。彭泽[16]去家百里,公田之利,足以为酒,故便求之。及少日,眷然有归欤之情[17]。何则[18]?质性自然[19],非矫励[20]所得;饥冻虽切[21],违己交病[22]。尝从人事[23],皆口腹自役[24];于是怅然慷慨,深愧平生之志。犹望一稔[25],当敛裳宵逝[26]。寻[27]程氏妹[28]丧于武昌,情在骏奔[29],自免去职。仲秋至冬,在官八十余日。因事顺心[30],命篇曰《归去来兮》。乙巳岁十一月也。

归去来兮,田园将芜胡不归[31]!既自以心为形役[32],奚惆怅而独悲[33]?悟已往之不谏,知来者之可追[34]。实迷途其未远[35],觉今是而昨非[36]。舟遥遥以轻飏[37],风飘飘而吹衣。问征夫以前路[38],恨晨光之熹微[39]。

乃瞻衡宇[40],载欣载奔。僮仆欢迎,稚子候门。三径就荒[41],松菊犹存。携幼入室,有酒盈罇。引壶觞以自酌,眄庭柯以怡颜[42]。倚南窗以寄傲[43],审容膝之易安[44]。园日涉以成趣[45],门虽设而常关。策扶老以流憩[46],时矫首[47]而遐观[48]。云无心以出岫[49],鸟倦飞而知还。景[50]翳翳[51]以将入,抚孤松而盘桓[52]。归去来兮,请息交以绝游[53]。世与我而相违,复驾言[54]兮焉求[55]!悦亲戚之情话[56],乐琴书以消忧。农人告余以春及[57],将有事[58]于西畴[59]。或命[60]巾车[61],或棹[62]孤舟。既窈窕[63]以寻壑[64],亦崎岖而经丘。木欣欣以向荣,泉涓涓[65]而始流。善[66]万物之得时[67],感吾生之行休[68]。

已矣乎[69],寓形[70]宇内[71]复几时!曷[72]不委心[73]任去留[74],胡为乎遑遑[75]兮欲何之[76]?富贵非吾愿,帝乡[77]不可期[78]。怀[79]良辰[80]以孤往,或植杖[81]而耘耔[82]。登东皋[83]以舒啸[84],临清流而赋诗。聊乘化以归尽[85],乐乎天命复奚疑!

【注释】

[1]耕植:耕田植桑。

[2]自给:自给自足,供给自己生活。

[3]幼稚盈室:指孩子多。幼稚:小孩子。盈:满。

[4]缾(píng)无储粟:家里没有余粮,形容家里极其贫穷。

[5]生生所资:用来养育孩子。第一个"生"为动词,养活;第二个"生"为名词,指家中孩子。资:凭借、用来。

[6]术:方法,文中指经营生计、养育幼童的方法。

[7]长吏:职位较高的官吏。

[8]脱然有怀:感到轻快释然,有了做官的想法。脱然:轻快、释然。

[9]靡途:没有门路。

[10]会有四方之事:恰好接到朝廷的任命。会:恰逢。四方之事:多指政治、军事方面的事。

[11]诸侯以惠爱为德:地方高官都以爱惜人才为美德,大力延揽人才为己所用。

[12]家叔:叔父陶夔,时任太常卿。

[13]见:被,表被动。

[14]风波未静:战乱尚未平息。

[15]心惮远役:心里畏惧到远处任职。

[16]彭泽:在今江西省北部,距离陶渊明当时的住所不远。

[17]眷然有归欤之情:有辞官回家的想法。眷然:思念的样子。

[18]何则:什么道理呢?

[19]质性自然:天性如此。

[20]矫励:刻意力求、勉强。

[21]切:急迫。

[22]违己交病:违背自己的本心天性,使身体和心理都感到痛苦。

[23]从人事:指出仕做官。

[24]皆口腹自役:都是出于谋生糊口而役使自己。

[25]一稔(rěn):公田收获一次。稔:庄稼成熟。

[26]敛裳宵逝:收拾行李,连夜离开。

[27]寻:不久。

[28]程氏妹:嫁给程家的妹妹。

[29]情在骏奔:前去吊唁的心情就像骏马奔驰一样急迫。

[30]因事顺心:因为辞官而感到心情舒畅。

[31]田园将芜胡不归:田地将要荒芜,为什么不回去?胡:疑问词,为什么。

[32]以心为形役:让内心被身体役使,指出仕做官。

[33]奚惆怅而独悲:为什么感到忧愁悲伤?奚:为什么。

[34]悟已往之不谏,知来者之可追:意识到过去的错误已经无法挽回,未来的事还来得及补救。已往:过去的事。谏:阻止、挽回。追:补救。

[35]实迷途其未远:确实误入歧途还不算太远。迷途:指出仕做官。

[36]今是而昨非:现在辞官归隐是正确的,过去出仕做官是错误的。今:指辞官归隐。昨:指出仕做官。

[37]舟遥遥以轻飏(yáng):船在水面上飘荡着前行。遥遥:飘荡。轻飏:形容船行驶得轻快。

[38]问征夫以前路:向行人询问前面的路程。征夫:行人。

[39]恨晨光之熹微:遗憾的是天刚刚放亮。恨:遗憾。熹微:天光微明。

[40]乃瞻衡宇:终于看见自己家的房子。乃:竟、终于。衡宇:文中指简陋的屋舍。

[41]三径就荒:院子里的小路快要荒芜了。三径:西汉末年,兖州刺史蒋诩隐居之后,在院里竹下开辟三径,只与求仲、羊仲等少数人来往。后来,"三径"专门指代隐士居所。就:接近。

[42]眄庭柯以怡颜:看看院子里的树木,感到十分愉悦。眄:斜视,引申为随便看看。怡颜:使脸色愉悦,感到快乐。

[43]寄傲:寄托傲然自得的情怀。

[44]审容膝之易安:深知住在狭小的屋舍里反而容易使人安逸。审:明白、知道。容膝:仅能容纳双膝的小屋,极言屋舍狭小。易安:容易使人安逸。

[45]园日涉以成趣:每天在园中散步成为乐趣。园:名词作状语,在园中。日:名词作状语,每天。涉:走。

[46]策扶老以流憩:拄着手杖出门漫步,随时随地都可以休息。策:拄着。扶老:手杖。流:周游、悠游。憩:休息。

[47]矫首:抬头。

[48]遐观:远望、眺望。

[49]云无心以出岫:云气自然而然地冒出山头。无心:无意。岫:泛指山峰。

[50]景:日光。

[51]翳翳:光线暗淡。

[52]盘桓:徘徊。

[53]请息交以绝游:请允许我同外界断绝交游,不与世俗往来。

[54]驾言:驾车出游。言:语气助词。

[55]焉求:追求什么。

[56]情话:知心话。

[57]春及:春天到了。

[58]事:指耕种之事。

[59]畴:田地。

[60]命:派、使用。

[61]巾车:有篷的车子。

[62]棹:船桨,这里用作动词,划桨。

[63]窈窕:山路幽深曲折的样子。

[64]壑:山沟。

[65]涓涓:细水慢流的样子。

[66]善:羡慕。

[67]得时:顺应天时、适应时令。

[68]行休:将要结束。

[69]已矣乎:算了吧。"矣""乎"连用,增强语气。

[70]寓形:寄托身体。

[71]宇内:天地之间。

[72]曷:为什么。

[73]委心:随心。

[74]去留:指死生。

[75]遑遑:心神不定的样子。

[76]何之:到哪去。

[77]帝乡:天帝居住的地方,指仙境。

[78]期:期望。

[79]怀:留恋。

[80]良辰:美好时光,文中指春天。

[81]植杖:放下手杖。

[82]耘耔:除草培苗。

[83]皋:田泽旁边的高地。

[84]舒啸:放声长啸。

[85]聊乘化以归尽:姑且顺应自然变化,直到生命的尽头。聊:姑且。乘化:顺其自然。

【作品导读】 这篇辞赋的序文部分交代了作者出仕做官和辞官归隐的原因;正文部分记录了作者辞官归家途中的经历、到家时的情景,以及想象了归隐后的悠闲生活。全文表达了作者对官场的厌倦之情、浓浓的归隐之心及其"乐天知命"的思想。

序文一分为二,前半部分简述作者出仕做官的原因,后半部分交代辞官归隐的原因。家境贫寒,难以自给自足,在亲朋好友的多番劝说下,作者意识到应当出仕为官,以养家糊口。又恰逢地方长官招揽人才,任职地点离家不远,并且公田收成在供养家人之余还有盈余,足以酿酒。面对各种优势,作者也曾心向往之,于是"求之",开始了官场生活。从作者出仕的原因不难看出,他率性、坦诚。然而,率真的作者并不喜欢官场生活,入职没多久就已经心生厌恶,有了辞官归家的想法。本想干完一年之后赶紧辞官归家,但遭逢妹妹去世,作者吊唁心切,辞官之心再也按捺不住了。作者辞官的原因表面看是奔丧,实则是"质性自然,非矫励所得",不愿再"违己交病",毅然决然"自免去职"。

"归去来兮"这句长叹仿佛将作者为官期间积压在心中的抑郁苦闷尽数倾吐,浑身轻松畅快。一声长叹、通体舒泰之后,作者连发两句反问,道出了辞官归隐的坚决,继而回顾自己违背本心出仕做官的这段经历,倍感自责与懊悔,幸而幡然醒悟,意识到仕途即"迷途",辞官归隐才是正道,"觉今是而昨非"为时不晚,从"悟""知""觉"中可以体会到作者那溢于言表的庆幸之意。身心舒畅之后,作者顿觉归心似箭,"舟遥遥""问征夫""恨晨光"连用生动形象地写出了作者日夜兼程赶路回家的情景,其中"恨"字将作者内心的急迫展现得淋漓尽致,连自然的日夜更替都觉得缓慢。而"飘飘"的不仅是被风吹起的衣袂,更有不受世俗、官场拘束的本心从束缚的樊笼飘向自由自在的田园。

  一路跋涉,终于能够远远望见自己的家了,内心的激动与欣喜驱使着作者奔至家门,主仆齐迎、妻子和乐,既热闹又欢快。作者牵着年幼的孩子走进居室,端起早已斟满的酒杯开怀畅饮。从门口至居室再到庭院,虽未提及夫人,但字里行间却处处得见夫人的身影,和乐的氛围、井然有序的庭院、斟满的酒杯都离不开夫人的照应打理,一幅天伦之乐图跃然纸上。而这样的天伦之乐正是作者归隐的前提与保证。边自斟自酌,边漫步在井然有序、生机勃勃、佳趣天成的小庭院里,作者发出了"审容膝之易安"的感叹。饮酒开怀、陋室易安的剖白展现了作者归隐之后的傲然自得、怡然自乐。

  在这种心绪的主导下,作者开始畅想归隐之后的日常生活:行止随心,有家庭亲情之乐,有琴书消忧,有乡邻交往之乐,有耕种之乐,亦有出游赏玩之乐……"云无心以出岫,鸟倦飞而知还"一句看似写景,实则以"云""鸟"自喻无心出仕、致力归隐,"息交以绝游"则再次掷地有声地表明了自己厌恶官场、固守穷节的决心。

  从畅想中回过神,作者开始感怀宇宙人生:人生苦短,何不及时行乐!只不过,作者所追求的"乐"并非富贵长生,而是归于自然,赏美景、忙农事,登高长啸、临江赋诗,顺其自然、顺应天命,一派洒脱超然。

【思考练习】

1. 作者畅想的田园生活是怎样的?
2. 你如何评价作者"聊乘化以归尽,乐乎天命复奚疑"的人生态度?

登池上楼

谢灵运

【题解】 谢灵运(385—433年),陈郡阳夏县(今河南省太康县)人,东晋名将谢玄之孙,袭封康乐县公。南朝刘宋建立后,他历任散骑常侍、太子左卫率、永嘉太守、秘书监、临川太守。他自幼聪颖,饱读诗书、遍览经史,诗文书画皆有很高造诣,是山水诗派的鼻祖。他的山水诗善于对具体景物做细致入微、形象逼真的描绘,并在此基础上融入自己的主观感受。他笔下的景物或新奇或幽深,诗作中的情感也多为有感而发。此外,他还是晋宋之际重要的佛学家和旅行家,淡泊名利,所追求的不过是精神上的享受与满足。

《登池上楼》创作于南朝宋少帝景平元年(423年)初春,作者官居永嘉(今浙江省温州市)太守。

【原文】 潜虬媚幽姿[1],飞鸿响远音[2]。薄霄愧云浮,栖川怍渊沉[3]。进德智所拙,退耕力不任。徇禄[4]反穷海[5],卧痾[6]对空林。衾枕昧节候[7],褰开暂窥临。倾耳聆波澜,举目眺岖嵚。初景[8]革绪风,新阳改故阴。池塘生春草,园柳变鸣禽。祁祁伤豳歌[9],萋萋感楚吟[10]。索居易永久[11],离群难处心。持操[12]岂独古,无闷[13]征在今。

【注释】

[1]幽姿:深藏不露的姿态。

[2]远音:鸣声听起来很远。

[3]栖川怍渊沉:虬能深潜保身。

[4]徇禄:追求功名利禄,指做官。

[5]穷海:偏僻的海边,文中指永嘉。

[6]卧痾:卧病。

[7]昧节候:感觉不到季节的变化。

[8]初景:初春的阳光。景:日光。

[9]祁祁伤豳歌:化用《诗经·豳风·七月》,意为这首豳歌引起了诗人内心的悲伤。

[10]萋萋感楚吟:化用《楚辞·招隐士》,意为这首楚歌让诗人内心悲伤不已。

[11] 易永久：容易感到日子长久。

[12] 持操：保持高尚的节操。

[13] 无闷：没有烦闷。

【作品导读】 这首诗情感起伏较为明显，从出任永嘉太守的复杂心情着手，而后由虚入实，转入病中登楼远眺的所见所感，经历一番思索与挣扎，最终以明确归隐之心收束全诗。方回评价："此诗句句佳，铿锵浏亮，合是灵运第一等诗。"（《文选颜鲍谢诗评》卷一）

开篇托物起兴，抒发自己官场失意、郁郁不得志却无法归隐田园的矛盾心理。诗人借着"潜虬"与"飞鸿"来喻指孤高自赏、悠然自得的隐居者和奋飞的出仕者，这两种人、两种生活都是诗人所向往的。但是，现实并不尽如人意，诗人只能"薄霄愧云浮，栖川怍渊沉"，既无法在朝堂之上一展雄才，也难以归隐山林求得内心安宁，只能在偏远的永嘉屈居太守之位，郁郁寡欢。诗人解释，之所以无法像飞鸿一样奋飞进取，是因为自己智力不及；而无法像潜虬那般隐居躬耕，是因为自己身体无法胜任。于是，诗人在进退维谷、万般无奈之下只好远赴永嘉。屋漏偏逢连夜雨，内心备受煎熬的诗人上任不久就卧病在床，朝夕相对的唯有光秃秃的树木，满目萧然，尽显萧索。诗歌在此时也由虚入实，过渡到登楼远眺之景。

缠绵病榻一冬，诗人浑然不觉春天已经悄然而至。直到推开窗棂，暂且登楼远眺，目光所至皆是春色，诗人内心的苦闷与煎熬才有所消解，心情开始舒朗起来。"衾开暂窥临"一句恰好呼应题目"登池上楼"，"暂"字凸显了诗人抱病强起的处境。站在楼上，侧耳聆听，远方传来细碎的波涛声，昭示着冰雪消融、天气转暖；极目远眺，群山巍峨险峻，让人心胸开阔、心旷神怡。冬去春来，初春的暖阳驱散了冬日的寒风。诗人的视线由远及近，逐渐收回，楼下的池塘边春草已经开始泛起了绿意，颇有一种欣欣向荣之态；春回大地，柳林也迎回了迁徙的鸟儿。中间八句写景是全诗最为精彩的部分，远近结合、有声有色，于细微变化之中展现冬去春来的季节更替，刻画出了生机盎然的无限春色。其中，"池塘生春草，园柳变鸣禽"历来为文人墨客所称道，谢榛评价其"造语天然，清景可画，有声有色，乃是六朝家数"（《四溟诗话》），叶梦得称其"无所用意，猝然与景相遇，备以成章，不假绳削，故非常情之所能到"（《石林诗话》）。

最后六句触景伤情，眼前的春景让诗人不由得想起了《诗经》和《楚辞》里的篇章，勾起了诗人心中的伤感与苦痛,也再次强化了他的归隐之心。在多数人都感慨独居生活漫长难挨、让人难以安心时,诗人认为自己可以效仿隐居的先贤享受隐居避世的生活。

【思考练习】

1. 诗人在文中抒发了哪些情感?
2. 诗人无法像潜虬和飞鸿那样生活,真是因为"进德智所拙,退耕力不任"吗?

魏武将见匈奴使

《世说新语》

【题解】《世说新语》是南朝宋文学家刘义庆撰写的一部志人小说,记录了从东汉至南朝时期士族阶层的言行与奇闻逸事,其中以魏晋文人的生活和思想为主,反映了当时文人的思想言行和门阀社会生活。全书由一千多则长短不一的小故事构成,描述的人物包括帝王、将相、隐士、僧道等,书中所刻画的人物活灵活现、各具特色,有的重在形貌、有的重在才学、有的重在性格,不一而足。该书不仅是笔记小说的先驱,而且为后来的小品文树立了典范,对后世笔记小说的发展影响深远,还是研究魏晋历史文化的重要典籍。鲁迅先生称其为"一部名士底教科书"。

【原文】 魏武[1]将见匈奴使,自以形陋,不足雄[2]远国,使崔季珪代,帝自捉[3]刀立床[4]头。既毕,令间谍问曰:"魏王何如?"匈奴使答曰:"魏王雅望[5]非常[6]。然床头捉刀人[7],此乃英雄也。"魏武闻之,追杀此使。

【注释】

[1]魏武:曹操,东汉末年著名的政治家、军事家、文学家。

[2]雄:称雄、威慑。

[3]捉:拿、持、握。

[4]床:坐榻。

[5]雅望:气质高雅。

[6]非常:非比寻常。

[7]捉刀人:执刀的侍卫。

【作品导读】 全文不足百字,却将曹操接见匈奴使者的全过程交代得很清楚,同时通过对话将曹操的狡诈、多疑与凶狠刻画得淋漓尽致,堪称微小说的典范。

事情的起因是匈奴使者来访,而曹操自认为容貌丑陋不足以震慑他国,于是让俊朗的崔季珪假扮自己,而自己扮作执刀护卫随侍左右。从下文使者回答"雅望非常"可以得知,崔季珪的假扮十分成功。此做法足以见得曹操的狡诈,既达到其"雄远国"的目的,又能及时掌握接见的全部情况,一举多得。

接见完毕之后,曹操并没有就此作罢,而是秘密派人前去打探匈奴使者对"自己"的看法。曹操设下圈套欺瞒他人,自己却想了解他人的真实想法。此处体现了曹操的多疑与敏感。匈奴使者的回答将故事推至高潮,一句"然床头捉刀人,此乃英雄也"道破了曹操的盘算。然而,匈奴使者看透了外表却没看透人心,以致给自己招来杀身之祸还浑然不觉。

听到手下回禀的匈奴使者的回答,曹操顿觉此人眼光毒辣,定然不是等闲之辈。他虽爱才惜才,但是对于不能为己所用的人才宁可错杀也不愿放过,于是立即派人追杀匈奴使者。虽短短一句,毫无修饰,但使残暴凶狠的曹操跃然纸上。

【思考练习】

1. 本文是如何刻画曹操这一形象的?
2. 你如何评价曹操的一系列行为?

与陈伯之书

丘 迟

【题解】 丘迟(464—508年),字希范,吴兴乌程(今浙江省吴兴县)人,南朝梁文学家,初仕南齐,官至殿中郎、车骑录事参军,后投入萧衍幕,为其所重。梁武帝天监三年(504年),丘迟由中书侍郎出为永嘉太守。

陈伯之原为梁江州刺史,天监元年(502年)率部投降北魏。天监四年(505年),梁武帝命临川王萧宏领兵北伐,陈伯之屯兵于寿阳与梁军对抗,萧宏命记室丘迟以个人名义写信劝陈伯之归降。《与陈伯之书》就是在这样的背景下写成的一封政治性书信。陈伯之收到这封劝降信后,被书信的情理打动慑服,不久就率军投降。丘迟也因劝降陈伯之有功,升为中书郎。

【原文】 迟顿首[1]陈将军足下:无恙,幸甚幸甚!将军勇冠三军[2],才为世出,弃燕雀之小志,慕鸿鹄以高翔[3]。昔因机变化,遭遇明主,立功立事,开国称孤[4],朱轮华毂,拥旄[5]万里,何其壮也!如何一旦为奔亡之虏,闻鸣镝[6]而股战,对穹庐以屈膝,又何劣邪!寻君去就[7]之际,非有他故,直以不能内审诸己,外受流言,沈迷猖獗,以至于此。

圣朝赦罪责功,弃瑕录用,推赤心于天下,安反侧于万物[8],将军之所知,不假[9]仆一二谈也。朱鲔涉血于友于[10],张绣剚刃于爱子[11],汉主不以为疑,魏君待之若旧。况将军无昔人之罪,而勋重于当世!夫迷途知返,往哲是与;不远而复[12],先典攸高。主上屈法申恩,吞舟[13]是漏;将军松柏[14]不翦,亲戚安居,高台未倾,爱妾尚在,悠悠尔心,亦何可言!今功臣名将,雁行有序,佩紫怀黄,赞帷幄[15]之谋,乘轺建节[16],奉疆埸[17]之任。并刑马[18]作誓,传之子孙。将军独靦颜[19]借命,驱驰毡裘之长[20],宁不哀哉!

夫以慕容超[21]之强,身送东市;姚泓[22]之盛,面缚西都。故知霜露所均,不育异类;姬汉旧邦,无取杂种。北虏僭盗中原,多历年所,恶积祸盈[23],理至焦烂[24]。况伪孽昏狡[25],自相夷戮,部落携离,酋豪猜贰[26]。方当系颈蛮邸,悬首藁街[27],而将军鱼游于沸鼎之中,燕巢于飞幕之上,不亦惑乎!

暮春三月,江南草长,杂花生树,群莺乱飞。见故国之旗鼓,感平生于畴日,抚弦登陴,岂不怆恨[28]!所以廉公之思赵将[29],吴子之泣西河[30],人之情也,将军独无情哉!想早励良规,自求多福。

当今皇帝盛明,天下安乐。白环西献,楛矢东来;夜郎[31]滇池,解辫请职[32];朝鲜昌海[33],蹶角[34]受化。唯北狄野心,掘强沙塞之间,欲延岁月之命耳[35]。中军临川殿下,明德茂亲,揔[36]兹戎重,吊民洛汭[37],伐罪秦中[38]。若遂不改,方思仆言。聊布往怀[39],君其详之。丘迟顿首。

【注释】

[1]顿首:叩拜。古人书信开头和结尾常用的客气语。

[2]勇冠三军:语出李陵《答苏武书》:"陵先将军,功略盖天地,义勇冠三军。"这里指陈伯之英勇,为三军之首。

[3]"弃燕雀之小志"二句:语出《史记·陈涉世家》:"陈涉太息曰:嗟乎!燕雀安知鸿鹄之志哉!"这里比喻陈伯之有远大的志向。

[4]孤:王侯自称,此指受封爵事。

[5]旄(máo):用牦牛尾装饰的旗子,此指旄节。拥旄:古代高级武将持节统治一方之谓。

[6]鸣镝(dí):响箭。

[7]去就:指陈伯之弃梁投降北魏事。

[8]"推赤心于天下"二句:《后汉书·光武帝纪》:"降者更相语曰:'萧王推赤心置人腹中,安得不投死乎?'"汉兵诛王郎,得吏人与郎交关谤毁者数千章,烧之曰:"令反侧子自安。"反侧子:指心怀鬼胎、疑惧不安的人。此谓梁朝以赤心待人,对一切都既往不咎。

[9]不假:不借助、不需要。

[10]朱鲔涉血于友于:朱鲔(wěi)是王莽末年绿林军将领,曾劝说刘玄杀死了光武帝的哥哥。光武攻洛阳,朱鲔拒守,光武遣岑彭前去劝降,转达光武之意,建大功业的人不计小恩怨,今若降,不仅不会被杀,还能保住官爵。朱鲔乃降。涉血:同"喋血",谓杀人多流血满地,脚履血而行。友于:兄弟。

[11]张绣剚刃于爱子:据《三国志·魏志·武帝纪》载:"建安二年(197年),公(曹操)到宛。张绣降,既而悔之,复反。公与战,军败,为流矢所中。长子昂、弟子安民遇害。"建安四年(199年),"冬十一月,张绣率众降,封列侯"。剚(zì)刃:用刀刺入人体。

[12]不远而复:指迷途不远而返回。《易经·复卦》:"不远复,无祗悔,元吉。"

[13]吞舟:桓宽《盐铁论·刑德》:"明王茂其德教而缓其刑罚也。网漏吞舟之鱼。"这里指能吞舟的大鱼。

[14]松柏:古人常在坟墓边植以松柏,这里指陈伯之祖先的坟墓。

[15]帷幄:军中的帐幕。

[16]轺(yáo):用两匹马拉的轻车,此指使节乘坐之车。建节:将皇帝赐予的符节插立车上。

[17]疆埸(yì):边境。

[18]刑马:杀马。古代诸侯杀白马饮血以会盟。

[19]靦(miǎn)颜:厚着脸。

[20]毡裘:以毛织制之衣,北方少数民族服装,这里指代北魏。长:头目。这里指拓跋族北魏君长。

[21]慕容超:南燕君主。

[22]姚泓:后秦君主。

[23]多历年所,恶积祸盈:拓跋珪于386年建立北魏,至505年已一百多年。年所:年代。

[24]燋烂:溃败灭亡。燋:通"焦"。

[25]伪孽(niè):这里指北魏统治集团。昏狡:昏聩狡诈。

[26]猜贰:猜忌别人有二心。

[27]藁(gǎo)街:汉代长安街名,是少数民族聚居之处。

[28]怆悢:悲恨。

[29]所以廉公之思赵将:事见《史记·廉颇蔺相如列传》:"廉颇居梁久之,魏不能信用。赵以数困于秦兵,赵王思复得廉颇,廉颇亦思复用于赵。"思赵将:想复为赵将。

[30]吴子之泣西河:据《吕氏春秋·观表》,吴起为魏国守西河(今陕西省韩城市一带)。魏武侯听信谗言,使人召回吴起。吴起预料西河必为秦所夺取,故车至于岸门,望西河而泣。后西河果为秦所得。

[31]夜郎:今贵州省桐梓县一带。

[32]解辫请职:解开盘结的发辫,请求封职,表示愿意归顺。

[33]昌海:西域国名,即今新疆罗布泊。

[34]蹶角:以额角叩地。

[35]"掘强沙塞之间"二句:《汉书·伍被传》记伍被说淮南王曰:"东保会稽,南通劲越,屈强江、淮间,可以延岁月之寿耳。"掘强:倔强。

[36]揔:通"总"。

[37]汭(ruì):水流隈曲处。洛汭:洛水汇入黄河的洛阳、巩县一带。

[38]秦中:北魏,今陕西省中部地区。

[39]聊布:聊且陈述。往怀:往日的友情。

【作品导读】 本文是丘迟写给陈伯之的一封书信。我国古代虽是书信,但成为文学名篇的作品有不少,如司马迁的《报任安书》、白居易的《与元九书》、吴均的《与朱元思书》等,而丘迟的《与陈伯之书》更是一篇千古美文。

陈伯之本为南朝梁江州刺史,但在天监元年(502年)因听人挑唆,起兵反梁,失败后投降北魏。天监四年(505年),梁武帝命其弟临川王萧宏统率大军讨伐北魏,陈伯之率军于寿阳拒战。当时,丘迟为萧宏军中记室,于是萧宏让他以私信方式劝降陈伯之。这便是著名的《与陈伯之书》,"伯之得书,乃于寿阳拥兵八千归降"。

白居易曾在《与元九书》中说:"感人心者,莫先乎情,莫始乎言,莫切乎声,莫深乎义。诗者:根情,苗言,华声,实义。"《与陈伯之书》具有荡气回肠的感人力量,正是因为围绕着"情"字做文章。丘迟结合陈伯之以往的经历、现实的处境、内心的疑虑,有的放矢地逐层申说,无论是赞赏他的才能、惋惜他的失足,还是担忧他的处境、期望他的归来,都遴选那些饱含情意的细节及相关的事物,让陈伯之感到是其发自肺腑、处处为他着想,真心实意地帮助他弃暗投明、摆脱困境,尤其是"暮春三月,江南草长,杂花生树,群莺乱飞",江南已是暮春时节,草长莺飞,故国仿佛在等他归来。如此情景,陈伯之难免不兴起故国之思,"所以廉公之思赵将,吴子之泣西河,人之情也,将军独无情哉!"丘迟以情动人,直击陈伯之心灵的柔软之处,自然而然达到劝降的目的。

同时,丘迟在信中情理兼备,柔软中不乏尖锐,痛斥中不忘感召,既义正词严地谴责陈伯之叛国投敌的卑劣行径,又申明梁朝不咎既往、宽大为怀的政策,既晓以大义、陈述利害,又动之以故国之恩、乡关之情。全文既委婉曲折,又酣畅淋漓,具有摇曳心灵的感染力和说服力。

骈文产生于魏晋,兴起于六朝,《与陈伯之书》是六朝典型的骈文。本文发挥了四、六句骈文的优长,呈现出骈文的形式之美。全文合辙押韵,对仗工整,读起来朗朗上口。其文字流畅易懂,晓之以理、动之以情;其说理环环相扣,步步紧逼,引经据典,无可辩驳。本文虽是骈文,但用典相对较少,即使用典也力求摒弃晦涩冷僻之典,尽量写得明白晓畅、具体实在。同时,丘迟突破了骈文形式上的束缚,克服了南朝骈文大多形式华美、内容空洞的弊病,内容充实,感情真挚,为后人留下了一篇流传千古的优秀骈文。

【思考练习】

1. 本文是如何以"情"动人的?
2. 谈谈本文的艺术特点。

从军行

骆宾王

【题解】 骆宾王(626—687年),唐代诗人,字观光,婺州义乌(今属浙江)人,与王勃、杨炯、卢照邻合称"初唐四杰"。他出身寒微,七岁能作诗,少有才名。

骆宾王的诗歌辞采华赡,格律谨严,因其才高位卑,激愤之情时见纸上。他诗工诸体,尤擅长七言诗,风格遒劲,笔力雄健,有《骆宾王文集》传世。

【原文】 平生一顾重[1],意气溢三军。

野日分[2]戈影,天星合剑文。

弓弦抱汉月[3],马足践胡尘[4]。

不求生入塞,惟当死报君。

【注释】

[1]一顾重:看重别人提携自己的恩情。

[2]野日:旷野上空的太阳。分:识别,此处引申为映照。

[3]抱:环绕。汉月:以汉代唐,实指唐代的月亮。

[4]胡尘:胡地的尘土,借指敌人腹地。

【作品导读】 《从军行》一诗作于670年秋。此时,吐蕃大举攻打西域,西域的大片土地被吐蕃占领。骆宾王写下《从军行》主动献给朝廷,要求从军报国,他的请缨很快得到了吏部的同意。当年七月,他离开了长安,开始军旅生涯,心怀杀敌报国的爱国精神和远大志向。

本诗首联总写了诗人的豪情壮志;随后两联抒写投身疆场、不畏艰险的豪情;尾联再次点明自己的志向,表达了愿意为国献身疆场。整首诗在语言上可谓语豪气壮,在情感上则慷慨激昂,有马革裹尸的英雄气概。

【思考练习】

1. 首联中哪个字最有表现力,说说有什么好处?
2. 这首边塞诗呈现怎样的语言风格?结合诗句简要分析。

春江花月夜

张若虚

【题解】 张若虚(660—720年),唐代诗人,扬州(今属江苏)人,曾任兖州兵曹,其事迹略见于《旧唐书·贺知章传》,与贺知章、贺朝、万齐融、邢巨、包融均以文词俊秀驰名于京都,与贺知章、张旭、包融并称"吴中四士"。

张若虚不仅生平事迹少之又少,而且他的诗作也长期湮没无闻,大部分散佚,《全唐诗》仅存两首,即《春江花月夜》《代答闺梦还》。从唐代至元代,张若虚的《春江花月夜》几乎无人提及,不仅唐诗选本没有记载,而且在从唐代至明代的二十余种诗话中也无一字提及。最早收录《春江花月夜》是宋人郭茂倩的《乐府诗集》卷四十七,共收《春江花月夜》同题诗五家七首,张若虚的一首也在其中。张若虚的《春江花月夜》乃千古绝唱,是一篇脍炙人口的名作,有"一词压两宋,孤篇盖全唐"之誉。闻一多评价其为"诗中的诗,顶峰中的顶峰"。

【原文】 春江潮水连海平,海上明月共潮生[1]。滟滟随波千万里[2],何处春江无月明!江流宛转绕芳甸[3],月照花林皆似霰[4];空里流霜不觉飞,汀上白沙看不见。江天一色无纤尘,皎皎空中孤月轮。江畔何人初见月?江月何年初照人?人生代代无穷已,江月年年望[5]相似;不知江月待何人,但见长江送流水。白云一片去悠悠,青枫浦[6]上不胜愁。谁家今夜扁舟子[7]?何处相思明月楼[8]?可怜楼上月徘徊[9],应照离人妆镜台。玉户帘中卷不去,捣衣砧上拂还来[10]。此时相望不相闻,愿逐月华流照君。鸿雁长飞光不度,鱼龙潜跃水成文[11]。昨夜闲潭梦落花,可怜春半不还家。江水流春去欲尽,江潭落月复西斜。斜月沉沉藏海雾,碣石潇湘无限路[12]。不知乘月几人归,落月摇情满江树[13]。

【注释】

[1]"春江潮水连海平"二句:写明月初出时的景象,月亮从地平线升起,水边望去,就好像从浪潮中涌出一样。海:指宽阔的江面。《太平御览》卷四引《抱朴子》:"月之精生水,是以月盛而潮涛大。"月共潮生,语本此。

[2]滟(yàn)滟:动荡闪光貌。里:一作"顷"。

[3]芳甸(diàn):遍生花草的原野。郊外之地叫甸。

[4]霰(xiàn):小冰粒,俗称"雪子"。以此形容洁白月光照映下的花朵。

[5]望:原作"祗",据别本改。

[6]青枫浦:一名双枫浦,在今湖南省浏阳市浏水中。这里泛指遥远荒僻的水边。

[7]扁(piān)舟子:飘荡江湖的客子。扁舟:小舟。

[8]明月楼:指月夜楼中的思妇。

[9]可怜楼上月徘徊:曹植《七哀》:"明月照高楼,流光正徘徊。上有愁思妇,悲叹有余哀。"徘徊:指月影移动。

[10]"玉户帘中卷不去"二句:卷不去,拂还来,意为月色带着离愁渗进思妇的心头,无法排遣。

[11]"鸿雁长飞光不度"二句:上句仰望长空,下句俯视江面,都是写夜景寂寞,望月怀人的心情。说"鸿雁",说"鱼",取鱼雁传书之意,"龙"是因"鱼"连类而及。

[12]碣石:山名,在今河北省昌黎县北。一说,古代碣石山六朝时已没入渤海。潇湘:本二水名。潇水源出湖南省蓝山县九嶷山,湘水源出广西壮族自治区灵川县海阳山。二水在湖南省零陵县合流,称为"潇湘",北入洞庭湖。这里以"碣石"指北,"潇湘"指南。无限路:极言离人相距之远。

[13]落月摇情满江树:缭乱不宁的别绪离情,伴随着残月余辉散落在江边的树林里。

【作品导读】 《春江花月夜》有着"孤篇横绝,竟为大家"的美誉。千百年来,有无数的读者为《春江花月夜》倾倒。这首诗借乐府旧题表达了众人的心声,具有极高的艺术审美价值,可以说是中国古代诗歌史上的一座重要里程碑。

在中国古代诗歌史上,以月为中心媒介的诗歌并不少见。但是,《春江花月夜》的诞生将相思之情、宇宙探索和人生哲理融于一首诗,在一定程度上填补了中国古代诗歌的空白。《春江花月夜》标题中的五个字代表五种事物。在春夜的大背景下,江、花、月三个意象交织相融,呈现了一幅宏阔、唯美、明亮的画面,而这三个意象的地位又明显不同,月为主角,江与花是陪衬。无论是主题的提炼,还是意象的加工,《春江花月夜》都对后代诗歌的创作具有十分重要的启蒙意义。

诗中有很多名句被后世诗人引用或化用。在这方面,有诸多学者进行了考究。比如,崔颢的"黄鹤一去不复返,白云千载空悠悠"很可能是"白云一片去悠悠,青枫浦上不胜愁"的化用;张九龄的"海上生明月,天涯共此时"可能是"春江潮水连海平,海上明月共潮生"的化用;李白的"青天有月来几时?我今停杯一问之"、苏轼的"明月几时有?把酒问青天",有化用"江畔何人初见月?江月何年初照人?"的痕迹。

关于《春江花月夜》的景色意境美、哲理意境美、音律意境美,从古至今好评不断,其中"一词压两宋,孤篇盖全唐"可以说是对它的最高评价。现代新月派诗人闻一多曾提出诗歌的"三美"(绘画美、音乐美、建筑美),就受到了《春江花月夜》的极大影响。可以说,《春江花月夜》取得了超越前人、开启新风的文学成就,在诗歌史上具有穿越时空的重要价值。

【思考练习】

1. 诗人是如何将深情、美景和哲理熔于一炉的?
2. 本诗在艺术上有哪些特点?

汉江临泛

王 维

【题解】 王维(约701—761年),字摩诘,祖籍山西祁县,迁至河东蒲州(今山西省永济市),盛唐时期著名诗人,与孟浩然合称"王孟"。他的作品以山水田园诗著名,其诗描绘山水田园风光与隐居生活。因为他精通佛学,受禅宗影响很大,其山水田园诗常言佛理、充满禅意,所以他有"诗佛"之称。他多才,诗歌、绘画、音乐成就都很高。苏轼称赞他:"味摩诘之诗,诗中有画;观摩诘之画,画中有诗。"王维著有《王右丞集》。他晚年居于蓝田辋川别墅,将其山水田园诗编为《辋川集》(含裴迪诗二十首)。

《汉江临泛》,又称《汉江临眺》。汉江是长江的支流,流经襄阳,在武汉汇入长江。

【原文】 楚塞[1]三湘[2]接,荆门[3]九派[4]通。

江流天地外,山色有无中。

郡邑[5]浮前浦[6],波澜动远空。

襄阳好风日,留醉与山翁[7]。

【注释】

[1]楚塞:指古代楚国地界。

[2]三湘:湘水合沅水称"沅湘",合烝水称"烝湘",合潇水称"潇湘",所以总称"三湘"。

[3]荆门:指荆门山,在今湖北省。

[4]九派:指汇入长江的九条支流。

[5]郡邑:指汉水两岸的城镇。

[6]浦:水边。

[7]山翁:指山简,"竹林七贤"之一山涛之子,曾镇守襄阳,政绩卓著,喜好饮酒,饮必醉。

【作品导读】 这首五言律诗以寥寥数句刻画出汉江两岸自然风光的特点,将其描绘成一幅优美的山水画,是王维诗画结合的力作,可谓"词秀调雅,意新理惬,在泉为珠,着壁成绘"(殷璠《河岳英灵集》)。

开篇从大处着笔,以横卧于荆楚大地的汉水接三湘、通九派作为全景:奔涌而来的"三湘"之水与荆楚大地相接,汉江汹涌而下汇入长江九派。三湘、汉江与九派浩浩汤汤,渲染了画面的气氛,为全诗奠定开阔、雄壮的基调。

颔联以白描的手法勾勒出画面的远景。汉水向着天际奔涌不息,两岸的青山若隐若现、时有时无,让人难以看得真切。此句以苍茫的山色来烘托汉江水天一线的浩渺。"江流天地外,山色有无中"二句言有尽而意无穷,被传为千古佳句,有评价称其"是诗家俊语,却入画三昧""三句雄阔,四句缥缈,此换笔之妙",其中"有无中"所蕴含的空灵缥缈之感也多为后世模仿、借用。

颈联将视线逐渐收回,从"天地外"拉回到水边,也从"有无中"的虚无缥缈逐渐清晰起来,化静为动,将波澜壮阔的江景展现给读者,描绘成画幅的主体。行舟江上,诗人原本极目远眺,见水天一色、山色空蒙,好一幅山光水色。却不料,江面突然起了风浪,诗人所乘的小舟亦随之起伏不定,视野自然随着波涛起起伏伏。然而,诗人却一反常态、调整视角,偏说是城郭起伏不定、天空为之晃荡,可见其笔法灵动飘逸,尤其是"浮""动"二字十分巧妙,使静态的景象瞬间动起来,渲染了汉水的磅礴气势。

"前六雄俊阔大,甚难收拾,却以'好风日'三字结之,笔力千钧。"(《唐诗成法》)尾联直抒胸臆,诗人借用山简镇守襄阳时经常到习氏园林赏景、饮酒的典故,直言襄阳城风景秀丽,自己愿意与先贤共谋一醉,抒发了诗人对襄阳风物的热爱和流连山水的志趣。

【思考练习】

1. 颈联中的"浮""动"二字妙在何处?
2. 这首诗是如何体现王维的作品"诗中有画"这一特点的?

长干行(其一)

李 白

【题解】 李白(701—762年),字太白,号青莲居士,好剑术,乐饮酒,现存诗歌千余篇,有《李太白集》传世,唐代伟大的浪漫主义诗人。他的诗歌中多见苍凉奇峻的意象,善融情于景,总体风格清新浪漫、气势磅礴,非常契合盛唐时代。

李白生逢盛唐,后期亲历"安史之乱"。他从小才华横溢,性格高傲不羁,一直不愿通过科举考试逐步实现政治理想和抱负,迟迟没有入仕,也曾多次请求朋友援引无果后寄情山水,常抒怀才不遇之叹,感慨于祖国大好山河。直到玉真公主推荐,他才供奉翰林。奈何唐玄宗并无提拔他为朝廷重臣之意。失意期间,他仍关心民生,对百姓和国事的担忧之心不减,写下许多抒发对现实的不满、对强权的批判的经久不衰的佳作。

《长干行》是乐府旧题,《乐府诗集》卷七十二《杂曲歌辞》有《长干曲》,原为长江下游一带民歌。长干是地名,即长干里、长干巷,在今江苏省南京市。按宋本《李太白文集》中《长干行》有两首,此为其一,第二首实非李白作。

【原文】 妾[1]发初覆额,折花门前剧[2]。郎骑竹马[3]来,绕床[4]弄[5]青梅。同居长干里,两小无嫌猜[6]。十四为君妇,羞颜未尝开。低头向暗壁,千唤不一回。十五始展眉,愿同尘与灰[7]。常存抱柱信[8],岂[9]上望夫台[10]?十六君远行,瞿塘滟滪堆[11]。五月不可触,猿声天上哀。门前迟[12]行迹,一一生绿苔[13]。苔深不能扫,落叶秋风早。八月蝴蝶来[14],双飞西园草。感此伤妾心,坐愁红颜老[15]。早晚下三巴[16],预将书[17]报家。相迎不道远[18],直至长风沙[19]。

【注释】

[1]妾:古时女子的自称。

[2]剧:游戏。

[3]竹马:古代儿童玩耍,常把竹竿骑在胯下当马。后人用"青梅竹马"形容男女小时候天真无邪、一起玩耍,现多指恋人或夫妻从小便相识。

[4]床:古代坐卧用具,这里亦指后院水井的围栏。

[5]弄:玩。

[6]嫌猜:嫌疑、猜忌。古代封建礼教规定:男女七岁以上,授受不亲,以别嫌疑。此句意思是当时两人年幼时天真烂漫,没有猜疑。后人以此称为"两小无猜",形容纯真的感情。

[7]尘与灰:谓其合同而无分也。尘、灰本是同类,易凝合。此句比喻夫妻永远和睦不分离,有"如胶似漆"的意思。

[8]抱柱信:典故出自《庄子·盗跖》:"尾生与女子期于梁下,女子不来,水至不去,抱梁柱而死。"后人称之为"抱柱之信",用于表示坚守信约。

[9]岂:一作"耻"。诗中的女子和丈夫常怀尾生抱柱的信念,没有想到会有上望夫台的事,所以羞愧。

[10]望夫台:望夫山。古代传说,夫久出不归,妻每天上山眺望,化为石头,因称石头为"望夫石",山为"望夫山"或"望夫台"。典籍中记载的望夫山有多处,但传说内容大致相似。北宋苏轼《苏栾城集》谓"望夫台,在忠州南数十里",忠州为今重庆市忠县。

[11]滟滪(yànyù)堆:滟预堆,是旧时长江瞿塘峡口的险滩,在重庆市奉节县东,附近水流湍急,冬季出水面高二十余丈,夏季水位上涨后潜没水中,古时舟人行船多在此遇险。

[12]迟:一作"旧",这里指丈夫离别时留下的足迹。

[13]绿:一作"苍",青色。"门前迟行迹"二句:指久盼丈夫不归,门前他离家时徘徊的旧足迹已经长满青苔。

[14]来:一作"黄"。清王琦《李太白文集注》云:"杨升庵谓:蝴蝶或白或黑,或五彩皆具,唯黄色一种至秋乃多,盖感金气也,引太白'八月蝴蝶黄'一句,以为深中物理,而评今本'来'字为浅。琦谓:以文义论字,终以'来'字为长。作'黄'字亦有道理。"

[15]坐:因。"感此伤妾心"二句:妻子对蝴蝶双飞触景生情,因此担忧还没等到夫归,自己容颜已衰老。

[16]早晚:多早晚,犹何时,什么时候,疑问句。三巴:地名,即巴郡、巴东、巴西。《小学绀珠》中有:"三巴:巴郡,今重庆府;巴东,今夔州;巴西,今合州。"

[17]书:信、家书。

[18]不道远:不说远,即诗中女子迎接丈夫归来不怕道路遥远。

[19]长风沙:地名,在今安徽省安庆市长江边上,距南京约七百里,水势湍险。

【作品导读】 李白写过很多反映古代妇女生活和爱情的诗篇,形象各有千秋,如赞美杨贵妃美貌的《清平调三首》、描写宫人愁怨的《长门怨二首》等,还有《北风行》描述的是一位丈夫战死后悲痛至极的北方女性,抒发"黄河捧土尚可塞,北风雨雪恨难裁"这种对战争的控诉。《长干行(其一)》则是李白在开元年间游金陵时所作,与以上诗歌风格迥异,但都具有浪漫主义色彩。

这首诗中的妇女生活在清秀隽永的金陵,唐玄宗时期这里长江水运畅通、便利,河流南北商贸往来频繁,水上运输网系的发达使居住在这里的人们多从事商业活动,因此有极大可能会外出经商常年不得归。李白虽以一位商妇的自述表达对丈夫的殷殷思念,但也反映了当时该地区夫妻为生活而分隔两地的普遍状况。整首诗不仅有浓厚鲜明的地方风土人情,而且有民歌风味,表达了盛唐女性对幸福爱情的强烈向往、追求。

这首诗的妇女形象较为特殊,首先她与丈夫是青梅竹马,有坚实的感情基础,其次又处于开元盛世,所以读到诗中妇女对丈夫的矢志不渝、常怀抱柱之信及离别时的深切感怀和思念才不觉得矫揉造作,反而真实、生动、宏大、奔放。

全诗以时为序,按少妇不同的年龄段和四季流转,将其内心的情绪变化化为一个个具体、可观、可感的生活场景。前六句,具体描绘这对夫妻从天真活泼嬉戏的孩童,到新婚时的害羞和婚后的热恋,为后面丈夫辞亲远行、分别后妻子忧伤愁闷奠定基础,有因有果,以及在诗情上前后形成强烈对比,扣人心弦。

商妇将哀情寄托于长江两岸的猿声,表达对外出的丈夫是否会遇到险境的担忧,还有门前厚厚的青苔和早早到来的秋风、成双飞舞的黄蝴蝶,更让人触景生情,对丈夫的思念之情愈发浓厚。最后两句又是极具浪漫主义色彩的独白:迎接丈夫归来不嫌路远,哪怕是到湍急险峻的长风沙,也不怕艰难险阻。思夫之情着实难抑,一向内敛、温婉的江南商妇等待丈夫归来的急切之情到达高潮,变得外放、坚定。如此形象的转变说明这对夫妻分离之久非常人所能想、所能及。同时,也或多或少表达李白欲摆脱封建礼教、反对传统,不被世俗束缚的超脱思想。

【思考练习】

1. 你认为诗人李白为什么能写出如此细腻的女性情感和心理?

2. 解释"常存抱柱信,岂上望夫台"的意思,试分析为什么诗中商妇会产生这种心理?

兵车行

杜 甫

【题解】 杜甫(712—770年),唐代杰出的现实主义诗人,一生横跨盛唐和中唐,与李白合称"李杜"。相比李白,他受"安史之乱"的影响更大,几度辗转飘零,生活凄苦,因此其诗少了浪漫奔放,沉雄悲壮,更多反映百姓的疾苦和现实遭遇,暗讽统治阶级,从《茅屋为秋风所破歌》《兵车行》《秋兴八首》等名作皆能窥探一二。

杜诗的魅力历久弥新,与李白的诗当时就为人所推崇相比,其影响力的发挥较为缓慢,中唐时受韩愈、元稹等人重视,到宋朝才被苏轼、王安石等人大力推崇。其中原因复杂,与宋朝民生凋敝的社会背景、重文抑武政策下崇尚儒家的仁爱思想、杜诗针砭时弊的诗风等诸多因素有关,宋代以后杜甫被尊为"诗中圣哲"。杜诗题材广泛,囊括政治、经济、军事、文化和艺术生活,反映了唐代由盛而衰的历史进程,故有"诗史"的美誉。杜甫还擅长各类诗体形式,律诗尤甚,风格少流丽而浑厚,延续了《诗经》、汉乐府、建安文学反映现实的传统,对乐府旧题进行"即事名篇,无复依傍"的创新,写下了"三吏""三别"等作品。

《兵车行》也是因事立题,摒弃了汉乐府古题"从军行"创新而作,时间可能在天宝十载(751年)。唐玄宗时期,李隆基沉浸在盛唐的虚假繁华中,大肆开疆拓土,加剧了社会矛盾和民族矛盾。多数研究认为,本诗暗讽了唐玄宗穷兵黩武、劳民伤财致使民生疾苦的无耻行径。清代学者钱谦益认为,该诗是为杨国忠征讨南诏一事而作。据《通鉴》卷二百一十六记载,天宝十载(751年)四月,鲜于仲通奉命攻打南诏,大败死伤六万人,杨国忠却向唐玄宗谎报了战况,结果不仅没有结束战争,而且强制征召百姓入军队继续征伐南诏,致使民怨连天。当时,送行的父母、妻子愁怨痛哭,声音响彻四野,与本诗开头描写的场景相符,所以有很高的可信度。

【原文】 车辚辚[1],马萧萧[2],行人[3]弓箭各在腰。耶[4]娘妻子走相送,尘埃不见咸阳桥[5]。牵衣顿足拦道哭,哭声直上干[6]云霄。道旁过者[7]问行人,行人但云[8]点行[9]频[10]。或从十五北防河[11],便至四十西营田[12]。去时里正[13]与裹头,归来头白还戍边。边庭流血成海水,武皇开边意未已[14]。君不闻汉家山东二百州[15],千村万落[16]生荆杞[17]。纵有健妇把锄犁,禾生陇亩无东西[18]。况复秦兵[19]耐苦战,被驱不异犬与鸡。长者虽有问,役夫敢伸恨[20]?且如[21]今年冬,未休关西卒[22]。县官急索租,租税从何出?"信[23]知生男恶,反是生女好,生女犹得嫁比邻[24],生男埋没随百草。君不见青海头[25],古来白骨无人收。新鬼烦冤[26]旧鬼哭,天阴雨湿声啾啾[27]。

【注释】

[1]辚辚:拟声词,形容车行的声音。出自《诗经·秦风·车邻》"有车邻邻,有马白颠","邻"同"辚"。

[2]萧萧:拟声词,马鸣声。出自《诗经·小雅·车攻》:"萧萧马鸣,悠悠旆旌。"

[3]行人:这里指从军出征的人,唐人诗中亦称"征人"。

[4]耶:同"爷"。《木兰诗》:"不闻耶娘唤女声,但闻黄河流水鸣溅溅。"

[5]咸阳桥:西渭桥,在咸阳西南渭水上,汉朝时因与长安城便门相对,所以也叫"便桥",由长安到云南,多经由四川,故也是往西走,是长安通往巴蜀、西域的交通要塞。在唐代,此桥也是送客惜别之地。《分门集主》引何凯曰:"咸阳桥,即长安城外桥,兵行尘埃垒起,故桥为之不见也。"这里是说,爷娘妻子为出征的人送行,尘埃漫天,桥被淹没其中,用极为夸张的手法衬托强制征调的人数之众。

[6]干:本意是冒犯,这里是冲的意思。

[7]过者:过路人。多数研究者认为是杜甫自己。

[8]但云:只说,以下都是行人的答语。借行人之口说出苦情,真实、客观而有过之无不及。

[9]点行:按丁籍强制征调。战争频繁,征兵供应量远不足以填补打仗需求,所以出现强制征兵。

[10]频:频繁,指防河、营田等事。

[11]或从十五北防河:古代男子十五岁束发,也是应该入大学穷理明智的"志学之年"。《论语·为政》中孔子曰:"吾十有五而志于学,三十而立,四十而不惑。"防河:当时因吐蕃侵扰黄河以西各地,曾征召陇右、关中、朔方诸军集合于河西一带防御。或:指示代词,有的、有的人。

[12]便至四十西营田:古时称男子四十岁为"不惑之年",通常是指中年人的年纪,从上句的"十五"到"四十",离时尚小,归来已白头,足以说明当时战争时间持续之长,百姓受难。营田是汉时政府为供养军队的屯田制度。西营田:唐朝为增强河西对吐蕃的

防御,也在河西屯田。

[13]里正:里长,管户口、赋税等事。《通典·食货三》:"凡百户为一里,里置正一人。掌按比户口,课植农桑,检察是非,催驱赋役。"古以皂罗三尺裹头曰头巾。乡里老弱都已战亡,新兵年纪小,所以里正帮忙裹头。

[14]"边庭流血成海水"二句:《通鉴》卷二百一十六中说:"天宝八载(749年)六月,哥舒翰以兵六万三千,攻吐蕃石堡城,拔之,唐士卒死者数万。"当时,唐玄宗想让王忠嗣攻打吐蕃石堡城,王忠嗣建议厉兵秣马,玄宗没有采纳,于是命将军董延光取之,果然如王忠嗣所说伤亡数万人,所以说"边庭流血"。天宝时期,唐朝穷兵黩武,加上战士贪好功绩,哥舒翰在陇右、鲜于仲通在南诏、高仙芝对大食都发动过不义之战。武皇:本指汉武帝,这里指唐玄宗,二人都乐于开疆拓土。意未已:意犹未尽,指用武力开辟边疆的意图还没有穷尽。

[15]山东:指崤山或华山以东的广大地区,也叫关东。二百州:《十道四蕃志》中有:"关以东七道,凡二百一十七州。"隋唐废除了汉代沿用的州郡县地方三级行政结构,改用州(或郡)县两级制。

[16]落:人聚居之处。

[17]荆杞:荆棘、枸杞。土地荒废,才会尽生荆棘、枸杞。因为无休止的战争夺去了大量的生命,导致原有农业劳动力不足。

[18]无东西:田地间没有纵横交错的小路和整齐成行的庄稼。

[19]秦兵:这里指关中之兵。东汉班固《汉书·赵充国传》中有"关东出相,关西出将",眼前的这些兵吃苦善战,却被像鸡犬一般对待,肆意驱使。

[20]敢伸恨:反问句,意为自己敢怒不敢言,点出集权统治下的百姓备受压迫。《唐书·杨国忠传》中有:"自仲通、李宓再举讨蛮之军,凡举二十万人弃之死地,只轮不返,人衔冤毒,无敢言者。"

[21]且如:就如。

[22]休:停止。这句是说因未停止对吐蕃的军事行动,没有停止征调关西兵。

[23]信:确信。

[24]比邻:同"近邻"。

[25]青海头:青海边,汉以来常与少数民族发生战争的地方。

[26]烦冤:愁烦冤屈。

[27]啾啾:拟声词,同"唧唧",形容凄厉的叫声。

【作品导读】 全诗缘事而发,第一部分详细描写了兵役之离别惨状;第二部分感于哀乐,诉兵役之苦,分析受苦的深层社会原因;第三部分主要是抒情。

诗的前七句是一个送别征人的长镜头,展现了青年出征的场景:出征队伍的滚滚车轮,战马嘶吼,声势浩大,父母和妻儿都是争相跑来相送,渭桥笼罩在人流慌乱踏起的灰尘中,民不聊生之态尽显其中。短短几句如同电影在脑海中放映,引人遐想。"牵衣顿足拦道哭,哭声直上干云霄"二句扣人心弦,送行的场面达到了高潮,亲属拦道牵衣、失声痛哭,场面非常震撼,不禁令人想到杜甫《石壕吏》中"暮投石壕村,有吏夜捉人。老翁逾墙走,老妇出门看",引起强烈共鸣,也强烈谴责了官府强制捕人征兵的行为。

接着,诗人化身为"道旁过者"问"行人",借旁观者之口来诉苦难,也为上述事件增加了可信度和感染力。"行人"的诉苦层层递进、逻辑严谨、条分缕析。他点出了出现上述情况的原因是"点行频",语言悲愤,继而通过现状的描述,被征之人年幼时便去驻守边疆,回来时满头白发,还要再度出征,从侧面说明朝廷发动战争的频繁。用武皇的开边之意,以汉暗讽唐穷兵黩武,进一步分析唐皇无休止地扩张领土引起的一系列社会问题:农田制度崩坏,农业大幅度减产,民生凋敝。不难理解,男性耕田有天然优势,由于精力差别,女性耕田收成也会不尽如人意,才有"汉家山东二百州,千村万落生荆杞"的结果。本段的最后一句将驱使百姓比作驱使鸡狗,体现了诗人对个体自尊的无尽关怀。

此前作者以汉喻唐,从侧面表现百姓苦不堪言、敢怒不敢言,为下文"长者虽有问,役夫敢伸恨?"的情感升华做了巧妙铺垫。后面县官紧催租税又从何而来?此诘问一出,又点出了地方腐败隐藏的极大危机,与前文相呼应。这部分,诗人的情感随着民怨逐步递进,到最后不能自抑,感叹"生儿不如生女好",亦是一种反讽手法。

最后,诗人通过描述征人的悲惨结局——白骨戚戚,讽刺统治阶级,为主题再添证据,将征人饱受战争之苦表现得淋漓尽致。全诗从头至尾,语言愈真愈切,有理性的叙事,也有感性的宣泄,情感饱满,具有浓厚的反战色彩。

【思考练习】

1. 赏析"牵衣顿足拦道哭,哭声直上干云霄"一句。
2. 结合杜甫的其他诗歌和时代背景,分析为什么杜甫与李白的诗风完全不同?

张中丞传后叙

韩 愈

【题解】 韩愈(768—824年),中唐杰出的文学家、政治家和思想家,为人正直,常以天下为己任,一生都在为文人骚客谋取利益。李贺就曾得到过他的大力举荐,宋代苏轼称其"匹夫而为百世师,一言而为天下法"。

在文学成就上,韩愈写过许多千古之作,如《师说》《祭十二郎文》,艺术造诣之高,享誉文坛。关于他在文学史上的贡献,不得不提"古文运动"。韩愈主张学习古文的内涵而非讲究声律对仗的骈偶式文体形式,并创造了一种唐朝的独特散文化句法,行笔气势磅礴,结构严谨,令人不敢逼视,恣意磊落。北宋苏洵在《上欧阳内翰第一书》中评韩公之文风:"韩子之文,如长江大河,浑浩流转,鱼鼋蛟龙,万怪惶惑,而抑遏蔽掩,不使自露,而人望见其渊然之光,苍然之色,亦自畏避,不敢迫视。"其意指韩文浑涵,笔意顿挫。可见,韩愈无愧于"唐宋八大家"之首,确为文章学习典范。

《张中丞传后叙》是韩愈散文的又一名篇。张中丞,即张巡,唐玄宗开元末年进士。安禄山叛变后,张巡与许远等人在睢阳城(今河南省商丘南)坚决抵抗叛军,被围困近一年,直至兵尽粮绝、城破而亡。叛乱平息之后,他们却遭到小人污蔑造谣,于是李翰作《张巡传》为二人正言,韩愈也非常悲愤,便写了这篇后叙。此文读起来铿锵有力,言犹在耳。

【原文】 元和二年[1]四月十三日夜,愈与吴郡张籍[2]阅家中旧书,得李翰[3]所为《张巡传》。翰以文章自名[4],为此传颇详密。然尚恨有阙[5]者:不为许远[6]立传,又不载雷万春[7]事首尾。

远虽材若不及巡者,开门纳巡[8],位本在巡上,授之柄[9]而处其下,无所疑忌,竟与巡俱守死,成功名[10],城陷而虏[11],与巡死先后异耳[12]。两家子弟材智下[13],不能通知[14]二父志,以为巡死而远就虏,疑畏死而辞服[15]于贼。远诚[16]畏死,何苦守尺寸之地[17],食其所爱之肉[18],以与贼抗而不降乎?当其围守时,外无蚍蜉蚁子[19]之援,所欲忠者,国与主[20]耳,而贼语[21]以国亡主灭。远见救援不至,而贼来益众[22],必以其言为信[23],外无待[24]而犹死守,人相食且尽[25],虽愚人亦能数[26]日而知死处矣。远之不畏死亦明[27]矣!

乌有城坏[28]其徒俱死,独蒙愧耻求活[29]?虽至愚者不忍为,呜呼!而谓远之贤而为之[30]邪!

说者又谓远与巡分城而守[31],城之陷,自远所分始。以此诟[32]远,此又与儿童之见无异。人之将死,其藏腑必有先受其病[33]者;引绳而绝之,其绝必有处[34]。观者见其然,从而尤[35]之,其亦不达于理[36]矣!小人之好议论,不乐成人之美[37],如是哉!如巡、远之所成就,如此卓卓[38],犹不得免[39],其他则又何说!

当二公之初守也,宁能知人之卒不救[40],弃城而逆遁[41]?苟此不能守,虽避之他处何益[42]?及其无救而且穷[43]也,将其创残饿羸之余[44],虽欲去,必不达[45]。二公之贤,其讲之精矣[46]!守一城,捍天下[47],以千百就尽之卒[48],战百万日滋之师[49],蔽遮江淮,沮遏[50]其势,天下之不亡,其谁之功也!当是时,弃城而图存者,不可一二数[51];擅强兵坐而观者,相环[52]也。不追议[53]此,而责二公以死守,亦见其自比[54]于逆乱,设淫辞而助之攻也[55]。

愈尝从事于汴徐二府,屡道于两府间[56],亲祭于其所谓双庙[57]者。其老人往往说巡、远时事云[58]:南霁云之乞救于贺兰也[59],贺兰嫉巡、远之声威功绩出己上,不肯出师救;爱霁云之勇且壮,不听其语,强留之,具食与乐[60],延[61]霁云坐。霁云慷慨语曰:"云来时,睢阳之人,不食月余日矣!云虽欲独食,义[62]不忍;虽食,且不下咽!"因[63]拔所佩刀,断一指,血淋漓,以示贺兰。一座[64]大惊,皆感激[65]为云泣下。云知贺兰终无为云出师意,即驰去;将出城,抽矢射佛寺浮图[66],矢著其上砖半箭[67],曰:"吾归破贼,必灭贺兰,此矢所以志[68]也。"愈贞元中过泗州[69],船上人犹指以相语。城陷,贼以刃胁降巡,巡不屈,即牵去,将斩之;又降霁云,云未应。巡呼云曰:"南八[70],男儿死耳,不可为不义屈!"云笑曰:"欲将以有为[71]也;公有言,云敢不死!"即不屈。

张籍曰:"有于嵩[72]者,少依于巡[73];及巡起事[74],嵩常在围中。籍大历中于和州乌江县见嵩[75],嵩时年六十余矣。以巡初尝得临涣县尉[76],好学无所不读。籍时尚小,粗问巡、远事,不能细也。云巡长七尺[77]余,须髯[78]若神。尝见嵩读《汉书》,谓嵩曰:'何为久读此?'嵩曰:'未熟也。'巡曰:'吾于书读不过三遍,终身不忘也。'因诵嵩所读书,尽卷不错一字。嵩惊,以为巡偶熟此卷,因乱抽他帙[79]以试,无不尽然[80]。嵩又取架上诸书试以问巡,巡应口诵无疑[81]。嵩从巡久,亦不见巡常读书也。为文章,操纸笔立书[82],未尝起草。初守睢阳时,士卒仅[83]万人,城中居人户,亦且数万,巡因一见问姓名,其后无不识者。巡怒,须髯辄张[84]。及城陷,贼缚巡等数十人坐,且将戮。巡起旋[85],其众见巡起,或起或泣。巡曰:'汝勿怖!死,命也。'众泣不能仰视。巡就戮时,颜色不乱[86],阳阳如平常[87]。远宽厚长者,貌如其心;与巡同年生,月日后于巡,呼巡为兄,死时年四十九。"嵩贞元初死于亳宋间,或传嵩有田在亳宋[88]间,武人[89]夺而有之,嵩将诣州讼理[90],为所杀。嵩无子,张籍云。

【注释】

[1]元和二年:807年。元和:唐宪宗李纯的年号。

[2]吴郡:今江苏省苏州市。张籍:字文昌,吴郡人,唐代著名诗人,韩愈的学生兼朋友。

[3]李翰:字子羽,赵州赞皇(今河北省元氏县)人,官至翰林学士,与张巡友善,客居睢阳时曾亲见张巡战守事迹。张巡死后,有人诬其降贼,因撰《张巡传》上肃宗,并有《进张中丞传表》(见《全唐文》卷四三〇)。

[4]翰以文章自名:《旧唐书·文苑传》中有:翰"为文精密,用思苦涩"。自名:自负、自许。

[5]阙:缺漏、不足。

[6]许远:字令威,杭州盐官(今浙江省海宁)人,"安史之乱"时任睢阳太守,后与张巡合守孤城,城陷被掳往洛阳,至偃师被害。

[7]雷万春:张巡部下勇将,与张巡同时被杀。后文补叙南霁云事而不提及雷万春,清代有人怀疑此当是"南霁云"之误,如此方与后文相应。

[8]开门纳巡:打开城门,接纳张巡。唐肃宗至德二年(757年)正月,叛军安庆绪部将尹子奇带兵十三万围睢阳,许远向张巡告急,张巡自宁陵率军入睢阳城(见《资治通鉴》卷二一九)。

[9]柄:权柄。

[10]成功名:成就功业名节。

[11]城陷而虏:至德二年(757年)十月,睢阳陷落,张巡、许远被虏。张巡与部将被斩,许远被送往洛阳邀功,后被害于偃师。

[12]死先后异耳:二人就义的时间前后不同罢了。

[13]两家子弟材智下:据《新唐书·许远传》载,"安史之乱"平定后,大历年间,张巡之子张去疾轻信小人挑拨,上书代宗,谓城破后张巡等被害,唯许远独存,是屈降叛军,请追夺许远官爵。诏令去疾与许远之子许岘及百官议此事。两家子弟:指张去疾、许岘。下:低下。

[14]通知:通晓、完全了解。

[15]辞服:请降。

[16]诚:确实、果真。

[17]尺寸之地:指睢阳城。

[18]食其所爱之肉:尹子奇围睢阳时,城中粮尽,军民以雀鼠为食,最后只得以妇女与老弱男子充饥。当时,张巡曾杀爱妾、许远曾杀奴仆,以充军粮。

[19]蚍(pí)蜉(fú):黑色大蚁。蚁子:幼蚁。

[20]国与主:指唐王朝和皇帝。

[21]语:告诉。"安史之乱"后,唐玄宗逃往西蜀,长安、洛阳二京陷落。叛军曾以"国亡主灭"诱降张巡等人。

[22]益众:更加众多。

[23]信:真实。

[24]外无待:外面没有援兵依靠。睢阳被围后,河南节度使贺兰进明等皆拥兵观望,不来相救。

[25]且尽:将完。

[26]数(shǔ):计算。

[27]明:清楚。

[28]乌有:哪里有。城坏:城破。

[29]独蒙愧耻求活:独自蒙受惭愧与耻辱而求活。

[30]为之:做出这种事。

[31]说者:发议论的人,指张去疾等人。此句意为张巡和许远分兵守城,张巡守东北,许远守西南。城破时叛军先从西南攻入,故有此说。

[32]诟(gòu):污蔑、诽谤。

[33]病:害。

[34]引绳:拉紧绳子。绝:断开。处:这里指绳子断开的地方。

[35]尤:责怪。此处指责怪先受侵害的脏腑和绳子先断的地方。

[36]不达于理:不通达事理。

[37]成人之美:成全别人的好事。《论语·颜渊》中有:"君子成人之美,不成人之恶,小人反是。"

[38]卓卓:卓越出众。

[39]犹不得免:还不能免于被小人议论。

[40]宁:哪里。卒:最终。

[41]逆遁:事先逃跑。逆:预先。

[42]苟:假设。虽:即使。

[43]且穷:将要陷入困境。

[44]将:率领。创残:受伤而致残。羸(léi):因饿而瘦弱。

[45]不达:办不到。

[46]"二公之贤"二句:二公功绩前人已有精当的评价。李翰在《进张中丞传表》中说:"巡退军睢阳,扼其咽领,前后拒守,自春徂冬,大战数十,小战数百,以少击众,以弱击强,出奇无穷,制胜如神,杀其凶丑九十余万。贼所以不敢越睢阳而取江淮,江淮所以保全者,巡之力也。"讲:筹谋、考虑。精:周密、精当。

[47]捍天下:捍卫天下。睢阳城是江淮咽喉之地,战略地位重要。

[48]就尽:濒临死亡。卒:士兵。

[49]日滋:每天增多。师:军队。

[50]沮(jǔ)遏:阻止。

[51]不可一二数:不能用一个两个来计算,形容不在少数。

[52]相环:四周都是。

[53]追议:追究。

[54]比:比附、亲附。

[55]设淫辞:捏造荒谬的言辞。助之攻:帮助敌人攻击。

[56]屡道:屡次经过。此句意为韩愈曾先后在汴州(治所在今河南省开封市)、徐州(治所在今江苏省徐州市)任推官之职。唐称节度使、观察使的幕僚为从事。

[57]双庙:张巡、许远死后,后人在睢阳立庙祭祀,称为"双庙"。

[58]时事:当时的事情。云:句末语助词。

[59]南霁云:魏州顿丘(今河南省清丰县西南)人,安禄山反叛时被遣至睢阳与张巡议事,为张巡所感,遂留为部将。贺兰:复姓,指贺兰进明,时为御史大夫、河南节度使,驻节于临淮(今安徽省凤阳东北)一带。

[60]具食与乐:准备了酒食与音乐。

[61]延:请。

[62]义:道义。

[63]因:于是。

[64]一座:满座。

[65]感激:感动。

[66]浮图:佛塔。

[67]著:旧同"着",这里是射中的意思。半箭:箭身一半被射入佛塔的砖。

[68]所以志:用来作为标志。

[69]贞元:唐德宗李适的年号。泗州:唐属河南道,州治在临淮(今江苏省泗洪县东南),当年贺兰进明屯兵于此。

[70]南八:即南霁云,在兄弟中排行第八,故称。

[71]有为:暂时隐忍以图报仇。

[72]于嵩:人名,生平不详。

[73]少依于巡:年轻时投靠张巡。

[74]起事:起兵抗击叛军。

[75]大历:唐代宗李豫的年号。和州乌江县:今安徽省和县东北乌江镇。

[76]以巡初尝得临涣县尉:于嵩因张巡的缘故曾经做过临涣县尉。张巡死后,朝廷封赏他的亲戚、部下,于嵩因此得官。以:因。临涣:故城在今安徽省宿县西南。

[77]七尺:相当于现在五尺多。

[78]须髯(rán):下巴上的胡子叫须,两颊上的胡子叫髯。这里泛指胡须。

[79]帙(zhì):书套,这里指书本。

[80]尽然:都是如此。

[81]无疑:毫不迟疑。

[82]立书:立即书写。

[83]仅:几乎、接近。

[84]张:指胡须因发怒而自然张开。

[85]起旋:起身环视四周,一说起身小便。《左传·宣公三年》杜预注:"旋,小便也。"

[86]颜色不乱:脸色不变。

[87]阳阳如平常:安详镇定、神态自若的样子。

[88]亳(bó):亳州,治所在今安徽省亳县。宋:宋州,治所在睢阳。

[89]武人:军人。

[90]诣:到、往。讼理:打官司。

【**作品导读**】　文章前半部分开门见山,直接点出了写作背景,属于驳斥有因。接着笔辩"不为许远立传",而驳斥许远"畏死"之说,又借人之将死与扯绳子的简单道理,剖析许远守城陷落的合理性,彰张巡之功,发出"小人之好议论,不乐成人之美,如是哉"这样悲愤的感慨。整个议论有理有据、慷慨激昂、逻辑缜密,一方面讴歌了张巡、许远二人"守一城,捍天下"的忠诚,另一方面语出悲愤,政治立场坚定,尽显韩愈对奸佞小人谗言的不满和批判,以及面对黑暗势力敢于直谏、不卑不亢的态度。

后半部分叙事殷切,借南霁云向贺兰进明求兵败果之事,以贺兰进明拥兵旁观反衬南霁云的忠贞不屈,进而突显张巡等人的英雄气概;再通过逸事所闻进行补叙,从张巡、许远二人的为人处世和为官治民出发,间接反驳了"畏死而辞服于贼"这种不义无端小人之举的不合理性,为二位英烈再添补充证明,客观不乏情感温度,令有意者自愧。

全文在内容上前后相互补充;结构上横斜取直,段落间直起直落;情感上急言竭论,发自肺腑,文采斐然,风格鲜明。

【**思考练习**】

1. 苏轼称韩愈"匹夫而为百世师,一言而为天下法",这篇文章如何诠释了这一评价?
2. 这篇文章运用了哪些写作手法,请具体分析。

柳毅传

李朝威

【题解】 李朝威,生平不详,历史上的相关记载仅有寥寥数笔。鲁迅对《柳毅传》有极高的评价,称其是唐代传奇之名篇。宋人洪迈又将唐传奇与唐诗相提并论,称之为"一代传奇",而《柳毅传》被视为唐传奇的冠冕之作。《柳毅传》具有浓厚的传奇色彩,情节惝恍迷离,想象离奇曲折,备受民间喜爱,在中国文学史上具有不朽的价值。根据此传奇改编的杂剧、小说很多,如唐末《灵应传》、宋代《柳毅大圣乐》、元代《洞庭湖柳毅传书》等,足以说明《柳毅传》的文学艺术价值之高。

【原文】 唐仪凤[1]中,有儒生柳毅者应举下第[2],将还湘[3]滨。念乡人有客于泾阳者,遂往告别。至六七里,鸟起马惊,疾逸道左[4]。又六七里,乃止。见有妇人,牧羊于道畔。毅怪视之,乃殊色[5]也。然而蛾[6]脸不舒,巾袖无光。凝听翔立,若有所伺。毅诘之曰:"子何苦而自辱如是[7]?"妇始楚而谢,终泣而对曰:"贱妾不幸,今日见辱问于长者[8]。然而恨贯肌骨,亦何能愧避?幸一闻焉[9]:妾洞庭龙君小女也,父母配嫁泾川[10]次子。而夫婿乐逸[11],为婢仆所惑,日以厌薄。既而将诉于舅姑。舅姑爱其子,不能御[12]。迨诉频切[13],又得罪舅姑。舅姑毁黜[14]以至此。"言讫,歔欷流涕[15],悲不自胜。

又曰:"洞庭于兹,相远不知其几多也。长天茫茫,信耗莫通,心目断尽,无所知哀。闻君将还吴[16],密通[17]洞庭,或以尺书寄托侍者[18],未卜将以为可乎?"毅曰:"吾义夫也。闻子之说,气血俱动,恨无毛羽,不能奋飞,是何可否之谓乎?然而洞庭深水也,吾行尘间,宁可致意耶?唯恐道途显晦,不相通达,致负诚托,又乖恳愿[19]。子有何术,可导我邪?"女悲泣且谢曰:"负载[20]珍重,不复言矣。脱[21]获回耗,虽死必谢。君不许,何敢言?既许而问,则洞庭之与京邑,不足为异也。"毅请闻之。女曰:"洞庭之阴[22],有大橘树焉,乡人谓之社橘[23]。君当解去兹带,束以他物,然后叩树三发,当有应者。因而随之,无有碍矣。幸君子书叙之外,悉以心诚之话倚托,千万无渝。"毅曰:"敬闻命矣。"女遂于襦间解书,再拜以进。东望愁泣,若不自胜。毅深为之戚,乃置书囊中。因复问曰:"吾不知子之牧羊,何所用哉?神祇岂宰杀乎?"女曰:"非羊也,雨工也。""何为雨工?"曰:"雷霆之类也。"数顾视之,则皆矫顾怒步,饮龁[24]甚异,而大小毛角,则无别羊焉。毅又曰:"吾为使者,他日归洞庭,幸勿相避。"女曰:"宁止不避,当如亲戚耳。"语竟,引别东去。不数十步,回望女与羊,俱亡所见矣。其夕,至邑而别其友。

月余到乡还家,乃访于洞庭。洞庭之阴,果有橘社。遂易带向树,三击而止。俄有武夫出于波间,再拜请曰:"贵客将自何所至也?"毅不告其实,曰:"走谒大王耳。"武夫揭水指路,引毅以进。谓毅曰:"当闭目,数息可达矣。"毅如其言,遂至其宫。始见台阁相向,门户千万,奇草珍木,无所不有。夫乃止毅停于大室之隅。曰:"客当居此以伺焉。"毅曰:"此何所也?"夫曰:"此灵虚殿也。"谛视之,则人间珍宝,毕尽于此。柱以白璧,砌以青玉,床以珊瑚,帘以水精。雕琉璃于翠楣,饰琥珀于虹栋[25]。奇秀深杳,不可殚言。然而王久不至。毅谓夫曰:"洞庭君安在哉?"曰:"吾君方幸玄珠阁,与太阳道士讲大经。少选[26]当毕。"毅曰:"何谓大经?"夫曰:"吾君龙也,龙以水为神,举一滴可包陵谷。道士乃人也,人以火为神圣,发一灯可燎阿房[27]。然而灵用不同,玄化各异,太阳道士精于人理,吾君邀以听。"

言语毕,而宫门辟,景从云合[28],而见一人披紫衣,执青玉。夫跃曰:"此吾君也。"乃至前以告之。君望毅而问曰:"岂非人间之人乎?"毅对曰:"然。"毅而设拜[29],君亦拜。命坐于灵虚之下。谓毅曰:"水府幽深,寡人暗昧[30]。夫子不远千里,将有为乎?"毅曰:"毅,大王之乡人也。长于楚,游学于秦[31]。昨下第,闲驱泾水右涘[32],见大王爱女,牧羊于野。风环雨鬓[33],所不忍视。毅因诘之,谓毅曰,为夫婿所薄,舅姑不念,以至于此。悲泗淋漓,诚怛人心。遂托书于毅,毅许之。今以至此。"因取书进之。洞庭君览毕,以袖掩面而泣曰:"老父之罪,不能鉴听[34],坐贻聋瞽[35],使闺窗孺弱,远罹构害。公乃陌上人[36]也,而能急之[37]。幸被齿发[38],何敢负德?"词毕,又哀咤良久。左右皆流涕。时有宦人密视君者,君以书授之,令达宫中。

须臾,宫中皆恸哭。君惊谓左右曰:"疾告宫中,无使有声。恐钱塘[39]所知。"毅曰:"钱塘何人也?"曰:"寡人之爱弟。昔为钱塘长,今则致政[40]矣。"毅曰:"何故不使知?"曰:"以其勇过人耳。昔尧遭洪水九年者,乃此子一怒也。近与天将失意[41],塞其五山。上帝以寡人有薄德于古今,遂宽其同气[42]之罪。然犹縻系于此。故钱塘之人,日日候焉。"语未毕,而大声忽发,天拆地裂,宫殿摆簸,云烟沸涌。俄有赤龙长千余尺,电目血舌,朱鳞火鬣,项掣金锁,锁牵玉柱,千雷万霆,激绕其身,霰雪雨雹,一时皆下。乃擘青天而飞去。毅恐蹶仆地。君亲起持之曰:"无惧,固无害。"毅良久稍安,乃获自定。因告辞曰:"愿得生归,以避复来。"君曰:"必不如此。其去则然,其来则不然。幸为少尽缱绻[43]。"因命酌互举,以款人事。

俄而祥风庆云，融融怡怡，幢节玲珑[44]，箫韶以随[45]。红妆千万，笑语熙熙。后有一人，自然蛾眉，明珰[46]满身，绡縠[47]参差。迫而视之，乃前寄辞者。然若喜若悲，零泪如丝。须臾红烟蔽其左，紫气舒其右，香气环旋，入于宫中。君笑谓毅曰："泾水之囚人至矣。"君乃辞归宫中。须臾，又闻怨苦，久而不已。有顷，君复出，与毅饮食。又有一人披紫裳，执青玉，貌耸神溢[48]，立于君左右。谓毅曰："此钱塘也。"毅起，趋拜之。钱塘亦尽礼相接，谓毅曰："女侄不幸，为顽童所辱。赖明君子信义昭彰，致达远冤。不然者，是为泾陵之土矣。飨德[49]怀恩，词不悉心。"毅拪退[50]辞谢，俯仰唯唯[51]。然后回告兄曰："向者辰发灵虚，已至泾阳，午战于彼，未还于此。中间驰至九天，以告上帝。帝知其冤而宥其失，前所遣责，因而获免。然而刚肠[52]激发，不遑辞候，惊扰宫中，复忤宾客。愧惕惭惧，不知所失。"因退而再拜。君曰："所杀几何？"曰："六十万。""伤稼乎？"曰："八百里。""无情郎安在？"曰："食之矣。"君抚然曰："顽童之为是心也，诚不可忍。然汝亦太草草。赖上帝显圣，谅其至冤。不然者，吾何辞焉[53]？从此已去[54]，勿复如是。"钱塘复再拜。是夕，遂宿毅于凝光殿。

明日，又宴毅于凝碧宫。会友戚，张[55]广乐，具以醪醴[56]，罗以甘洁[57]。初笳角鼙鼓[58]，旌旗剑戟，舞万夫于其右。中有一夫前曰："此《钱塘破阵乐》[59]。"旌铓[60]杰气，顾骤悍栗。坐客视之，毛发皆竖。复有金石丝竹，罗绮珠翠，舞千女于其左。中有一女前进曰："此《贵主还宫乐》[61]。"清音宛转，如诉如慕。坐客听之，不觉泪下。二舞既毕，龙君大悦，锡以纨绮，颁于舞人。然后密席贯坐，纵酒极娱。酒酣，洞庭君乃击席而歌曰："大天苍苍兮，大地茫茫。人各有志兮，何可思量？狐神鼠圣兮[62]，薄社依墙。雷霆一发兮，其孰敢当？荷真人[63]兮信义长，令骨肉兮还故乡。齐言惭愧兮何时忘？"洞庭君歌罢，钱塘君再拜而歌曰："上天配合兮，生死有途。此不当妇兮，彼不当夫。腹心辛苦兮，泾水之隅。风霜满鬓兮，雨雪罗襦。赖明公兮引素书，令骨肉兮家如初。永言珍重兮无时无。"钱塘君歌阕[64]，洞庭君俱起奉觞于毅。毅踧踖[65]而受爵。饮讫，复以二觞奉二君。乃歌曰："碧云悠悠兮，泾水东流。伤美人兮，雨泣花愁。尺书远达兮，以解君忧。哀冤果雪兮，还处其休[66]。荷和雅[67]兮感甘羞，山家寂寞兮难久留。欲将辞去兮悲绸缪。"歌罢，皆呼万岁。洞庭君因出碧玉箱，贮以开水犀。钱塘君复出红珀盘，贮以照夜玑。皆起进毅。毅辞谢而受。然后宫中之人，咸以绡彩珠璧，投于毅侧，重叠焕赫。须臾，埋没前后。毅笑语四顾，愧揖不暇。洎酒阑欢极，毅辞起，复宿于凝光殿。

翌日，又宴毅于清光阁。钱塘因酒作色，踞[68]谓毅曰："不闻猛石可裂不可卷，义士可杀不可羞耶？愚有衷曲，欲一陈于公。如可，则俱在云霄；如不可，则皆夷粪壤。足下以为何如哉?"毅曰:"请闻之。"钱塘曰:"泾阳之妻,则洞庭君之爱女也。淑性茂质[69],为九姻[70]所重。不幸见辱于匪人,今则绝矣。将欲求托高义[71],世为亲戚,使受恩者知其所归,怀爱者知其所付。岂不为君子始终之道[72]者?"毅肃然而作,歘然[73]而笑曰:"诚不知钱塘君孱困[74]如是。毅始闻跨九州,怀五岳,泄其愤怒。复见断锁金,掣玉柱,赴其急难。毅以为刚决明直,无如君者。盖犯之者不避其死[75],感之者不爱其生,此真丈夫之志。奈何箫管方洽,亲宾正和,不顾其道,以威加人?岂仆之素望哉?若遇公于洪波之中,玄山[76]之间,鼓以鳞须,被以云雨,将迫毅以死,毅则以禽兽视之。亦何恨哉?今体被衣冠,坐谈礼义,尽五常[77]之志性,负百行之微旨[78]。虽人世贤杰,有不如者,况江河灵类乎?而欲以蠢然之躯,悍然之性,乘酒假气,将迫于人。岂近直[79]哉?且毅之质[80],不足以藏王一甲之间。然而敢以不伏之心,胜王不道之气。惟王筹之!"钱塘乃逡巡致谢曰:"寡人生长宫房,不闻正论。向者词述狂妄,搪突高明,退自循顾,戾[81]不容责。幸君子不为此乖间[82]可也。"其夕复饮宴,其乐如旧,毅与钱塘遂为知心友。

明日,毅辞归。洞庭君夫人别宴毅于潜景殿,男女仆妾等悉出预会。夫人泣谓毅曰:"骨肉受君子深恩,恨不得展愧戴[83],遂至睽别。"使前泾阳女当席拜毅以致谢。夫人又曰:"此别岂有复相遇之日乎?"毅其始虽不诺钱塘之请,然当此席,殊有叹恨之色。宴罢辞别,满宫凄然,赠遗珍宝,怪不可述。

毅于是复循途出江岸。见从者十余人,担囊以随,至其家而辞去。毅因适广陵宝肆,鬻其所得,百未发一,财以盈兆。故淮右富族咸以为莫如。遂娶于张氏,而又娶韩氏。数月,韩氏又亡。徙家金陵,常以鳏旷[84]多感,或谋新匹。有媒氏告之曰:"有卢氏女,范阳人也。父名曰浩,尝为清流[85]宰,晚岁好道,独游云泉[86]。今则不知所在矣。母曰郑氏。前年适清河张氏,不幸而张夫早亡。母怜其少,惜其慧美,欲择德以配焉。不识何如?"毅乃卜日就礼。既而男女二姓,俱为豪族。法用礼物[87],尽其丰盛。金陵之士,莫不健仰[88]。居月余,毅因晚入户,视其妻,深觉类于龙女,而逸艳丰厚,则又过之。因与话昔事。妻谓毅曰:"人世岂有如是之理乎?"经岁余,有一子。毅益重之。

既产逾月,乃秾饰换服。召亲戚相会之间,笑谓毅曰:"君不忆余之于昔也?"毅曰:"夙为洞庭君女传书,至今为忆。"妻曰:"余即洞庭君之女也。泾川之冤,君使得白。衔君之恩,誓心求报。洎钱塘季父论亲不从,遂至睽违,天各一方,不能相问。父母欲配嫁于濯锦小儿。某惟以心誓难移,亲命难背。既为君子弃绝,分无见期,而当初之冤,虽得以告诸父母,而誓报不得其志,复欲驰白于君子。值君子累娶,当娶于张,已而又娶于韩。洎张、韩继卒,君卜居于兹。故余之父母,乃喜余得遂报君之意。今日获奉君子,咸善终世[89]，死无恨矣。"因呜咽泣涕交下，对毅曰："始不言者，知君无重色之心；今乃言者，知君有感余之意。妇人匪薄[90]，不足以确厚永心。故因君爱子，以托相生。未知君意如何，愁惧兼心，不能自解。君附书之日，笑谓妾曰：'他日归洞庭，慎无相避。'诚不知当此之际，君岂有意于今日之事乎？其后季父请于君，君固不许。君乃诚将不可邪，抑忿然邪？君其话之。"毅曰："似有命者。仆始见君子长泾之隅，枉抑憔悴，诚有不平之志。然自约其心者，达君之冤，余无及也。以言'慎勿相避'者，偶然耳。岂思哉？洎钱塘逼迫之际，唯理有不可直[91]，乃激人之怒耳。夫始以义行为之志，宁有杀其婿而纳其妻者邪？一不可也。善素以操真为志尚，宁有屈于己而伏于心[92]者乎？二不可也。且以率肆胸臆[93]，酬酢[94]纷纶，唯直是图，不遑避害。然而将别之日，见君有依然之容，心甚恨之。终以人事扼束[95]，无由报谢。吁！今日君卢氏也，又家于人间。则吾始心未为惑[96]矣。从此以往，永奉欢好，心无纤虑也。"妻因深感娇泣，良久不已。有顷，谓毅曰："勿以他类，遂为无心。固当知报耳。夫龙寿万岁，今与君同之，水陆无往不适，君不以为妄也。"毅嘉之曰："吾不知国客，乃复为神仙之饵[97]。"乃相与觐洞庭。既至而宾主盛礼，不可具纪[98]。

后居南海[99]，仅四十年。其邸第舆马，珍鲜服玩，虽侯伯之室，无以加也。毅之族咸遂濡泽[100]。以其春秋积序[101]，容状不衰，南海之人，靡不惊异。洎开元中，上[102]方属意于神仙之事，精索道术，毅不得安，遂相与归洞庭。凡十余岁，莫知其迹。至开元末，毅之表弟薛嘏为京畿令[103]，谪官东南，经洞庭，晴昼长望，俄见碧山出于远波。舟人皆侧立曰："此本无山，恐水怪耳。"指顾之际，山与舟相逼。乃有彩船自山驰来，迎问于嘏。其中有一人呼之曰："柳公来候耳。"嘏省然[104]记之，乃促至山下，摄衣疾上。山有宫阙如人世，见毅立于宫室之中，前列丝竹，后罗珠翠，物玩之盛，殊倍人间。毅词理益玄，容颜益少。初迎嘏于砌，持嘏手曰："别来瞬息，而发毛已黄。"嘏笑曰："兄为神仙，弟为枯骨，命也。"毅因出药五十丸遗嘏曰："此药一丸，可增一岁耳。岁满复来，无久居人世，以自苦也。"欢宴毕，嘏乃辞行。自是已后，遂绝影响。嘏常以是事告于人世。殆四纪[105]，嘏亦不知所在。

陇西李朝威叙而叹曰："五虫之长[106]，必以灵者，别斯见矣[107]。人裸[108]也，移信鳞虫[109]。洞庭含纳大直[110]，钱塘迅疾磊落，宜有承[111]焉。嘏咏而不载，独可邻其境。愚义之，为斯文。"

【注释】

[1]仪凤:唐高宗李治的年号。

[2]应(yìng)举下第:应科举考试落榜。

[3]湘:湘江。

[4]疾逸道左:向道旁飞奔。

[5]殊色:绝色、极美的女子。

[6]蛾:指美女的秀眉。

[7]自辱如是:如是自辱,如此委屈自己。

[8]见辱问于长者:承蒙长者下问。见:被。辱问:降低身份来问。长者:忠厚的人,常用来称对方,以示尊重。

[9]幸一闻焉:希望听一听我诉说的事。幸:希望。焉:语气助词。

[10]泾川:指泾河龙王。

[11]乐逸:"乐于逸"的省略。逸:放纵、荒淫。

[12]御:管束。

[13]频切:频繁急切。

[14]毁黜(chù):虐待、糟蹋。黜:逐。

[15]歔欷(xūxī):哀叹悲哭的声音。涕:泪。

[16]吴:一般指江苏,有时泛指东南一带。

[17]密通:紧挨。

[18]尺书:书信。古时在一尺长的竹简或帛上写信,所以称信为"尺书"。寄托侍者:托付给您的仆人。这是一种客气的说法,表示不敢直接烦劳对方。

[19]恳愿:恳切的愿望。

[20]负载(zài):指担负自己所托的事情。

[21]脱:倘或。

[22]阴:南岸。水南岸背光,称南岸为阴。

[23]社橘:唐代的一种风俗,乡间往往在大橘树下举行祭祀土地神的活动,那橘树就叫"社橘"。

[24]龁(hé):咬。

[25]虹栋:彩色如虹的屋梁。

[26]少选:不一会儿。

[27]燎:烧。阿(ē)房(páng):阿房宫,秦统一天下后修建的一个方圆三百里的宫殿群,后被项羽一把火烧光。

[28]景(yǐng)从云合:形容侍从众多,像影子般跟从,像云气一样聚拢。景:同"影",像影子一样。云:像云气一样。

[29]设拜:行拜见之礼。

[30]暗昧:愚昧。

[31]秦:长安,古时曾属秦国,故云。

[32]涘(sì):水边。

[33]风环雨鬓:形容受风吹雨打的样子。

[34]鉴听:察看、了解。

[35]聋瞽:聋子、瞎子。

[36]陌上人:路人、不相识的人。

[37]急之:以之为急,把这当成急事。急:意动词,以……为急事。

[38]幸被齿发:指还存活着。

[39]钱塘:钱塘江,浙江的主要河流之一,流入东海。

[40]致政:辞官。

[41]失意:意见不合,不和。

[42]同气:同胞兄弟。

[43]缱(qiǎn)绻(quǎn):深厚缠绵的情意。

[44]幢(chuáng)节:旗帜和旌节。玲珑:精巧细致的样子。

[45]箫韶:相传为虞舜时的乐曲。箫韶以随:有随同演奏的乐队。

[46]珰:玉制的耳饰,泛指饰物。

[47]绡(xiāo)縠(hú):指丝绸的衣服。

[48]貌耸神溢:容貌出众,精神焕发。耸:高耸,比喻出众、不凡。溢:水溢出,比喻饱满。

[49]飨(xiǎng)德:享受恩德。飨:通"享"。

[50]㧑(huī)退:谦逊退避。

[51]俯仰唯唯:鞠躬作揖,连连答应。唯唯:恭敬地连连应答的声音。

[52]刚肠:刚强的性格。肠:心肠、情性。

[53]吾何辞焉:我怎能推卸其责呢。辞:推卸。

[54]已去：以后。已：同"以"。

[55]张：陈设、排列。

[56]具：具备。醪醴：醇美的酒。

[57]甘洁：美味。

[58]笳角鼙鼓：军中乐器。笳：胡笳。角：画角。鼙鼓：马骑上敲的一种小鼓。

[59]《钱塘破阵乐》：钱塘龙君战胜泾川君而演奏的乐曲。破阵乐本是唐初乐曲名，唐太宗为秦王时破刘武周军时所作，后来改为表现战阵的武舞。这里是借用。

[60]铤：字书不载，当为武器一类，别本将此改为"旌铫(tiáo)杰气"。

[61]《贵主还宫乐》：龙女返回洞庭宫而演奏的乐曲。贵主：公主，指龙女。

[62]狐神鼠圣兮：狐狸依靠城墙作窝，老鼠依靠庙社作穴，比喻小人依附权势作威作福。

[63]真人：正直、有德行的人，指柳毅。

[64]阕：乐曲终止。

[65]蹴(cù)踖(jí)：恭敬不安的样子。

[66]休：幸福、欢乐。

[67]和雅：温情雅意。

[68]踞：踞坐，坐时两脚岔开，表示傲慢的态度。

[69]淑性茂质：温顺的性格，美好的人品。

[70]九姻：泛指各种亲戚。

[71]求托高义：女方向男方的求婚之辞。高义：赞美柳毅为品德高尚的人。

[72]始终之道：有始有终的道理。

[73]欻(xū)然：忽然。

[74]孱困：羸弱、无用。

[75]犯之者不避其死：对于侵犯自己的人，不避死亡的危险去抵抗和惩治他。

[76]玄山：苍青色的波浪。山：形容巨浪。

[77]五常：儒家倡导的处理人与人之间关系的道德准则，即仁、义、礼、智、信。

[78]百行之微旨：各种行为道德的精妙道理。

[79]直：正理。

[80]质：这里指身体。

[81]戾：罪过。

[82]乖间:隔阂、疏远。

[83]愧戴:感恩戴德的惭愧心情。

[84]鳏旷:独身无妻。鳏:丧妻无偶。旷:成年未娶。

[85]清流:今安徽省滁州。

[86]云泉:泛指名山大川。

[87]法用礼物:结婚仪式中所规定的礼物。

[88]健仰:十分仰慕。

[89]咸善终世:一起好好过一辈子。

[90]匪薄:同"菲薄",自谦之词。

[91]理有不可直:道理上说不过去。

[92]屈于己而伏于心:自己受委屈而能心服。伏:同"服"。

[93]率肆胸臆:直率地讲出心里话。

[94]酬酢:酒席上主客间的劝酒应酬。

[95]扼束:束缚。

[96]惑:迷惑,这里引申为错误。

[97]吾不知国客,乃复为神仙之饵:我没有想到在龙宫做客却获得了成仙的机会。

[98]具纪:全部记住。纪:通"记"。

[99]南海:唐郡名,郡治在今广州。

[100]濡泽:沾光。

[101]春秋积序:年岁增长。

[102]上:皇帝,这里指唐玄宗。

[103]京畿令:京城附近地方的县令。

[104]省然:觉醒明白的样子。

[105]四纪:四十八年。古代以十二年为一纪。

[106]五虫之长:指人类。虫:动物的通称。五虫:五种动物,倮虫为人类,羽虫为鸟类、毛虫为兽类、鳞虫为鱼类、介虫为龟类。

[107]别斯见矣:区别由此(指是否具有灵性)可以看出来。

[108]裸:同"倮",指动物中没有羽、毛、鳞、甲的一类。

[109]鳞虫:指龙。

[110]含纳大直:胸襟宽广而为人正直。

[111]承:流传秉承,指两位龙君的性情品格来自大自然的洞庭湖和钱塘江。

【作品导读】 《柳毅传》是一篇志怪小说。唐朝重礼信义,读书人皆追求功名,在小说的开篇,作者首先将柳毅塑造成一个"应举下第"的书生形象,落第归家隐藏了文人的些许惆怅和不甘,尤其是作者对龙宫"柱以白璧,砌以青玉,床以珊瑚,帘以水精。雕琉璃于翠楣,饰琥珀于虹栋。奇秀深杳,不可殚言"的诸多描述,还有故事结尾描写南海"邸第舆马,珍鲜服玩"等,用浓重的笔墨精雕细琢了一个瑰异奇幻、绚丽多彩的世界,对美好生活的具体构建具有理想主义色彩。

小说的主题思想有多种解读,可谓"仁者见仁,智者见智"。若专注文本内容,李朝威在篇末言语:"愚义之,为斯文。"一个"义"字直接讲明了写下这篇传奇小说的目的。小说中出现的主要人物,如知恩图报的龙女、为人磊落的钱塘君、充满正义的洞庭龙王,还有不避艰险、打抱不平的主角柳毅,都紧紧围绕"义"字进行刻画。整篇小说故事情节跌宕起伏,可大致分为三部分。

第一部分写落第书生柳毅归乡途中邂逅牧羊龙女,并答应传书。这部分作者没有把重点放在"落第",而是着重描写了柳毅与龙女的对话。一方面介绍了故事的起因,推动情节发展;另一方面也对主人公柳毅和龙女的第一印象进行了刻画。"吾义夫也。闻子之说,气血俱动,恨无毛羽,不能奋飞",寥寥数语,精准突出了儒生的侠肝义胆。后面龙女解书"再拜以进。东望愁泣,若不自胜",柳毅"深为之戚",说明他做这件事并非有所图,并为后面拒婚做了品格铺垫。而龙女也通过"脱获回耗,虽死必谢""宁止不避,当如亲戚耳"等语言彰显其重守诺言、知恩图报的性格品质。

第二部分是柳毅传书的经过和拒婚。这部分中,重要角色洞庭龙王和钱塘君相继出场,通过钱塘君怒而冲天营救龙女、洞庭龙王宴请柳毅、感念恩德欲将龙女许配给柳毅这三件事,作者用语恰到好处,以光怪陆离的笔调、丰富多彩的想象肯定和刻画了洞庭龙王与钱塘君的有情有义、有血有肉、可敬可亲。

第三部分龙女和柳毅几经周折终修成正果,仙途圆满。龙女在龙宫早已对柳毅芳心暗许,柳毅因大义而拒婚,她不仅不埋怨且给予理解,直到柳毅的两任妻子去世才假作卢氏嫁为其妇。整个报恩过程水到渠成,没有违背任何礼义,这是龙女的"义"。有的学者认为,龙女的圆满结局与开头遭遇形成鲜明对比,有较浓厚的反包办婚姻、反封建主义色彩,解读亦有高明之处。

艺术手法上,整篇小说用了隐喻、象征和比兴等多种手法,语言多骈散结合、简洁明快、饱含诗意,如"长天茫茫,信耗莫通,心目断尽,无所知哀",对偶如"雕琉璃于翠楣,饰琥珀于虹栋""体被衣冠,坐谈礼义"等。小说在结构上精巧,构思新颖,叙事详略得当,恰到好处,极具艺术表现力。

【思考练习】

1. 尝试结合具体的句子,分析小说中钱塘君的人物性格。
2. 小说如何运用了隐喻、象征和比兴等多种手法?

长恨歌

白居易

【题解】 白居易(772—846年),号香山居士、醉吟先生,唐代现实主义诗人的代表。他痴迷于诗歌创作,现存近三千首诗歌,有"诗魔"之称,与李白、杜甫并列为唐代三大诗人,他们的诗歌分别反映了盛唐和中唐的社会面貌。白居易早年家境没落,对底层民间疾苦有较早了解,所以其诗歌善陈时事,深刻揭示了社会现实和诸多弊端。他有自己的一套诗歌理论体系,曾在《与元九书》中提出"文章合为时而著,歌诗合为事而作"的观点,认为诗歌有促进社会发展的使命。唐元和时期,白居易、张籍、元稹等一批诗人掀起了现实主义诗歌创作热潮和改革运动,即著名的"新乐府运动",强调了诗歌为政治现实服务的功能,充分发挥汉乐府机构的职责和讽喻时事的长处,统治阶级可以直接通过百姓口中的流行歌谣了解民情。他与元稹并称"元白",以二人为代表发展了元白诗歌流派,该流派不仅写实,而且形象描写细腻、语言亲切易懂。

白居易极其关注封建社会中妇女的命运,如《真娘墓》表达他对唐代著名歌姬真娘为反抗压迫而自尽遭遇的深切同情;《琵琶行》刻画了一个技艺高超的琵琶女形象,与《长恨歌》同为白居易两大著名叙事长诗。《长恨歌》里的主人公杨贵妃未能因身份高贵而避免沦为时代和统治阶级的牺牲品,更能折射出古代妇女的悲惨命运,也是这类诗歌的杰出代表。该诗遣词造句极为讲究,创作主体和题材兼具特殊性、典型性,又能对古代帝王形象起到一定祛魅作用,增加了现实的无奈和悲痛,引人无尽深思。后世依据此诗有《梧桐雨》《长生殿》等剧作。

【原文】 汉皇重色思倾国[1],御宇[2]多年求不得。杨家有女初长成,养在深闺人未识[3]。天生丽质难自弃,一朝选在君王侧。回眸一笑百媚生,六宫粉黛无颜色[4]。春寒赐浴华清池[5],温泉水滑洗凝脂[6]。侍儿[7]扶起娇无力,始是新承恩泽[8]时。云鬓花颜金步摇[9],芙蓉帐暖度春宵[10]。春宵苦短日高起,从此君王不早朝。承欢侍宴无闲暇,春从春游夜专夜。后宫佳丽三千[11]人,三千宠爱在一身。金屋[12]妆成娇侍夜,玉楼宴罢醉和春。姊妹弟兄皆列土[13],可怜[14]光彩生门户。遂令天下父母心,不重生男重生女[15]。骊宫[16]高处入青云,仙乐风飘处处闻。缓歌慢舞凝丝竹[17],尽日君王看不足[18]。

渔阳鼙鼓[19]动地来,惊破《霓裳羽衣曲》[20]。九重城阙烟尘生[21],千乘万骑西南行[22]。翠华摇摇行复止[23],西出都门百余里[24]。六军[25]不发无奈何,宛转蛾眉[26]马前死。花钿委地[27]无人收,翠翘金雀玉搔头[28]。君王掩面救不得,回看血泪相和流。黄埃散漫风萧索,云栈萦纡登剑阁[29]。峨嵋山[30]下少人行,旌旗无光日色薄[31]。蜀江水碧蜀山青,圣主朝朝暮暮情。行宫[32]见月伤心色,夜雨闻铃[33]肠断声。天旋日转回龙驭[34],到此踌躇不能去。马嵬坡下泥土中,不见玉颜空死处[35]。君臣相顾尽沾衣,东望都门信马[36]归。归来池苑皆依旧,太液芙蓉未央柳[37]。芙蓉如面柳如眉,对此如何不泪垂?春风桃李花开日[38],秋雨梧桐叶落时。西宫[39]南苑多秋草,宫叶满阶红不扫。梨园弟子[40]白发新,椒房阿监青娥[41]老。夕殿萤飞思悄然,孤灯挑尽[42]未成眠。迟迟钟鼓初长夜,耿耿星河欲曙天[43]。鸳鸯瓦冷霜华[44]重,翡翠衾寒谁与共[45]?悠悠生死别经年,魂魄不曾来入梦。

临邛道士鸿都客[46],能以精诚致魂魄。为感君王展转思,遂教方士殷勤觅。排空驭气[47]奔如电,升天入地求之遍。上穷碧落下黄泉[48],两处茫茫皆不见。忽闻海上有仙山[49],山在虚无缥缈间。楼阁玲珑五云[50]起,其中绰约[51]多仙子。中有一人字太真[52],雪肤花貌参差[53]是。金阙西厢叩玉扃[54],转教小玉报双成[55]。闻道汉家天子使,九华帐[56]里梦魂惊。揽衣推枕起徘徊,珠箔银屏迤逦[57]开。云鬓半偏新睡觉[58],花冠不整下堂来。风吹仙袂[59]飘飘举,犹似《霓裳羽衣》舞。玉容寂寞泪阑干[60],梨花一枝春带雨。含情凝睇[61]谢君王,一别音容两渺茫。昭阳殿[62]里恩爱绝,蓬莱宫[63]中日月长。回头下望人寰[64]处,不见长安见尘雾。惟将旧物表深情,钿合金钗寄将去[65]。钗留一股合一扇,钗擘黄金合分钿[66]。但令心似金钿坚,天上人间会相见。临别殷勤重寄词,词中有誓两心知。七月七日长生殿[67],夜半无人私语时。在天愿作比翼鸟[68],在地愿为连理枝[69]。天长地久有时尽,此恨绵绵[70]无绝期!

【注释】

[1]汉皇:原指汉武帝刘彻,此处借指唐玄宗李隆基。唐朝文人常以汉称唐。重色:爱好女色。倾国:绝色女子。汉代李延年在汉武帝面前歌唱其妹之美:"北方有佳人,绝世而独立。一顾倾人城,再顾倾人国。宁不知倾国与倾城,佳人难再得。""倾国""倾城"成为美女的代称。

[2]御宇:驾驭宇内,即统治天下。汉代贾谊《过秦论》中有:"振长策而御宇内。"

[3]"杨家有女初长成"二句:杨玉环乃蜀州司户杨玄琰之女,自幼由叔父杨玄珪抚

养,十七岁被册封为玄宗之子寿王李瑁之妃,二十七岁被唐玄宗册封为贵妃。白居易此谓"养在深闺人未识",是有意为帝王避讳的说法。

[4]六宫粉黛:指宫中所有嫔妃。古代皇帝设六宫,正寝(日常处理政务之地)一,燕寝(休息之地)五,合称"六宫"。粉黛:本为女性化妆用品,粉以抹脸,黛以描眉。此代指六宫中的女子。无颜色:与杨玉环的美色相比,六宫美女都不值一顾。颜色:指女子的容貌。

[5]华清池:骊山温泉,在今西安市临潼区东南的骊山下。唐贞观十八年(644年)建汤泉宫,咸亨二年(671年)改名温泉宫,天宝六载(747年)扩建后改名华清宫。唐玄宗每年冬季、春季都到此居住。

[6]凝脂:形容皮肤白嫩润滑,犹如凝固的脂肪。《诗经·卫风·硕人》中有:"肤如凝脂。"

[7]侍儿:宫女、侍女。

[8]新承恩泽:刚得到皇帝的宠幸。

[9]云鬓:形容女子鬓发盛美如云。《木兰诗》中有:"当窗理云鬓,对镜帖花黄。"步摇:一种首饰,用金银丝盘成花的形状,上面缀着垂珠之类,插于发鬓,随人步行而摇动,故名。

[10]芙蓉帐:绣着莲花的帐子,形容帏帐之精美。萧纲的《戏作谢惠连体十三韵》中有:"珠绳翡翠帷,绮幕芙蓉帐。"春宵:新婚之夜。

[11]佳丽三千:言后宫女子之多。《后汉书·皇后纪》中有:"自武元之后,世增淫费,乃至掖庭三千。"据《旧唐书·宦官传》等记载,开元、天宝年间,长安大内、大明、兴庆三宫,皇子十宅院,皇孙百孙院,东都大内、上阳两宫,大率宫女四万人。

[12]金屋:借用汉武帝金屋藏娇典故。《汉武故事》中记载,武帝幼时,他姑妈将他抱在膝上,问他要不要她的女儿阿娇做妻子。他笑着回答:"若得阿娇,当以金屋藏之。"

[13]列土:分封土地。据《旧唐书·后妃传》等记载,杨贵妃有姊三人,玄宗并封国夫人之号。长曰大姨,封韩国夫人。三姨,封虢国夫人。八姨,封秦国夫人。父玄琰,累赠太尉、齐国公。母,封凉国夫人。叔玄珪,为光禄卿。再从兄铦,为鸿胪卿。锜,为侍御史,娶尚武惠妃女太华公主。从祖兄国忠,为右丞相。

[14]可怜:可爱、值得羡慕。

[15]不重生男重生女:陈鸿的《长恨歌传》云,当时民谣有"生女勿悲酸,生男勿喜欢""男不封侯女作妃,看女却为门上楣"等。

[16]骊宫:骊山华清宫。骊山在今陕西省临潼区。

[17]凝丝竹:管弦之声聚而不散。

[18]看不足:看不厌。

[19]渔阳:郡名,辖今北京市平谷区和天津市蓟县等地,当时属于平卢、范阳、河东三镇节度使安禄山的辖区。天宝十四载(755年)冬,安禄山在范阳起兵叛乱。鼙鼓:古代骑兵用的小鼓,此借指战争。

[20]《霓(ní)裳羽衣曲》:舞曲名,据说为唐开元年间西凉节度使杨敬述所献,经唐玄宗润色并制作歌词,改用此名。乐曲着意表现虚无缥缈的仙境和仙女形象,舞时舞者身着五彩翠鸟羽毛编织成的轻薄衣衫。

[21]九重城阙:九重门的京城,此指长安。烟尘生:指发生战事。阙:古代宫殿门前两边的楼,泛指宫殿或帝王的住所。《楚辞·九辩》中有:"君之门以九重。"

[22]千乘万骑西南行:天宝十五载(756年)六月,安禄山破潼关,逼近长安。唐玄宗带领杨贵妃等出延秋门向西南方向逃走。当时,随行护卫并不多,"千乘万骑"是夸大之词。乘:一人一骑为一乘。

[23]翠华摇摇行复止:唐玄宗西奔至距长安百余里的马嵬驿,扈从禁卫军发难,不再前行,请诛杨国忠、杨玉环兄妹以平民怨,李隆基为自保只得照办。翠华:皇帝仪仗中用翠鸟羽毛装饰的旗帜。司马相如的《上林赋》中有:"建翠华之旗,树灵鼍之鼓。"

[24]百余里:指到距长安一百多里的马嵬驿,故址在今陕西省兴平市。

[25]六军:保护皇帝的御林军。《周礼·夏官·司马》中有:"王六军。"

[26]宛转:形容美人临死前哀怨缠绵的样子。蛾眉:古代美女的代称,此处指杨贵妃。《诗经·卫风·硕人》中有:"螓首蛾眉。"

[27]花钿:用金翠珠宝等制成的花朵形首饰。委地:丢弃在地上。

[28]翠翘:首饰,形如翡翠鸟尾。金雀:金雀钗,钗形似凤,古称"朱雀"。玉搔头:玉簪。《西京杂记》卷二中有:"武帝过李夫人,就取玉簪搔头。自此后宫人搔头皆用玉。"

[29]云栈:高入云霄的栈道。萦纡(yíngyū):萦回盘绕。剑阁:又称"剑门关",在今四川省剑阁县北,是秦入蜀的要道。此地群山如剑,峭壁中断处,两山对峙如门。诸葛亮相蜀时,凿石架凌空栈道以通行。

[30]峨嵋山:在今四川省峨眉山市。唐玄宗奔蜀途中,并未经过峨嵋山,这里泛指蜀中高山。

[31]日色薄:日光黯淡。

[32]行宫:皇帝离京出行在外的临时住所。

[33]夜雨闻铃:郑处海的《明皇杂录·补遗》中有:"明皇既幸蜀,西南行,初入斜谷,霖雨涉旬,于栈道雨中闻铃音,与山相应。上既悼念贵妃,采其声为《雨淋铃曲》以寄恨焉。"这里暗指此事。后雨霖铃成为词牌名。

[34]天旋日转:指平定叛乱,国家大局转变。肃宗至德二年(757年),郭子仪军收复长安。回龙驭:皇帝的车驾归来。

[35]空死处:空见死处。据《旧唐书·后妃传》载:玄宗自蜀还,令中使祭祀杨贵妃,密令改葬于他所。初瘗时,以紫褥裹之,肌肤已坏,而香囊仍在,内官以献,上皇视之凄婉,乃令图其形于别殿,朝夕视焉。

[36]信马:无心鞭马,任马由缰,懒散前行。

[37]太液:汉宫中有太液池。未央:汉有未央宫。这里泛指唐时宫廷、池苑。

[38]日:原作"夜"。

[39]西宫:西内太极宫,南内为兴庆宫。皇宫之内称为"大内"。玄宗返京后,初居南内。上元元年(760年),权宦李辅国假借肃宗名义,胁迫玄宗迁往西内,并流贬玄宗亲信高力士、陈玄礼等人,使其与世人隔绝,防其复辟。

[40]梨园弟子:指玄宗当年训练的乐工舞女。梨园:据《新唐书·礼乐志》载:唐玄宗时宫中教习音乐的机构,曾选"坐部伎"三百人教练歌舞,随时应诏表演,号称"皇帝梨园弟子"。

[41]椒房:后妃居住之所,因以花椒和泥抹墙,故称。阿监:宫中的侍从女官。青娥:年轻的宫女。据《新唐书·百官志》载:内官宫正有阿监、副监,视七品。

[42]孤灯挑尽:古时用灯草油灯照明,为使灯火明亮,过一会儿就要把浸在油中的灯草往前挑一点。"挑尽"说明夜已深。唐时宫廷夜间燃烛而不点油灯,此处旨在揭示玄宗晚年生活环境的凄苦。

[43]耿耿:清朗微明的样子。欲曙天:长夜将晓之时。

[44]鸳鸯瓦:屋顶上俯仰相对合在一起的瓦。《三国志·魏书·方技传》载:"文帝梦殿屋两瓦堕地,化为双鸳鸯。"房瓦一俯一仰相合,称"阴阳瓦",也称"鸳鸯瓦"。霜华:霜花。

[45]翡翠衾:布面绣有翡翠鸟的被子,言其珍贵。《楚辞·招魂》中有:"翡翠珠被,烂齐光些。"谁与共:与谁共。

[46]临邛:今四川省邛崃市。鸿都:东汉都城洛阳的宫门名,这里借指长安。《后汉

书·灵帝纪》中有:"光和元年(178年)二月,始置鸿都门学士。"

[47]排空驭气:腾云驾雾。

[48]穷:穷尽、找遍。碧落:天空。黄泉:指地下。

[49]海上有仙山:《史记·封禅书》载:自威、宣、燕昭使人入海求蓬莱、方丈、瀛洲,此三神山者,其传在渤海中。

[50]玲珑:华美精巧。五云:五彩云霞。

[51]绰约:体态轻盈、柔美妩媚的样子。《庄子·逍遥游》中有:"藐姑射之山,有神人居焉,肌肤若冰雪,绰约如处子。"

[52]太真:杨贵妃的道号太真。

[53]参差:仿佛、差不多。

[54]金阙:金碧辉煌的宫阙。《太平御览》卷六六引《大洞玉经》:"上清宫门中有两阙,左金阙,右玉阙。"西厢:《尔雅·释宫》中有:"室有东西厢曰庙。西厢在右。"玉扃(jiōng):玉门。扃:门户。

[55]转教小玉报双成:仙府庭院重重,须经辗转通报。小玉:吴王夫差女。双成:传说中西王母的侍女,这里指杨贵妃在仙山的侍女。

[56]九华帐:绣饰华美的帐子。九华:重重花饰的图案,言帐之精美。《宋书·后妃传》中有:"自汉氏昭阳之轮奂,魏室九华之照耀。"

[57]珠箔:珍珠穿成的帘箔。银屏:饰银的屏风。迤逦:接连不断地,一个接一个。

[58]新睡觉:刚睡醒。觉:醒。

[59]袂(mèi):衣袖。

[60]玉容寂寞:此指神色黯淡凄楚。阑干:纵横交错的样子,这里形容泪痕满面。

[61]凝睇(dì):凝视。

[62]昭阳殿:汉成帝宠妃赵飞燕的寝宫。此借指杨贵妃住过的宫殿。

[63]蓬莱宫:传说中的海上仙山。这里指杨贵妃在仙山的居所。

[64]人寰(huán):人间。

[65]寄将去:托道士带回。

[66]"钗留一股合一扇"二句:把金钗、钿盒分成两半,自留一半。擘(bò):分开。合分钿:将钿盒上的图案分成两部分。合:通"盒"。钿盒:镶嵌珠宝的金盒。

[67]长生殿:在骊山华清宫内,天宝元年(742年)造。"七月七日长生殿"以下六句为作者虚拟之词。陈寅恪在《元白诗笺证稿·长恨歌》中说:"长生殿七夕私誓之为后来增

饰之物语,并非当时真确之事实。""玄宗临幸温汤必在冬季、春初寒冷之时节。今详检两唐书玄宗记无一次于夏日炎暑时幸骊山。"而所谓长生殿者,亦非华清宫之长生殿,而是长安皇宫寝殿之习称。

[68]比翼鸟:传说中的鸟名,据说只有一目一翼,雌雄并在一起才能飞。

[69]连理枝:异本草木,枝或干连生并列相抱。古人常用此二物比喻情侣相爱、永不分离。

[70]恨:遗憾。绵绵:连绵不断。

【作品导读】 这首诗脍炙人口,其主题思想有不同解读:一说杨贵妃的死象征了唐朝的由盛转衰,批判了唐玄宗纵情声色、误国误民,有暗讽意味;一说歌咏两人矢志不渝的浪漫爱情故事。

整首诗可以大致分为三部分。第一部分从首句到"尽日君王看不足",首句借用汉武帝与李夫人的故事点明唐玄宗"重色"的形象,又浓重描写了杨贵妃的婀娜多姿、美丽性感,留下千古名句"回眸一笑百媚生,六宫粉黛无颜色",道出唐玄宗专宠其一人的原因。"春宵苦短日高起,从此君王不早朝"句承上启下,爆发的"安史之乱"是两人悲剧的开始。若两人是平凡普通的百姓,结局或许是美好圆满的,但政治之乱给这份爱情增添了悲壮和宿命感,也增添了无奈。

第二部分以"渔阳鼙鼓动地来"二句作为故事的转折点,写"安史之乱"爆发后,唐玄宗仓皇出逃、马嵬坡军队哗变、杨贵妃香消玉殒等诸多重要事件,突出帝妃的生离死别和唐玄宗作为帝王的万般无奈、无能,只能掩面而泣,彻夜思念感伤,后半部分有"孤灯挑尽未成眠""如何不泪垂""生死别经年""魂魄不曾来入梦"等,刻画了一个情深义重的帝王形象,以现实之痛,或有讽喻,亦有惋惜,令读者为两人的爱情故事动容。

第三部分从"临邛道士鸿都客"到篇末是作者的虚写,从现实转为幻想,以浪漫主义美学想象佳人念及君王情,托物寄词表情思,再许下当年山盟誓言:在天愿作比翼鸟,在地愿为连理枝,为这个具有浓厚政治悲剧色彩的爱情故事增添了某些寄托和希冀。"有时尽"夹杂了团聚的希望,而"恨""不绝期"蕴含了两人的无奈和作者的叹惋,以及对两人爱情的矛盾心态。

白居易在艺术上非常讲究形式和内容的高度统一。《长恨歌》不仅内容丰沛,情节跌宕起伏、扣人心弦,而且在艺术表达上词采优美、平易近人,运用比兴、夸张、对比等多种手法,以现实为骨、想象为血肉,熔铸了一个轰轰烈烈、史诗般传奇的爱情故事。

【思考练习】

1. 全诗的诗眼是哪个字,并说明理由。
2. 尝试分析最后一句"天长地久有时尽,此恨绵绵无绝期"的表达效果。

种树郭橐驼传

柳宗元

【题解】 柳宗元(773—819年),中唐杰出的思想家、散文家,与韩愈一起倡导"古文运动",在散文文体上与韩愈并称"韩柳"。他经历了著名的"二王八司马事件"(也称"永贞革新")。参与此次政治改革的中心人物还有刘禹锡,二人并称"刘柳"。

"安史之乱"爆发后,唐朝藩镇割据。为避免出现功高盖主、一方势力过大,皇帝重用宦官,到唐顺宗时期宦官专权、奸佞当道。在这样的背景下,出现了"永贞革新",但不可避免的是因宦官势力强大,变革草草结束。之后柳宗元等八人被贬为州司马,因此柳宗元的作品很多寄寓了被贬之后的悲惨遭遇和愤懑之情,许多名篇都是其被贬之后所作,如《永州八记》,文章形式精巧贯通,语言安静幽深,寓意深刻,令人回味无穷。

以"永贞革新"为重要节点,《种树郭橐驼传》作于此前两年,即贞元十九年到二十一年(803—805年)。柳宗元在长安担任监察御史里行,对地方政府过分扰民痛心疾首,故借郭橐驼种树能顺木之天致其性的寓言故事,讽喻了统治阶级政令繁苛,反映百姓休养生息的迫切。

【原文】 郭橐驼[1],不知始[2]何名。病瘘[3],隆然[4]伏行,有类[5]橐驼者,故乡人号之"驼"。驼闻之曰:"甚善,名我固当[6]。"因舍其名,亦自谓橐驼云。其乡曰丰乐乡,在长安[7]西。驼业[8]种树,凡长安豪富人为观游[9]及卖果者,皆争迎取养[10]。视驼所种树,或移徙,无不活,且硕茂[11]早实以蕃[12]。他植者虽窥伺效慕[13],莫能如[14]也。

有问之,对曰:"橐驼非能使木寿且孳[15]也,能顺木之天,以致其性焉尔[16]。凡植木之性[17],其本欲舒[18],其培[19]欲平,其土欲故[20],其筑[21]欲密[22]。既然已[23],勿动勿虑[24],去[25]不复顾[26]。其莳[27]也若子[28],其置[29]也若弃[30],则其天者全而其性得矣[31]。故吾不害[32]其长而已,非有能硕茂之也;不抑耗其实[33]而已,非有能早而蕃之也。他植者则不然,根拳[34]而土易[35],其培之也,若不过焉则不及焉[36]。苟[37]有能反是者[38],则又爱之太恩,忧之太勤,且视而暮抚,已去而复顾。甚者爪其肤以验其生枯[39],摇其本以观其疏密,而木之性日以离[40]矣。虽曰爱之,其实害之;虽曰忧之,其实仇之,故不我若[41]也。吾又何能为哉!"

问者曰:"以子之道,移之官理[42]可乎?"驼曰:"我知种树而已,理,非吾业也。然吾居乡,见长人者[43]好烦其令[44],若甚怜焉,而卒以祸[45]。且暮吏来而呼曰:'官命促尔耕,勖[46]尔植[47],督尔获[48]。早缫而绪[49],早织而缕[50],字[51]而幼孩,遂[52]而鸡豚[53]。'鸣鼓而聚之,击木[54]而召之。吾小人辍飧饔[55]以劳吏者,且不得暇[56],又何以蕃吾生而安吾性耶[57]?故病且怠[58]。若是,则与吾业者其亦有类[59]乎?"

问者嘻曰:"不亦善夫!吾问养树,得养人[60]术。"传其事以为官戒也。

【注释】

[1]橐(tuó)驼:骆驼,这里指驼背。

[2]始:最初。

[3]病偻(lóu):脊背弯曲、背隆起。

[4]隆然:脊背突起而弯腰行走。

[5]类:像。

[6]名我固当:这样称呼我确实恰当。名:称呼,作动词。固:确实。当:恰当。

[7]长安:今西安市,唐都城。

[8]业:以……为业,作动词。

[9]为观游:经营园林游览。为:从事、经营。

[10]争迎取养:争着迎接雇用(郭橐驼)。取养:雇用。

[11]硕茂:高大茂盛。

[12]蕃:多。

[13]窥伺:偷偷察看。效慕:仿效。窥伺效慕:暗中观察,羡慕仿效。

[14]如:比得上。

[15]寿且孳(zī):活得长久,并且繁殖茂盛。孳:滋生、繁殖。

[16]天:指自然生长规律。致其性:使它按照自己的本性成长。致:使达到。

[17]植木之性:按树木的本性种植。性:指树木固有的特点。

[18]本:树根。欲:要。舒:舒展。

[19]培:培土。

[20]故:旧。

[21]筑:捣土。

[22]密:结实。

[23]既然:已经这样。已:(做)完了。

[24]勿动:不要再动它。勿虑:不要再担心它。

[25]去:离开。

[26]顾:回头看。

[27]莳(shì):移植花草树木。

[28]若子:像对待子女一样细心。

[29]置:放在一边。

[30]若弃:像丢弃了一样不管。

[31]则其天者全而其性得矣:那么树木的生长规律可以保全,而它的本性可以保持了。

[32]害:妨碍。

[33]不抑耗其实:不抑制、损耗它的果实(的成熟过程)。

[34]根拳:树根拳曲。

[35]土易:更换新土。

[36]若不过焉则不及焉:如果不是过多就是不够。

[37]苟:如果。

[38]反是者:与此相反的人。

[39]爪其肤:掐破树皮。爪:掐。验:检验、观察。生枯:是活着,还是枯死。

[40]日以离:一天天地失去。

[41]不我若:不若我,比不上我。若:及、赶得上。

[42]官理:为官治民。理:治理,唐人避高宗李治名讳,改"治"为"理"。

[43]长(zhǎng)人者:为人之长者,此处指管理民众的官长。大县的长官称"令",小县的长官称"长"。

[44]烦其令:不断发号施令。烦:使……繁多。

[45]卒以祸:以祸卒,以祸(民)结束。卒:结束。

[46]勖(xù):勉励。

[47]植:栽种。

[48]获:收割。

[49]缫(sāo):缫丝,煮茧抽丝。而:通"尔",你,后三句中的"而"字义同。绪:丝头。早缫而绪:早点缫好你们的丝。

[50]缕:线。

[51]字:抚养、养育。

[52]遂:顺利地成长。

[53]豚(tún):小猪。此句意为喂养好你们的鸡和猪。

[54]木:木梆子。

[55]小人:老百姓。辍飧(sūn)饔(yōng):不吃饭。辍:停止。飧:晚饭。饔:早饭。

[56]暇:空暇。

[57]何以:以何,靠什么。蕃吾生:繁衍我们的生命,使我们的人口兴旺。安吾性:安定我们的生活。蕃:繁衍、兴旺。性:生命。

[58]病:困苦。怠:疲乏。病且怠:困苦又疲劳。

[59]与吾业者:与我同行业的人,指"他植者"。类:相似、类同。

[60]养人:养民,唐人避唐太宗李世民名讳,改"民"为"人"。

【作品导读】 整篇文章具有柳宗元独特的讽刺文学特色,文笔一气呵成、不曾中断,剖析问题鞭辟入里,有道扬讽喻效果。具体而言,文章大致可以分为三部分。

第一部分,作者先简单刻画了主人公"郭橐驼"的整体形象,"病偻,隆然伏行,有类橐驼者",俨然一个朴实的底层人民形象,但郭橐驼面对"驼"这个外号并没有怒气冲冲,而是认为"甚善"。这体现了郭橐驼不在乎嘲讽、恬淡自然的良好心态,也与下文的官吏驱使百姓、急躁的形象形成了隐晦的对比。

第二部分与第一部分顺承自然,作者借他人之问,问出郭橐驼培树的高明之处、为何高明。柳宗元剖析了"顺木之天"与"爱之太恩""忧之太勤"两种相反的培树方法的结果和原因,条分缕析,有理有据。前面说明郭橐驼不是能够使树木活得更长久,只是"顺木之天,以致其性",后面他人则"旦视而暮抚,已去而复顾。甚者爪其肤以验其生枯,摇其本以观其疏密",以致"虽曰爱之,其实害之"。育树之道看似高深复杂,其实再简单不过,但往往道理越简单讽刺意味就越强烈。这也为第三部分的为官治民之道做了铺垫。

第三部分则引出文章的核心,趁机说明官吏"好烦其令",似爱实祸,又用铺陈的手法生动描绘了官吏呼使百姓的情景,也道出百姓应接不暇、困苦疲乏的心酸。最后,作者点明官吏"养人"应与"养树"一样,即"顺乎民性",不要以繁政扰民,使之安于其性,有着极强的警示意味。

总而言之,作者以种树之法类比为官治民,整篇文章反映了柳宗元奉守儒家的民本思想,即官吏是人民的仆役,而并非人民是官吏的奴役,为政要结合现实情况以服务人民为主,而并非为己之利频繁驱使人民。大道至简,思想境界深刻,对现代社会也具有重要价值。

【思考练习】

1. 作者提出为官治民要"顺天致性"的观点,结合现实谈谈,你认为治民如何才能达到这种境界。
2. 找到柳宗元的其他文章,分析其文的语言和文风有何特点?

雁门太守行

李 贺

【题解】 李贺(790—816年),字长吉,唐代中期浪漫主义诗人,先祖为高宗李渊的叔父郑王李亮,但家境逐渐衰败。他的才华遭到争名者的嫉妒和攻击,而他也因为"进士"的"进"字与其父的"晋"同音必须避讳,故无缘科考。不过,他受到韩愈的青睐,韩愈为他据理力争。通过韩愈举荐,他做了三年奉礼郎,后因体弱多病辞官回乡,去世时年仅二十七岁。

他所作之诗多是表现内心的沉郁、苦吟的哀伤、精神的颓唐,非常重视个体体验,擅长描写死亡,感慨生命,多愁善感。除此之外,他酷爱奇异题材,借妖魔鬼神传说反映政治现实,立意非凡,独辟蹊径,有四字真言"鬼、泣、血、死",被后世誉为"诗鬼",有"长吉鬼才"之称。他的诗歌备受李商隐、温庭筠喜爱,诗人杜牧为他的《李贺集》作序,评价其诗虚荒诞幻,给予极大肯定。在文体上,李贺多以乐府诗和古体诗见长,如果说李白继承乐府诗喜欢沿用乐府旧题,杜甫创新完全摒弃乐府旧题,李贺则处于二者之间,开创独有体裁"李长吉体"。总的来说,李贺在仕途上时乖运蹇,生不逢时,就像秋天的静叶戛然而止,而其文学成就犹如夏花,生命力旺盛。

《雁门太守行》是李贺多数反映政治现实的代表作之一,原是汉乐府《相和歌·瑟调》三十八曲之一。雁门是秦、汉郡名,治所在今山西省右玉县南。王琦在《李长吉歌诗汇解》中指出:"古词备述洛阳令王涣德政之美,而不及雁门太守。若梁简文帝之作,始言边城征战之思。长吉所拟,盖祖其意。"此句意思是李贺沿袭了梁简文帝萧纲同题乐府诗之意,基于中唐频繁征战的现实而想象,表达对边疆战士浴血奋战的赞美之情。全诗继承楚辞比兴、用典的优良传统,整体基调深沉苍凉,又不失报效国家的豪情壮志。

【原文】 黑云[1]压城城欲摧[2],甲光[3]向日金鳞开。

角[4]声满天秋色里,塞上燕脂凝夜紫[5]。

半卷红旗临易水[6],霜重鼓寒声不起[7]。

报君黄金台[8]上意[9],提携玉龙[10]为君死。

【注释】

[1] 黑云：黑色的浓云，这里形容战争烟尘弥漫，英勇的战士与敌军奋战对峙的气势。

[2] 摧：坍塌、毁灭。这里是说敌军已经兵临城下，城墙有将破的危险。

[3] 甲光：日光照射在战士的盔甲上反射出的光，因铠甲上面缀有许多金属小片，像金色的鱼鳞。

[4] 角：古代军中的号角。一般在黎明和黄昏时吹奏，声音悠扬高亢，军中常用来警报昏晓或鼓舞士气。

[5] 塞上燕脂凝夜紫：寒夜中的塞上泥土在夕阳下有如胭脂凝结而成，呈现浓重的暗紫色。这里也意为边塞将士的血在夜幕下凝结成暗紫色，意境压抑悲凉。据《古今注》记载："秦筑长城，土色皆紫，汉塞亦然，故曰'紫塞'。"建筑长城的泥土多半是紫色的泥土。燕脂：胭脂，因取燕地红蓝花汁制成。凝夜紫：夜幕下发出暗紫色。王勃有云"烟光凝而暮山紫"，意思是夕阳余辉下，氤氲的烟雾凝结成重重的雾霭，远处看像一片紫光。

[6] 易水：河名，大清河上源支流，源出今河北省易县，向东南流入大清河。战国时荆轲刺秦王，燕太子丹及众人送其至易水边，荆轲慷慨而歌："风萧萧兮易水寒，壮士一去兮不复还！"易水距离塞上还很远，这里借荆轲刺秦王的故事抒发悲壮之感。

[7] 霜重鼓寒声不起：一作"霜重鼓声寒不起"，天寒霜降，战鼓的声音低沉沉闷，将士的士气有衰败之兆。

[8] 黄金台：旧址在今河北省易县东南。据《上谷郡图经》载，战国燕昭王置千金在黄金台上，用以广招天下贤士。

[9] 意：这里可引申为信任、重用。

[10] 玉龙：宝剑。传说晋代雷焕曾得玉匣，内藏二剑，后入水化为龙。唐人多将剑称为"玉龙"。

【作品导读】　此诗共八句。前四句描绘作战前夕敌军兵临城下的紧张局势。首先是"压"和"摧"字，诗人用夸张的手法写出了敌军规模和两军对峙的紧迫感，一派黑云笼罩的光景，但后一句似与场景气氛不符，具有奇幻色彩：阳光透过天空中的黑色浓云照耀着战士身上的铠甲，鳞片发出金色的光不停闪烁，其实这是李贺的大胆想象，运用虚实结合手法以抒情。爱国激情好似金鳞，是黑云也遮挡不住的耀眼光芒，是诗人对战士的讴歌。接着两句,诗人描写秋色里的号角声、凝成紫色的战士鲜血,感情沉重,运用多个色彩词汇,如"黑""金""紫""燕脂",引人联想,叠加比喻和象征、虚实结合、借景抒情等手法给人留下无限的想象。

后四句中出现"易水"意象,使人自然联想到荆轲刺秦王与燕太子丹在易水一别的典故,由"壮士一去兮不复还"句推及"鼓寒声不起",暗示士气衰败悲壮的结局,情感上牵动人心,增强整首诗的苍凉悲壮。最后一句作者直抒胸臆,是以明志,以一"死"字血洒疆场,决绝而没有半点犹豫,或说是现实,或说是理想。结合当时的背景,战争多发,现实中无数将士的白骨落于塞上,令人唏嘘的是没有明君以报提携之恩,反映了现实的残酷,战士和自己空有一腔热血和慷慨誓言。

【思考练习】

1. "报君黄金台上意,提携玉龙为君死"一句表达了李贺怎样的思想感情?
2. 李贺的诗歌特色之一是善用色彩词,找到相关诗句分析其表达效果。

浣溪沙·一向年光有限身

晏 殊

【题解】 晏殊(991—1055年),字同叔,与其第七子晏几道被称为"大晏"和"小晏",与欧阳修并称"晏欧",曾官拜宰相,有"宰相词人"之称,闻名于宋真宗、宋仁宗两朝。他好诗酒会友,招揽文人学士,范仲淹、韩琦、欧阳修皆出其门下。他曾与范仲淹一起改革教育,大兴学校,与韩琦推行一系列政治体制改革,遭到反对者的排挤和嫉妒,有过多次贬谪经历,深谙官场凶险,仕途并不顺利。

晏殊一生创作大量词作,喜欢南唐冯延巳词,偏好小令(即通常在五十八字以内的短词),词风延续了晚唐至五代词总集《花间集》的流丽,又脱去其奢华堕落之消极,总体不失一种淡淡的哀婉,开创了北宋婉约派词风,对人生持随遇而安的态度。宋真宗和仁宗时期,社会文化、经济日趋兴盛繁荣,上层生活闲适自得、饮酒作乐,故晏殊词不失高贵典雅,笔调清秀婉转,富有闲情逸致,盛极一时,有极高的审美艺术价值,对宋词的发展影响深远。晏殊著有《珠玉词》。

浣溪沙是词牌名,本唐教坊曲名,因西施浣纱于若耶溪,故又名"浣沙溪"。《浣溪沙·一向年光有限身》是晏殊的代表作之一,出自《珠玉词》,反映了词人人生短暂有限,不要囿于离愁别绪,及时行乐的豁达人生观。

【原文】 一向[1]年光[2]有限身[3]。等闲[4]离别易销魂[5]。酒筵歌席莫辞频[6]。
满目山河空念远,落花风雨更伤春。不如怜取[7]眼前人。

【注释】

[1]一向:一晌、片刻、一会儿、一霎,表示时间的短暂。

[2]年光:时光。

[3]有限身:有限的生命。

[4]等闲:平常、随便。

[5]销魂:形容别离让人心神沮丧、失魂落魄。南朝江淹的《别赋》中有:"黯然销魂者,唯别而已矣。"

［6］莫辞频：不要因为频繁而推辞。

［7］怜取：怜爱、珍惜。取：语助词。唐元稹的《会真记》载崔莺莺诗："还将旧来意，怜取眼前人。"这里有珍惜眼前人的劝诫之意。

【作品导读】　整首词分为上阕和下阕，结构严谨，音律谐密。上阕以"一向"二字起首，直接说理年光易尽、人生有限，引出后两句，抒发嗟叹：光阴荏苒，多艰多离别，皆是惆怅哀愁之事，让人心神沮丧、失魂落魄，那么应该怎样度过才能不"销魂"呢？笔意曲折变化，即兴言：何不寻欢作乐，得过且过，借酒消愁聊以慰藉岂不更好？故言"酒筵歌席莫辞频"，给出快意人生的一种办法。此词应是宴会上的即兴之作。词人并不是为自己整日纵情享乐、频繁出入酒肆歌楼狡辩，而是苦中作乐，一个"莫"字有自劝的无奈。下阕着眼"山河"与"落花""风雨"，使整首诗的意境变得恢宏开阔起来。"念远"与上阕"离别"相呼应，"伤春"与"年光"呼应，"满目山河空念远，落花风雨更伤春"是指登高远眺大好河山时，会想起远方的好友亲人，看见繁花历经风雨终凋零更会感伤春光易逝，无论怎样都避免不了分离的痛苦，不过徒增悲伤。词人借开阔感性情境，抒深层理性的人生态度，与其感时伤春，还不如多看看眼前人，只争朝夕，莫蹉跎大好年华，追悔莫及。从山河和落花的惜别烦恼自然结句"不如怜取眼前人"，起承转合流畅，呼应上阕的"酒筵歌席莫辞频"。念远伤春，景象凄美，意境辽阔，让人身临其境产生移情的反应，激起主观的人生体验，或坎坷或失意迷茫，或是容颜迟暮、"明日黄花"之叹等，哀情中不乏高亢、无奈中不乏豁达。全词不拘于单纯的悠闲消遣，反映了词人乐观积极、珍惜光阴、从容洒脱的处世哲学，这是后人传诵和发扬之处。

【思考练习】

1. 联系享乐主义，谈谈晏殊的人生观的现实意义。
2. 试分析"满目山河空念远，落花风雨更伤春"的表达效果。

八声甘州·对潇潇暮雨洒江天

柳 永

【题解】 柳永(约984—1053年),原名三变,后改名永,北宋著名的婉约派词人。他出身官宦之家,从小深信"学而优则仕",接连落第后于宋仁宗景祐元年(1034年)登进士第。入仕前,柳永是有名的风流人物,精通音律,常出没于汴京的勾栏瓦肆,聊以慰藉科举落榜的失落和苦闷。他在词中以"白衣卿相"自诩。古时官民衣着的颜色皆有等级区分,未仕者一般着白衣,才气可比卿相,可见其才高狂放。

北宋中期以后,词整体呈雅俗共赏的趋势,柳永所做贡献尤为突出,有别于同时代的晏殊、张先等和五代花间派词人,一反精英阶层的高贵典雅,积极拥抱民间文学趣味,促进了宋词的大众化、娱乐化发展。他受民间词调影响颇深,以民间歌姬、浪荡子弟为创作主体,创造了大量的俚词和长调,其词因语言通俗易懂、质朴自然,而被民间教坊喜爱和演唱,在当时流传甚广。宋代叶梦得的《避暑录话》有言:"凡有井水处,即能歌柳词。"

前期,柳永也写过许多雅词,《八声甘州》便是其一,咏羁旅之苦闷,抒发了自己既追求功名又怀念故乡的矛盾心情。八声甘州是词牌名,原为唐边塞曲。唐教坊大曲有《甘州》,杂曲有《甘州子》,因属边地乐曲,故以甘州为名。《八声甘州》是从大曲《甘州》截取一段而成的慢词,因全词前后共八韵,故名"八声",又名"潇潇雨""宴瑶沁池"等。

【原文】 对潇潇[1]暮雨洒江天,一番洗清秋[2]。渐霜风[3]凄紧[4],关河[5]冷落,残照[6]当[7]楼。是处[8]红衰翠减[9],苒苒[10]物华[11]休[12]。惟有长江水,无语东流。

不忍登高临远,望故乡渺邈[13],归思[14]难收。叹年来踪迹,何事苦淹留[15]?想佳人[16]、妆楼颙望[17],误几回、天际识归舟[18]。争[19]知我、倚阑干处[20],正恁[21]凝愁[22]!

【注释】

[1]潇潇:形容雨势急骤的样子。

[2]清秋:清冷的秋景。

[3]霜风:秋风。

[4]凄紧:原本作"凄惨",凄凉紧迫。

[5]关河:关塞与河流,这里泛指山河。

[6]残照:落日余晖。

[7]当:对。

[8]是处:处处、到处。

[9]红衰翠减:红花衰败,翠叶凋落。李商隐的《赠荷花》中有:"翠减红衰愁煞人。"翠:一作"绿"。

[10]苒苒:本意是茂盛的样子,这里有"荏苒"之意,形容时光消逝、渐渐过去。屈原的《离骚》中有:"老苒苒其将至兮。"

[11]物华:美好的景物。

[12]休:这里指衰残。

[13]渺邈:渺茫遥远。

[14]归思:离家的游子思念家乡之情,这里诗人表达归乡团聚的心思迫切,难以自抑。

[15]淹留:滞留、久留、长期停留。

[16]佳人:古时多是男子倾慕的对象。这里很大可能指诗人远在故乡的妻子。

[17]颙(yóng)望:抬头长时间凝望、专注地观看。

[18]误几回、天际识归舟:佳人多次把远处的船只误认为心上人的归舟。天际识归舟:语出南朝谢朓的《之宣城郡出新林浦向板桥》中的"天际识归舟,云中辨江树"。天际:肉眼所能看到的天地相交处。

[19]争(zhēng):怎么。

[20]处:这里表示时间。倚阑干处:同"倚阑干时"。

[21]恁(nèn):如此、这般。

[22]凝愁:凝结解不开的愁绪,表示愁苦深重。

【作品导读】《八声甘州》作为雅词,字里行间透露出雅致,营造的意境幽清苍冷、悠远流长,又大气磅礴,与柔情交融,曲调转折有序,节奏不缓不慢,是为长调中最为工巧的典范。王国维的《人间词话》中关于长调有此论述:"若屯田之《八声甘州》,东坡之《水调歌头》,则伫兴之作,格高千古,不能以常调论也。"

词的上片主写景,下片主抒情。首句给我们打开了一个开阔的视野,又用一个"洗"

字刻画出秋风肃杀的景象,渲染了凄厉落寞的氛围和诗人的苍凉心境。接着,节奏舒缓下来,秋霜渐浓,寒气愈是逼人,关口的河道冷冷清清,不见行人,残月安静地照着高楼,景物描写由近及远,如此旖旎河山,奈何天涯形只影单,甚是平添了一份离愁别绪。此三句在结构上起承转合,自然下接"是处"二句,转回眼前之景,"红花翠叶"是美好风物的代表,与前面的清秋、霜风、残月这些凄凉的晚秋意象截然相反,意在叹息生命脆弱、韶华易逝,令人惋惜惆怅。上片中最后两句用"惟有"转折,情感在视野的来回起伏中层层递进,词人所有的哀叹都化作东去的江水,无可奈何。其实,这里也反映了词人的矛盾心理:如今离乡飘零的境况难道不是自己的选择吗?自己既想功名又怀念家乡,鱼和熊掌都想要,就只能保持沉默承受离别之苦了。

  下片开句的"不忍"直接表达了这种无奈和压抑的内心情感,笔调到这恰到好处,"登高临远"呼应了上片开头,此为登临怀旧之作。后面说明自己内心矛盾、愁苦的原因:孤苦漂泊并非我所愿,只是我有难言之隐不得已苦苦长留他乡,抒发了自己多年来坚持实现抱负和理想的不易,命运多坎坷,笔意曲折,跌宕有致,令人动容。"想佳人"和"误几回"二句,作者并没有直接抒情,而是从心上人的视角来写,语意温和但具有强烈的等待无果而失望之感,属实高明,艺术构思新颖巧妙。结尾两句,从词人的角度出发,向妻子倾诉多年的哀怨和思念的痛苦,再难抑制的愤懑也将中止,而痛苦的心情无法磨灭,给读者带来独特的情感体验。项安世在《平斋杂说》中将柳永的词与杜甫的诗相提并论,说:"学诗当学杜(甫)诗,学词当学柳(永)词,杜诗柳词,皆无表德,只是实说。"在某种意义上,柳永是"词中杜甫",发扬了现实主义精神,表达往往直抒胸臆,可以看出柳词在宋代的地位之高。

【思考练习】

1. 结合杜甫的诗风,谈谈为什么柳永被称为"词中杜甫"?
2. 谈谈你最喜欢这首词的哪一句,并说明原因。

秋声赋

欧阳修

【题解】 欧阳修(1007—1072年),字永叔,号醉翁,晚号六一居士,"唐宋八大家"之一。他一生以改善民生、改变宋朝积贫积弱的局面作为政治理想,但历经宦海沉浮、改革失败,思想逐渐变得保守,后期产生了退隐的想法。在文学上,他善于吸纳前人之优长,不循常规,极具创新精神,主张复古兴文的改革,摆脱当时骈文写作的藩篱,继承韩愈的古文理论;倡导各种风格写作,文学作品涉猎广泛,诗、词、文各体兼备,尝试过李白、韩愈、孟郊、白居易、陶潜等人的诗风写作,并不拘泥于一种风格,有较高的包容度;词风与同时代前辈晏殊的词最为接近,以小令形式创作的关于伤春叹老、年华易逝、孤独寂寞等作品尤甚,故其作品有"晏欧词"之称;文章中散文成就最高,语言洗练简洁、流畅自然,后人又将其与韩愈、柳宗元、苏轼合称"千古文章四大家"。

欧阳修写的赋不多,《秋声赋》便是极品,以骈散结合的形式,借秋声抒写自己困于人事烦忧,又因于逐渐衰老,不得已选择顺应自然的悲凉心境。当时,他已经五十多岁,进入知命之年后的心态多少有些伤感。

【原文】 欧阳子[1]方[2]夜读书,闻有声自西南来者[3],悚然[4]而听之,曰:"异哉!"初淅沥以萧飒[5],忽奔腾而砰湃[6],如波涛夜惊,风雨骤[7]至。其触于物也,鏦鏦铮铮[8],金铁皆鸣;又如赴敌之兵,衔枚[9]疾走,不闻号令,但闻人马之行声。余谓童子[10]:"此何声也?汝出视之。"童子曰:"星月皎洁,明河[11]在天,四无人声,声在树间。"

余曰:"噫嘻[12]悲哉!此秋声也,胡为[13]而来哉?盖夫秋之为状[14]也:其色惨淡[15],烟霏[16]云敛[17];其容清明,天高日晶[18];其气栗冽[19],砭[20]人肌骨;其意萧条,山川寂寥。故其为声也,凄凄切切,呼号愤发。丰草绿缛[21]而争茂,佳木葱茏而可悦;草拂之[22]而色变,木遭之而叶脱;其所以摧败零落者,乃其一气[23]之余烈[24]。夫秋,刑官[25]也,于时[26]为阴[27];又兵象[28]也,于行用金[29];是谓天地之义气[30],常以肃杀而为心。天之于物,春生秋实[31]。故其在乐也,商声[32]主西方之音;夷则[33]为七月之律。商[34],伤也,物既老而悲伤;夷,戮也,物过盛而当杀[35]。嗟乎!草木无情,有时飘零[36]。人为动物,惟物之灵,百忧感其心,万事劳其形,有动于中,必摇其精[37]。而况思其力之所不及[38],忧其智之所不能,宜其渥然丹者为槁木[39],黟然[40]黑者为星星[41]。奈何[42]以[43]非金石之质[44],欲与草木而争荣？念谁为之戕贼,亦何恨乎秋声[45]！"

童子莫对[46],垂头而睡。但[47]闻四壁虫声唧唧,如助余之叹息[48]。

【注释】

[1]欧阳子:作者自称。

[2]方:正在。

[3]西南来者:指秋风。西南:《太平御览》卷九引《易纬》:"立秋,凉风至。"注:"西南方风。"

[4]悚(sǒng)然:惊惧害怕的样子。

[5]初淅沥以萧飒:起初是淅淅沥沥的细雨带着萧飒的风声。淅沥:形容轻微的声音,如风声、雨声、落叶声等。萧飒:形容风吹树木的声音。

[6]砰湃:同"澎湃",波涛汹涌的声音。

[7]骤:突然。

[8]鏦鏦(cōng)铮铮:金属相撞之声。

[9]衔枚:古时行军或袭击敌军时,让士兵衔枚防止出声。枚:形似竹筷,衔于口中,两端有带,系于脖上。

[10]童子:书童、年幼的侍从。

[11]明河:银河。

[12]噫嘻:叹息声。

[13]胡为:何为,即"为何"。

[14]秋之为状:秋天所表现出来的意气容貌。状:情状,指下文所说的"其色""其容""其气""其意"。

[15]惨淡:黯然无色。这里指秋天草木枯黄,没有生气。

[16]烟霏:烟气飘散。霏:飞散。

[17]云敛:云雾密集。敛:聚集。

[18]日晶:日光明亮。晶:明亮。

[19]栗冽:寒冷的样子。

[20]砭(biān):古代用来治病的石针,这里是刺的意思。

[21]绿缛(rù):碧绿繁茂。

[22]之:指秋气。"木遭之而叶脱"中的"之"同此。

[23]一气:指构成天地万物的浑然之气。天地万物的变化都是"一气"运行的结果。古人认为秋主杀,摧残草木是杀气的余威。

[24]余烈:余威。

[25]刑官:执掌刑狱的官,古代称刑部为秋官。《周礼》中把官职与天、地、春、夏、秋、冬相配,称为"六官"。秋天肃杀万物,所以司寇为秋官,执掌刑法,称"刑官"。

[26]时:指一年四季。

[27]阴:古代以阴阳配四时,春夏属阳,秋属阴。

[28]兵象:用兵的象征。古代常常在秋天时出征。

[29]于行用金:古人认为四季变化是五行相生的结果,秋天在五行中属金。五行:指金、木、水、火、土。

[30]义气:指天地严凝之气。《礼记·乡饮酒义》中有:"天地严凝之气,始于西南而盛于西北,此天地之尊严气也,此天地之义气也。"

[31]春生秋实:在春天萌生,在秋天结果。实:结果,名词作动词。

[32]商声:主西方之音。五声,即宫、商、角、徵、羽,和五行相配,金为商;和四方相配,西为商。

[33]夷则:古时十二律(黄钟、大吕、太簇、夹钟、姑洗、仲吕、蕤宾、林钟、夷则、南吕、无射、应钟)之一。古人将十二律配十二个月,夷则为七月。

[34]商:通"伤"。

[35]杀:这里是衰败的意思。

[36]"草木无情"二句:草木是无情之物,也不能避免凋零衰败,用来引出下文欧阳修对人生的感慨。有时:有固定时限。

[37]"人为动物"六句:欧阳修认为,万物都由"精气之聚",而人是万物中最有灵气的。人有思想、智慧,但是也有无穷无尽的操劳和忧虑,影响人的情感和体质,只要人的内心被外物影响,就一定会损害聚合的精气。劳:使动用法,使……劳累。感:使动用法,使……感到煎熬。中:指内心。摇:损耗。

[38]及:达到。

[39]宜其渥然丹者为槁木:是说人往往想辨别自己能力辨不到、担忧自己智力所不能及的事,这样必然会使鲜润的肤色变得苍老、乌黑的鬓发变得花白。宜:应该、必然。渥然丹者:红润的面色。

[40]黟(yī)然:黝然,黑色的样子。

[41]为:变成。星星:形容鬓发花白的样子。

[42]奈何:为何。

[43]以:用、拿。

[44]金石之质:坚固不坏的体质,这里是指人体不能像金石那样长久。

[45]"念谁为之戕贼"二句:历代文人怨恨秋意,而欧阳修反之,认为人生遭受摧残是有其因,不必怨恨萧瑟的秋声。戕(qiāng):残害。

[46]莫对:不知道怎么回答。

[47]但:只。

[48]叹息:感叹。

【作品导读】 北宋时期,达官显贵都把重心放在文化享乐上,忽略了社会民生。面对日益增大的贫富差距,欧阳修试图通过改革解决当时冗官、冗员、冗费带来的财政紧张问题,不过屡次遭保守派弹劾和污蔑。创作这首赋时已经是他仕途晚期,朝廷内忧外患,自己的理想无望,内心郁结愤懑,便产生了远离朝堂纷争的想法。后期,欧阳修日趋保守,逐步沦为保守派,这也是他反对王安石新法的原因之一。因此,他心有余而力不足,顺应道法自然的心态也在《秋声赋》中若隐若现。

此赋主要探究了秋声背后的人生哲思。第一部分先描述秋声,将抽象变为具象,易于理解。第二部分着重写了秋声肃杀、凄厉、急促的原因。从中观层面看,作者聚焦于色、容、气、意对秋进行精细刻画;从宏观层面看,秋天往往是用兵和兵器的象征,在五声中又属商声,有杀戮之意,秋声自然残酷无情,又按自然、生命规律来说,春华秋实,草木过了生长繁盛期自然会衰亡。人是自然的一部分,又是社会的产物,处在这种万物衰败、由盛转衰的时节,人很容易伤春悲秋、忧思难解、心情郁结。此说教毫不艰涩,相反重视个体与社会自然的关系,升华了文章主题,也或多或少流露出当时欧阳修顺应自然的心态,以及对年华易逝、生命衰老的一种消极的妥协接受。第三部分感慨处带有强烈的自我宽慰意味,点出人们往往将无尽的愤懑和忧虑怪罪于秋的更内隐的原因是"奈何以非金石之质,欲与草木而争荣?""思其力之所不及""忧其智之所不能"等,是为启迪世人,经历挫折不必自我放逐、愤怒嘶吼、怨天怨地,反而应该内省。气尽语极,到了"亦何恨乎秋声",精神和措辞都已臻于至极。

此赋所表达出的人生观和哲思与作者在写作表达上的一贯态度高度一致,欧阳修曾批判唐代诗人在被迫流放时愤怒绝望的写作。在某种程度上,此赋从侧面反映了他与其所批判的那些唐代诗人的区别。

【思考练习】

1. 此赋用了哪些艺术表现手法?

2. 欧阳修曾批判唐代诗人在被迫流放时自艾自怜、愤怒绝望的表达。谈谈《秋声赋》对你的启发。

答司马谏议书

王安石

【题解】 王安石(1021—1086年),出生于封建官僚科甲之家,父亲王益、外祖父吴畋、哥哥王安仁、弟弟王安国皆中过进士。他一生历经宋真宗、仁宗、英宗和神宗四朝,因政绩突出颇受宋神宗赏识,熙宁年间两任同平章事,官拜宰相。他崇尚杜诗、韩诗用文学形式来反映政治、社会现实的创作方法,其作品常表现出强烈的政治性,题材广泛,擅以理入诗,化用典故,笔锋犀利。他的散文语短气长,逻辑缜密,善于发表议论,论点鲜明,有些作品也有严肃之弊。

回顾王安石的一生,可谓"时代逆流者"。他为改变宋朝积贫积弱的政治局面,将一生都奉献给了变法,在熙宁年间力排众议推行新法,史称"熙宁变法"。"熙宁变法"是中国历史上影响最为深远的政治改革,涉及广泛,制定的青苗法、方田均税法、农田水利法、募役法等渗透于经济、教育、军事、文化各个方面,但新法实施起来极为困难,积重难返,因此王安石遭受了长期的诋毁和反对。反对者包括欧阳修、苏轼、司马光、富弼等名士。其中,司马光写了一封长达三千多字的谏议书《与(王)介甫书》抨击他,王安石便作《答司马谏议书》回驳之。本文节选自《临川先生文集》,是其散文杰作之一。

【原文】 某启[1]:昨日蒙教[2],窃[3]以为与君实[4]游处[5]相好之日久,而议事每不合,所操[6]之术[7]多异故也。虽欲强聒[8],终必不蒙见察[9],故略[10]上报[11],不复一一自辨;重念蒙君实视遇厚[12],于反覆[13]不宜卤莽[14],故今具道所以[15],冀[16]君实或[17]见恕[18]也。

盖儒者所争[19],尤在于名实[20],名实已明,而天下之理得矣。今君实所以见教者,以为[21]侵官、生事、征利、拒谏,以致天下怨谤也[22]。某则以谓受命于人主[23],议法度[24]而修[25]之于朝廷,以授之于有司[26],不为侵官;举[27]先王之政,以兴利除弊,不为生事;为天下理财,不为征利;辟邪说[28],难壬人,不为拒谏[29]。至于怨诽之多,则固[30]前[31]知其如此[32]也。人习于苟且非一日,士大夫多以不恤国事、同俗自媚于众为善[33]。上乃欲变此,而某不量敌之众寡,欲出力助上以抗之,则众何为而不汹汹然[34]。盘庚[35]之迁,胥怨[36]者民也,非特朝廷士大夫而已;盘庚不为怨者故改其度[37],度义[38]而后动,是[39]而不见可悔故也。如君实责我以在位久,未能助上大有为,以膏泽[40]斯民,则某知罪矣;如曰今日当一切不事事[41],守前所为[42]而已,则非某之所敢知[43]。

无由会晤[44],不任区区向往之至[45]。

【注释】

[1]某启:写信之人陈述以下事情,用于书信开头,表示开始陈情。某:写信之人的自称。

[2]蒙教:承蒙(您)指教。

[3]窃:谦辞,用于称自己的行为,表示私下、私自。

[4]君实:司马光,字君实。一般古人写信会称对方的"字",以表示尊敬和亲近。

[5]游处:同游共处,指同事交往。

[6]操:持、做事。

[7]术:方法。这里指两个人的政见、主张不同。

[8]强聒:硬在对方耳边勉强作出解释。

[9]终必不蒙见察:最终定是不会承蒙(您)考虑(我的意见)。这句话表明王安石和司马光在政见上不能调和,所以王安石觉得多说未免显得聒噪,不想多作辩解。

[10]略:简单。

[11]上报:(给您)回信。上:表示尊敬。

[12]重(chóng)念:多次考虑。视遇厚:看重。

[13]反覆:指书信来往。

[14]卤莽:鲁莽,说话做事不经过考虑,轻率无礼。

[15]所以:其中原委。

[16]冀:希望。

[17]或:稍微。

[18]见恕:见谅、谅解。

[19]儒者:汉代以后泛指有学问的读书人。争:亦作"重"。

[20]名实:名义和实际(是否相符)。

[21]以为:认为。

[22]这句的意思是司马光认为王安石推行新法,侵夺了官吏们的职权,制造了阶级矛盾,争夺了百姓的财利,又拒绝接受不同的意见,导致天下人怨恨诽谤。侵:剥夺。

[23]人主:皇帝,指宋神宗赵顼。神宗即位不久即召王安石推行变法,史称"熙宁变法"。

[24]议法度:讨论国家的法律制度。

[25]修:修订。

[26]有司:指条例司,当时为制定新法专门建立的相关职能部门。神宗急于推行新法,王安石便派人到各地方了解农田水利、赋役利弊的真实情况,以此作为新法的修订依据。

[27]举:推行、实行。

[28]辟邪说:驳斥不正确的言论或谣言。辟:驳斥、排除。

[29]难(nàn):作动词,责难、质问。壬(rén):亦作"任",有奸佞的意思,因为"佞"从"仁"得声,古音"壬""仁"同属"日"纽,音近可通。辟邪说,难壬人,不为拒谏:驳斥谣言,质问奸佞小人,不算是拒绝他人的建议和规劝。

[30]固:原来、本来。

[31]前:先前、预先。

[32]如此:像这样。

[33]同俗自媚于众为善:指王安石认为,士大夫多把附和世俗的见解向众人献媚讨好当作好事。

[34]众何为而不汹汹然:反问句,其实表示肯定,指王安石帮助宋神宗变法,自知寡不敌众,必定会遭到反对者的抱怨和诽谤。

[35]盘庚:商王祖丁的儿子,商中期有所作为的君主。据《尚书·盘庚》载,商朝原本建都在黄河以北,多受水灾的困扰,导致百姓生活不安定,所以为了改变这种局面,盘庚决心迁都到殷(今河南省安阳西北),受到百姓抱怨,但他还是说服了百姓,完成迁都计划。等到盘庚重新整顿政治经济后,衰落的商朝出现复兴的局面,史称"盘庚迁殷"。

[36]胥怨:全都抱怨。胥:皆、齐。

[37]度:名词,计划。

[38]度(duó)义:考虑是否合理。度:考量。

[39]是:认为正确。

[40]膏泽:比喻给予恩惠。

[41]一切不事事:什么事都不做。事事:做事,前一"事"字是动词,后一"事"字是名词。

[42]守前所为：墨守前人的做法。前：这里指文中前面的"士大夫多以不恤国事、同俗自媚于众为善"。

[43]敢知：愿意领教。

[44]无由会晤：没有什么机会（与您）见面。

[45]不任(rén)区区向往之至：内心实在仰慕到极点，写信的客套语。不任：不胜。区区：这里指作者自己。向往：仰慕。

【作品导读】　这封回信文锋直白锐利，有很强的辩论性，批评了当时士大夫不恤国事、谄媚阿谀、墨守成规。全文从言语中流露出王安石对党派之争了然于胸的淡然和不屑，进而表明他的变法之心不可动摇。熙宁三年（1070年），宋神宗听到强烈的反对声曾问王安石的看法，王安石以"天命不足畏，祖宗不足法，人言不足恤"回应之，给宋神宗改革图强以很多信心。

"熙宁变法"之所以被诸多名家反对，如苏轼、欧阳修、司马光，是因为他们改革的重点和观念无法调和。真宗、仁宗时期实行的是崇文抑武政策，一方面大大促进了文化的繁荣发展；另一方面也导致宋军孱弱，与北方辽国和西夏的军事相差悬殊，朝廷对经济的需求愈发迫切，到了英宗、神宗时期诸多弊端凸显。为此，王安石主张实行的全面制度改革得到了神宗的大力支持，并取得了一定成效，如青苗法在一定程度上抑制了豪门大族的势力，限制了官僚对农民的盘剥，但同时由于地方一刀切，相关利益集团对经济的高度垄断，不断搜刮民脂民膏，导致一些民商破产，出现新的问题，必然遭到反对。苏轼和王安石、欧阳修都主张改革，但苏轼认为制度改革应因时制宜、因地制宜，王安石的变法过于激进，通过政府发布的严苛政策、法度来提高官僚机构的效率和国家的经济实力，会变相破坏原有机构的行政职能。比如，宋朝的监察机构御史台，本是监督政治的利器，苏轼认为政策一旦过于严苛，就会滋生行事胆怯的官员，导致对百官提出批评和监督的职责被破坏。司马光则选择了较为稳妥的方式，编撰《资治通鉴》，希望用历史积累的经验和智慧来解决社会问题，更为守旧，与王安石的政见完全相左，但他们之间的激烈矛盾并不是出于私心，毕竟王安石还得益于欧阳修的多次举荐，所以王安石在这篇散文的第一段说"议事每不合，所操之术多异故也"，对司马光的谏议"重念蒙君实视遇厚""不宜卤莽"，回信坦率，直截了当表明态度，既表现了自己对司马光的尊重，又流露出对变法的坚决，不失风骨。第二段是全文的中心，反驳了司马光"侵官、生事、征利、拒谏、怨谤"的污蔑。王安石并非从具体的变法内容上为自己辩解，而是站在臣子的角度，对承担体恤国事、替上分忧、兴利除弊、为天下理财、远离奸佞小人等更高的职责进行陈情,每一个驳论皆有理论依据,用了三个排比,说理严谨透彻,层层驳难,不落常规逻辑,文短气长,语言精辟。至于"怨谤",虽仅用"则固前知其如此也"一言驳之,但其实是在间接告诉司马光反对的声音早在他意料之中,接着笔笔紧逼,继续表明自己的坚定立场和态度。从封建士大夫因循守旧、阿谀谄媚的现象剖析,不仅说明了神宗和自己改革的困境,还批判了保守派不体恤百姓、精致利己,亦在警醒司马光。"众何为而不汹汹然"是一个反问,揭露保守势力的声势浩大、怨谤的必然性,与上文呼应,又以盘庚迁殷的典故阐述改革的合理性和正确性,表明自己不会轻易为诽谤和错误的污蔑而放弃新法,"度义而后动,是而不见可悔故也",极具说服力和感染力。话音未落,"则某知罪矣"和"则非某之所敢知",乘势再表明态度,堵了悠悠之口使他们无法反驳。

总的来说,全文论证充分,运用了正论、驳论、借典、排比等多种论证方法,针砭时弊、抓住关键、语无冗余,总体简古雄浑、通达流畅、气势纵横、颇有见地,具有鲜明的个人文风和积极求变的处世风格。

【思考练习】

1. 王安石变法的积极意义和影响有哪些?
2. 如何看待司马光、苏轼与王安石之间的激烈矛盾?

定风波·莫听穿林打叶声

苏 轼

【题解】 苏轼(1037—1101年),字子瞻,号东坡居士,眉州眉山(今四川省眉山市)人。他学识渊博、思想豁达,在文学、书法、美食等方面均有极高造诣,是北宋著名的全能型文人。王士禛对其评价颇高:"顾所号为仙才者,唯曹子建、李太白、苏子瞻三人而已。"

苏轼有志于改革朝政却遭到排斥打击,一生仕途坎坷。元丰三年(1080年),他因"乌台诗案"被贬为黄州团练副使,后又相继被贬至惠州、儋州,但这些接踵而至的不幸并没有压垮他,反而使他更加坚毅。他深受儒、道、释三家思想的影响,在文坛上大放光彩,开创了豪放词派。他还提出"以诗为词",提高了词的地位,与辛弃疾并称"苏辛";他的散文气势雄放,语言平易自然。他与欧阳修并称"欧苏",为"唐宋八大家"之一,也善书,擅长楷、行、草三体。

定风波是词牌名,又名"卷春空""定风波令"等,双调六十二字,前段五句三平韵两仄韵,后段六句四仄韵两平韵。这首词写于宋神宗元丰五年(1082年)春,是记事抒怀之作。

【原文】 三月七日,沙湖[1]道中遇雨,雨具先去,同行皆狼狈[2],余独不觉。已而[3]遂晴,故作此。

莫听穿林打叶声[4],何妨吟啸[5]且徐行。竹杖芒鞋[6]轻胜马,谁怕?一蓑烟雨任平生[7]。

料峭[8]春风吹酒醒,微冷,山头斜照[9]却相迎。回首向来萧瑟[10]处,归去,也无风雨也无晴[11]。

【注释】

[1]沙湖:在今湖北省黄冈东南三十里,又名"螺丝店"。

[2]狼狈:进退皆难的困顿窘迫之状。

[3]已而:过了一会儿。

[4]穿林打叶声:指大雨点透过树林打在树叶上的声音。

[5]吟啸:放声吟咏。

[6]芒鞋:草鞋。

[7]一蓑烟雨任平生:披着蓑衣在风雨里过一辈子也处之泰然。蓑:蓑衣,用棕制成的雨披。

[8]料峭:微寒。

[9]斜照:偏西的阳光。

[10]向来:方才。萧瑟:风雨吹打树叶声。

[11]也无风雨也无晴:既不怕雨,也不喜晴。

【作品导读】 元丰三年(1080年),苏轼因"乌台诗案"被贬为黄州(今湖北省黄冈)团练副使。在黄州待至第三年,他与朋友春日出游,忽遇风雨,有感而发。

上阕写遇雨后的情景。"莫听穿林打叶声"中的"穿"和"打"两个动词形象地描绘了凶猛的风雨声势,但词人悠然自得,并劝同行的友人"莫听"。既然身处此境,再多埋怨也无用,平添烦躁,还不如改变心态,"何妨吟啸且徐行"这一句体现了词人"既来之则安之"的心态。这两句借自然的风雨反衬词人面对不公遭遇时的一种旷达。竹杖芒鞋,走在风雨中,泥路行走本是十分艰难的,词人却"轻胜马","轻"字体现了词人苦中作乐的心态,心中无所累会更加轻松。还用反问"谁怕"来激励自己。"一蓑烟雨任平生"仿佛描绘出了自强不息的词人在与命运抗争的画面,与唐代张志和的"青箬笠,绿蓑衣,斜风细雨不须归"有异曲同工之妙。此句也体现了词人"达则兼济天下,穷则独善其身"的坚韧。

下阕写转晴后的情景"料峭春风吹酒醒,微冷,山头斜照却相迎","相迎"是直面生活的积极态度。月有阴晴圆缺,大自然一直是这样循环往复,我们何不顺应现实呢?词人在经历磨难和打击后,没有一直沉湎于悲伤而不能自拔,始终相信会有更美好的一天。"菩提本无树,明镜亦非台。"当淡泊名利、不为外界利益所迷失时,人们便可以保持"也无风雨也无晴"的宠辱不惊了。

本词虽然是一首小词,但是反映了词人丰富的人生感悟,与庄子的"至人无己,神人无功,圣人无名"的境界相合,隽永清新。

【思考练习】

1. 作者在这首词中阐述了哪些人生哲理?
2. 这首词景、理、情水乳交融,历来为词家所称道,请谈谈你的理解。

如梦令·昨夜雨疏风骤

李清照

【题解】 李清照(1084—1155年),自号易安居士,齐州章丘(今属山东)人,宋代杰出的女词人,婉约词派的代表,有"千古第一才女"之称。良好的家庭教养和过人的才华使她前期的词清新婉约、语新意隽,多为情歌或写景。她因北宋党争而丧父,因战乱而丧夫,晚年颠沛流离,所以她后期的词多怀乡念旧,孤苦凄凉,流露出故国之思。她的词在艺术上崇尚高雅,讲求格律,巧于构思,语言清丽,善用白描,刻画细腻,形象生动,比喻新颖,别出心裁。李清照创词"别是一家"之说,其词创为"易安体"。其词集名为《漱玉集》,今本皆为后人所辑。据苏轼的《仇池笔记》记载,忆仙姿本后唐庄宗制,因词中有"如梦、如梦"的叠句而改为"如梦令"。

【原文】 昨夜雨疏风骤[1],浓睡[2]不消残酒[3]。试问卷帘人[4],却道"海棠依旧"。"知否?知否?应是绿肥红瘦[5]"。

【注释】

[1]雨疏风骤:雨点稀疏,晚风急猛。疏:稀疏。
[2]浓睡:酣睡。
[3]残酒:尚未消散的醉意。
[4]卷帘人:有学者认为此指侍女。
[5]绿肥红瘦:绿叶繁茂,红花凋零。

【作品导读】 开篇两句清楚地交代了整首词所记录的时间、环境和主人公。"雨疏风骤"是暮春时节的显著特点,狂风之中夹杂着些许雨丝,其破坏程度虽不及夏日的疾风骤雨,却强于初春的淅沥小雨,为下文"绿肥红瘦"埋下了伏笔。"浓睡不消残酒"则写出了主人公因昨夜饮酒过量,以致今晨早起宿醉尚未尽消之态。深究之后可以发现,昨夜醉酒或许是不忍见到明朝花落,所以在花下夜饮。

在惜花之心的驱使下,词人大抵猜到一夜风雨过,后园中的海棠花定是备受摧残,但又不忍亲见,于是"试问"随侍婢女。怎料想,"试问"之后得到的是"海棠依旧"的答案,而这显然违背生活常理,且与词人的猜想大相径庭。"却"字既写出了婢女对窗外景物的变化无动于衷,与词人的细腻心思形成对比,又体现了词人听到婢女回答之后的意外与不解,并由此自然而然地引出下文。

"知否?知否?应是绿肥红瘦",既是纠正婢女的回答,又像是在自言自语、自我抚慰:一夜风雨过后,娇嫩的海棠花怎么可能一如往日?必然会是绿叶繁茂而红花稀疏。词人运用借代的手法,用"绿"代指叶、"红"代指花;运用拟人的手法,用"肥"和"瘦"生动形象地描绘了雨后的叶子因水分充足而茂盛肥大、花朵却因不堪雨打而凋谢稀少的状态。"绿肥红瘦"四个字,既有鲜明的色彩对比,又细腻地刻画出了雨后花和叶的状态。同时,"红瘦"预示着花日渐凋落,春天渐行渐远;"绿肥"昭示着枝叶日渐繁茂,绿树成荫的夏日即将到来。

【思考练习】

1. 词人如何表现自己的爱花、惜花之情?
2. 词人运用了哪种抒情方式,抒发了怎样的情感?

钗头凤·红酥手

陆 游

【题解】 陆游(1125—1210年),字务观,号放翁,南宋文学家、史学家、爱国诗人。他出身书香世家、累世官宦,祖父陆佃师从王安石。他出生在北宋灭亡之际,成长于偏安一隅的南宋,自幼聪慧过人,十二岁便能作诗文,因祖辈功勋而受封登仕郎,少年时期深受爱国思想的熏陶,后在锁厅考试中因名次居于秦埙(秦桧之孙)之上遭到秦桧排挤而仕途不顺。秦桧病死之后,他才正式踏入仕途。乾道年间,他在王炎的军中,为其收复中原出谋划策,曾多次前往大散关等前线和重要据点巡查。这段亲临抗金前线的经历是陆游唯一的军旅生活,但对其影响十分深远。此后余生宦海沉浮。

陆游虽仕途不顺,但文学造诣非凡,精通诗、词、散文,他的作品中无不流露出浓厚的爱国情怀。由于幼时因战乱而饱受颠沛流离之苦,年轻的陆游在面对山河沦丧的现实时,曾以慷慨报国为己任,力图抗击金国,收复失地。然而,南宋重文抑武、一味求和的态度使他的理想抱负难以施展,于是他只能将满心悲怆寄托在诗文之中,所以陆游的作品大多又饱含壮志难酬的苦闷与悲愤。除了爱国之心、报国之志,陆游的山水田园诗和爱情诗也颇负盛名、流传甚广。

钗头凤为词牌名,原名撷芳词,又名折红英。

【原文】 红酥手,黄縢[1]酒,满城春色宫墙[2]柳。东风[3]恶,欢情薄,一怀愁绪,几年离索。错,错,错!

春如旧,人空瘦。泪痕红浥[4]鲛绡[5]透。桃花落,闲池阁[6]。山盟虽在,锦书难托。莫[7],莫,莫!

【注释】

[1]黄縢(téng):代指美酒。

[2]宫墙:南宋以绍兴为陪都,故有宫墙之说。

[3]东风:比喻陆游的母亲。

[4]浥(yì):湿润。

[5] 鲛(jiāo)绡(xiāo)：神话传说中鲛人织的极薄的绡，后泛指薄纱，文中指手帕。

[6] 池阁：建在池塘上的楼阁。

[7] 莫：罢了。

【作品导读】 本词为陆游在与前妻唐婉的一次偶遇中创作，诉说词人的爱情悲剧。陆游与唐婉本是琴瑟和鸣的夫妻，感情甚笃，奈何陆游的母亲认为他沉溺于爱情会荒废功业、丧失志向，于是棒打鸳鸯，强行将二人分开，此后各自嫁娶。多年后，独游沈园的陆游偶遇协夫同游的唐婉，内心五味杂陈，于是在园壁上写下这首《钗头凤·红酥手》。

开篇回首过往，勾勒美人、美酒和美景，呈现昔日恩爱、美满的婚姻生活：夫人红润柔软的手为自己递上一杯美酒，二人把酒言欢，共赏满园春色。同时，红润的手、黄色的酒封和翠绿的柳使整个画面的色彩明艳、丰富而和谐，暗合此时的幸福美满。"红酥手"也暗示女主人公的健康、美丽和活力。

然而，好景不长，这份幸福美满很快被打碎，词作的情感也由明快转入悲愤。词人以"东风"作为过渡衔接两个阶段，此处"东风恶"一语双关。一方面指自然界的风，狂风乱作会破坏一派祥和的春景，从而导致下片中的"桃花落"；另一方面象征破坏词人幸福婚姻的恶势力。美满的婚姻被破坏，有情人被迫分开，词人和唐婉皆因分离而倍感痛苦，多年"同心而离居"的生活让双方都愁肠百结。"恶"字承载了词人心中的无尽怨恨。于是，词人不由得发出"错，错，错"的悲叹，三个"错"字连用，强化词人内心的痛苦、内疚与悔恨。

下片由回忆过去转入现实，通过对现实所见的描写，将二人分别后的痛苦刻画得更加深入。"春如旧"交代此次相逢的时间，与上片"满城春色"相呼应，又是一年春天，又是一次游园，然而已经物是人非：昔日美丽、健康、明艳动人的女主人公已经憔悴不堪，曾经柔情蜜意、缱绻情深的夫妻如今已劳燕分飞。这里的"人空瘦"是上片"几年离索"导致的结果，一个"瘦"字道尽了女主人公的相思之苦，而"空"字不仅展现女主人公的"衣带渐宽"，而且反映其内心的空虚与失落，同时流露出诗人对女主人公的怜惜与心疼。久别重逢的两个人情难自抑，满腹心事想要诉说，但是即使心里装着彼此，也已各自嫁娶多年，又能说些什么呢？所有的情愫与话语都凝结在"泪痕"中，不觉间已湿透手帕。

"桃花落，闲池阁"与上片的"东风恶"相呼应，同样语带双关：看似在写狂风乱作吹落桃花，池塘之上的楼阁本颇具雅意，备受欢迎，此时却也鲜有人来，显得空旷而凄清；实则以落花喻指曾经美丽动人的女主人公因备受折磨而憔悴不堪，以空旷凄清的楼阁喻指词人自己心境的孤寂与凄楚。"山盟虽在,锦书难托"八个字将词人心中的痛苦展现得淋漓尽致,山盟海誓言犹在耳,昔日的爱人却分隔两地,一片痴心却难以传达。最终,所有的情感只化作一句"罢了",三个"莫"字连用,揭示了词人内心深深的无奈,意犹未尽、情犹未终。

【思考练习】

1. 谈谈你对词中"错,错,错"一句的理解。
2. 请从艺术技巧方面赏析《钗头凤·红酥手》。

破阵子·为陈同甫赋壮词以寄之

辛弃疾

【题解】 辛弃疾(1140—1207年),字幼安,号稼轩,一生力主抗金,以收复中原为志,工于词,为豪放派词人代表,与苏轼并称"苏辛"。其词风格沉郁顿挫,悲壮激烈,人称"词中之龙"。

辛弃疾的词以国家、民族问题为主要内容,具有强烈的爱国思想和斗争精神。然而,这种精神并不为当时的统治者所理解,加之其仕途不顺、怀才不遇等多种因素使他不得不借助咏史怀古诗大发感慨。破阵子为词牌名。陈同甫是辛弃疾志同道合的挚友,南宋思想家、文学家,他的词作风格与辛弃疾相似。赋为动词,写、创作。壮词是雄壮的词。

【原文】 醉里挑灯看剑,梦回[1]吹角连营[2]。八百里分麾下炙[3],五十弦翻塞外声[4]。沙场[5]秋点兵。

马作的卢[6]飞快,弓如霹雳[7]弦惊。了却[8]君王天下事[9],赢得生前身后名。可怜[10]白发生!

【注释】

[1]梦回:梦里回到。

[2]吹角连营:驻扎在一起的军营接连不断地吹响号角。

[3]八百里分麾下炙:把烤牛肉分给部下吃。八百里:指牛。麾下:军旗下,代指部下。炙:烤肉。

[4]五十弦翻塞外声:各种乐器一起演奏粗犷悲壮的军乐。五十弦:原指瑟,文中泛指乐器。翻:演奏。塞外声:粗犷悲壮的军乐。

[5]沙场:战场。

[6]的卢:额部带有白色斑点的马,良马。《三国志》记载,刘备的战马就是的卢,曾驮其脱险。

[7]霹雳:响雷,喻指射箭时弓弦发出的声响。

[8]了却:完成、了结。

[9]天下事:国家大事,代指收复北方失地。

[10]可怜:可惜。

【作品导读】 这首词是辛弃疾的爱国名篇,也是其代表作之一。全词情景交融、虚实相生,由现实的醉态自然而然地过渡到梦境,梦回沙场,奋勇杀敌,热血沸腾,最后以梦醒回到现实收笔,结束全篇。梦境与现实的对比更凸显出词人报国无门的悲愤。

"醉里挑灯看剑"从现实的醉态入手,刻画了一个渴望奔赴前线、杀敌报国的壮士形象。壮士心系国家却无法实现,忧愤交加,只求借醉酒来纾解内心的苦闷。然而"举杯消愁愁更愁",醉酒不仅不能让壮士放下杀敌报国的壮志豪情,反而勾起了壮志难酬、报国无门的悲愤。于是,挑亮灯芯,在闪烁的烛光中端详着昔日陪同自己上阵杀敌的宝剑,期待着有朝一日能够重回战场。"日有所思,夜有所梦",睡着之后,壮士梦回沙场,耳畔是接连吹响的军号。紧接着由听觉转入视觉,视听结合来展现出征之前严整的军容、高涨的士气:战士们分食烤肉时的鲜活、军乐奏响后的悲壮、点兵时的昂扬,共同构成了豪迈的军旅生活。而这正是词人所向往的。

下片承接上片的梦境,进一步推进。在整军结束之后,转入对战场的描写,将整首词的气氛推向高潮。"马作的卢飞快"引用的卢驮着刘备搏杀、脱险的典故;"弓如霹雳弦惊"则将弓弦声比作雷声,以快马急弓侧面烘托战况之激烈,刻画了英勇无畏、奋勇搏杀的军士形象,也反映出词人内心的渴望——如同梦中的将士那般驰骋沙场,"了却君王天下事",收复失土,统一中原,名留青史。最后一句从梦境回到现实,情绪也急转直下,梦里的豪迈雄壮、意气风发与现实的英雄迟暮、报国无门形成鲜明的对比、强烈的反差,满腹心绪都浓缩为一句"可怜白发生"。

【思考练习】

1. 请分析词名中的"壮"字在文中的具体表现。
2. 谈谈你对"赢得生前身后名"的理解。

西厢记·长亭送别

王实甫

【题解】 王实甫(1260—1336年),元代杂剧作家,原籍定兴(今属河北)。他曾任县官,在担任陕西行台监察御史期间因与台臣议事不合,弃官归隐,此后从事杂剧创作。其所作杂剧据《录鬼簿》记载有十四种,现存《崔莺莺待月西厢记》《吕蒙正风雪破窑记》《四丞相歌舞丽春堂》三种。

《西厢记》是其代表作,全名《崔莺莺待月西厢记》。该剧描写相国小姐崔莺莺在普救寺与书生张生一见倾心,不过两人的感情一开始遭到了崔莺莺父母的反对。最后,经过两人共同努力,以张生状元及第、有情人终成眷属结束。全剧文辞雅致,意境浓厚,情景交融,代表了元杂剧的辉煌成就,在戏曲文学发展史上有较大影响。该剧与关汉卿的《拜月亭》、白朴的《墙头马上》、郑光祖的《倩女离魂》并称元杂剧的"四大爱情剧"。

【原文】(夫人、长老上云)今日送张生赴京,十里长亭安排下筵席。我和长老先行,不见张生、小姐来到。(旦、末、红同上)(旦云)今日送张生上朝取应,早是离人伤感,况值那暮秋天气,好烦恼人也呵!悲欢聚散一杯酒,南北东西万里程。

【正宫】【端正好】 碧云天,黄花地,西风紧,北雁南飞。晓来谁染霜林醉[1]?总是离人泪。

【滚绣球】 恨相见得迟,怨归去得疾。柳丝长玉骢[2]难系。恨不倩疏林挂住斜晖。马儿迍迍[3]的行,车儿快快的随。却告了相思回避,破题儿又早别离。听得一声"去也",松了金钏[4];遥望见十里长亭,减了玉肌。此恨谁知!

(红云)姐姐,今日怎么不打扮?(旦云)你那知我的心里呵!

【叨叨令】 见安排著车儿、马儿,不由人熬熬煎煎的气;有甚么心情花儿、靥[5]儿,打扮的娇娇滴滴的媚;准备著被儿、枕儿,则索昏昏沉沉的睡;从今后衫儿、袖儿,都揾做重重叠叠的泪。兀的不闷杀人也么哥,兀的不闷杀人也么哥!久已后书儿、信儿,索与我恓恓惶惶[6]的寄。

(做到)(见夫人科)(夫人云)张生和长老坐,小姐这壁坐,红娘将酒来。张生,你向前来,是自家亲眷,不要回避。俺今日将莺莺与你,到京师休辱末了俺孩儿,挣揣一个状元回来者。(末云)小生托夫人余荫,凭著胸中之才,视官如拾芥[7]耳。(洁云)夫人主见不差,张生不是落后的人。(把酒了,坐)(旦长吁科)

【脱布衫】 下西风黄叶纷飞,染寒烟衰草萋迷。酒席上斜签著坐的,蹙愁眉死临侵[8]地。

【小梁州】 我见他阁泪汪汪不敢垂,恐怕人知;猛然见了把头低,长吁气,推整素罗衣。

【幺篇】 虽然久后成佳配,奈时间[9]怎不悲啼。意似痴,心如醉,昨宵今日,清减了小腰围。

(夫人云)小姐把盏者。(红递酒,旦把盏长吁科云)请吃酒。

【上小楼】 合欢未已,离愁相继。想著俺前暮私情,昨夜成亲,今日别离。我谂知这几日相思滋味,却原来此别离情更增十倍。

【幺篇】 年少呵轻远别,情薄呵易弃掷。全不想腿儿相挨,脸儿相偎,手儿相携。你与俺崔相国做女婿,妻荣夫贵,但得一个并头莲,煞强如状元及第。

(夫人云)红娘把盏者。(红把酒科)(旦唱)

【满庭芳】 供食太急,须臾对面,顷刻别离。若不是酒席间子母每当回避,有心待与他举案齐眉。虽然是斯守得一时半刻,也合著俺夫妻每共桌而食。眼底空留意[10],寻思起就里,险化做望夫石。

(红云)姐姐不曾吃早饭,饮一口儿汤水。(旦云)红娘,甚么汤水咽得下。

【快活三】 将来的酒共食,尝著似土和泥;假若便是土和泥,也有些土气息,泥滋味。

【朝天子】 暖溶溶玉醅[11],白泠泠似水,多半是相思泪。眼面前茶饭怕不待要吃,恨塞满愁肠胃。蜗角虚名,蝇头微利,拆鸳鸯在两下里。一个这壁,一个那壁,一递一声[12]长吁气。

(夫人云)辆起车儿,俺先回去,小姐随后和红娘来。(下)

(末辞洁科)(洁云)此一行别无话儿,贫僧准备买登科录[13]看,做亲的茶饭,少不得贫僧的。先生在意,鞍马上保重者。从今经忏无心礼,专听春雷第一声。(下)(旦唱)

【四边静】 霎时间杯盘狼藉,车儿投东,马儿向西。两意徘徊,落日山横翠。知他今宵宿在那里? 有梦也难寻觅。

张生,此一行得官不得官,疾便回来。(末云)小生这一去,白夺一个状元。正是:青霄有路终须到,金榜无名誓不归。(旦云)君行别无所赠,口占一绝[14],为君送行:弃掷今何在,当时且自亲。还将旧来意,怜取眼前人。(末云)小姐之意差矣,张珙更敢怜谁?谨赓[15]一绝,以剖寸心:人生长远别,孰与最关亲?不遇知音者,谁怜长叹人?(旦唱)

【耍孩儿】 淋漓襟袖啼红泪[16],比司马青衫更湿。伯劳[17]东去燕西飞,未登程先问归期。虽然眼底人千里,且尽生前酒一杯。未饮心先醉,眼中流血,心里成灰。

【五煞】 到京师服水土,趁程途节饮食[18],顺时自保揣身体。荒村雨露宜眠早,野店风霜要起迟。鞍马秋风里,最难调护,最要扶持。

【四煞】 这忧愁诉与谁?相思只自知,老天不管人憔悴。泪添九曲黄河溢,恨压三峰华岳[19]低。到晚来闷把西楼倚,见了些夕阳古道,衰柳长堤。

【三煞】 笑吟吟一处来,哭啼啼独自归。归家若到罗帏里,昨宵个绣衾香暖留春住,今夜个翠被生寒有梦知。留恋你别无意,见据鞍上马,阁不住泪眼愁眉。

(末云)有甚言语,嘱付小生咱?(旦唱)

【二煞】 你休忧文齐福不齐[20],我则怕你停妻再娶妻。休要一春鱼雁[21]无消息,我这里青鸾[22]有信频须寄,你却休金榜无名誓不归。此一节君须记:若见了那异乡花草,再休似此处栖迟。

(末云)再谁似小姐,小生又生此念?(旦唱)

【一煞】 青山隔送行,疏林不做美,淡烟暮霭相遮蔽。夕阳古道无人语,禾黍秋风听马嘶。我为甚么懒上车儿内?来时甚急,去后何迟!

(红云)夫人去好一会,姐姐,咱家去。(旦唱)

【收尾】 四围山色中,一鞭残照里。遍人间烦恼填胸臆,量这些大小车儿如何载得起?

(旦、红下)(末云)仆童,赶早行一程儿,早寻个宿处。泪随流水急,愁逐野云飞。(下)

【注释】

[1]霜林醉:枫树林变红,像醉酒后脸红一样。

[2]骢:骏马。

[3]迤迤:迟疑不前的样子。

[4]松了金钏:因为人消瘦,导致手镯松脱。

[5]靥:指女子面部的妆饰。

[6]恓恓惶惶:悲伤的样子。

[7]芥:草。

[8]死临侵:无精打采的样子。临侵:语助词,无实义。

[9]时间:目前、眼前。

[10]眼底空留意:徒然地以目传情。

[11]玉醅:美酒。

[12]一递一声:一声声更迭,连续不断。

[13]登科录:科举考试后登载被录取考生的名单。

[14]口占一绝:随口吟出一首绝句。

[15]赓:续作。

[16]红泪:女子的泪。

[17]伯劳:鸟的名字。

[18]趁程途节饮食:途中要节制饮食。

[19]三峰华岳:华山著名的三座高峰的简称。

[20]文齐福不齐:有文采但运气不好。此处指不能考中。

[21]鱼雁:书信的代称。

[22]青鸾:传说中为王母报信的神鸟。

【作品导读】 《长亭送别》选自《西厢记》第四本第三折。该节主要以元杂剧的形式讲述了崔莺莺在十里长亭送张生进京赶考的别离场景,通过展现崔莺莺与张生对自由爱情的追求,反映封建礼教对人性的束缚和压制,从而曲折地表达对封建门当户对婚姻观的控诉。

在本折戏中,景物描写别具特色。作者重点描绘了有深秋时节特征的景物,如西风、霜叶等。西风常起于秋季,从物理视角看由于来自西北方,所以常常温度较低,这样的风不停地吹在离别之人的身上,会给人一种凉彻透骨的感觉。同时,这种外在的清冷也正好衬托出崔莺莺为离别而烦恼的痛苦压抑的心情。又如,对黄叶的描写,黄叶本是秋季树叶因为失去营养而变得枯黄,展现了一种生命的凋零,但是放在离别的场景中又暗示了崔莺莺对未来与张生感情的负面推定。总之,在这一折戏中,作者巧妙利用具有秋天特点的景物,将景物的自然属性和故事人物的心境有机结合,创造了"一切景语皆情语"的意境,从而使全剧达到情景交融的艺术境界。

作者在表现人物时,摒弃了传统戏剧中类型化的倾向,而是侧重于展现人物在面对不同处境时所呈现的多样性特征,从而使人物不再是单纯传达作者价值观念的客体,而是一个具有丰富情感的鲜活个体,而鲜活的个体又意味着人物情绪的复杂性和面对不同情景时的矛盾冲突。这种复杂性和冲突在本折戏中集中体现在崔莺莺对科举功名的态度上。崔莺莺一方面对考取功名的传统观念较为轻视,视其为"蜗角虚名""蝇头微利",反对张生进京赶考;另一方面又在老夫人的压力之下,希望他能考取功名,这样才能让两个人符合"门当户对"的要求。对于考试的结果,崔莺莺既害怕张生因考不取功名不敢回来,又害怕他一旦高中便会沾惹"异乡花草"。这种人物情绪的复杂性对塑造崔莺莺这一形象具有至关重要的作用。

【思考练习】

1. 分析本折戏中景物描写和对表达人物情感的作用。
2. 结合诗句分析崔莺莺对张生考取功名的态度。

牡丹亭·游园惊梦

汤显祖

【题解】 汤显祖(1550—1616年),明代杰出的戏曲家、文学家。他少年有成,二十六岁就刊印自己的第一部诗集《红泉逸草》,后刊印诗集《雍草》(未传)和《问棘邮草》。他为人孤傲,早年因拒绝宰相张居正的招揽而应试落选。万历二十年(1592年),在担任浙江遂昌知县期间,他又因遭当地大地主顽固派的反对,最终在六年后弃官回到临川。

汤显祖在政治思想上反对程朱理学,对封建礼教持怀疑态度,追求个性解放;在文学创作上,支持"公安派"袁氏兄弟的观点,拥戴"性灵说",认为文章之妙在于"自然灵气"。他的主要创作成就是戏曲,其主要作品有《紫钗记》《还魂记》(《牡丹亭》)、《南柯记》《邯郸记》四本,因其老家为临川,故合称"临川四梦",又因其从遂昌辞官后在临川玉茗堂创作、会客,故又称"玉茗堂四梦",其中的《还魂记》是明代传奇中少有的长篇杰作。

《还魂记》全名《牡丹亭还魂记》,主要描写杜丽娘游园伤春,梦中与书生柳梦梅相爱,但因思而不得见成疾,临死之时将自画像藏在后花园太湖石底下。不久,此画被柳梦梅游学至此拾得。柳梦梅展开画像,遂生爱慕之情,后与杜丽娘鬼魂相处。后来,杜丽娘的孤鬼指引柳梦梅打开坟墓,从而让杜丽娘得以还魂而生。作品通过杜丽娘因情而死,又因情而复生的幻想情节,深刻地表达对程朱理学和封建理教的批判。

【原文】【绕池游】〔旦上〕梦回莺啭,乱煞年光遍[1]。人立小庭深院。〔贴〕炷尽沉烟[2],抛残绣线,恁今春关情似去年?〔乌夜啼〕"〔旦〕晓来望断梅关,宿妆残。〔贴〕你侧着宜春髻子[3]恰凭阑。〔旦〕剪不断,理还乱,闷无端。〔贴〕已吩咐催花莺燕借春看。"〔旦〕春香,可曾叫人扫除花径?〔贴〕吩咐了。〔旦〕取镜台衣服来。〔贴取镜台衣服上〕"云髻罢梳还对镜,罗衣欲换更添香。"镜台衣服在此。

【步步娇】〔旦〕袅晴丝[4]吹来闲庭院,摇漾春如线。停半晌、整花钿[5]。没揣菱花[6],偷人半面,迤逗的彩云偏[7]。〔行介〕步香闺怎便把全身现!〔贴〕今日穿插的好。

【醉扶归】〔旦〕你道翠生生出落的裙衫儿茜[8],艳晶晶花簪八宝填,可知我常一生儿爱好是天然[9]。恰三春好处[10]无人见。不堤防沉鱼落雁鸟惊喧,则怕的羞花闭月花愁颤。〔贴〕早茶时了,请行。〔行介〕你看:"画廊金粉半零星,池馆苍苔一片青。踏草怕泥新绣袜,惜花疼煞小金铃[11]。"〔旦〕不到园林,怎知春色如许!

【皂罗袍】 原来姹紫嫣红开遍,似这般都付与断井颓垣。良辰美景奈何天,赏心乐事谁家院?恁般景致,我老爷和奶奶再不提起。〔合〕朝飞暮卷,云霞翠轩;雨丝风片,烟波画船——锦屏人[12]忒看的这韶光贱!〔贴〕是花都放了,那牡丹还早。

【好姐姐】 〔旦〕遍青山啼红了杜鹃,荼䕷[13]外烟丝醉软。春香呵,牡丹虽好,他春归怎占的先!〔贴〕成对儿莺燕啊。〔合〕闲凝眄,生生燕语明如剪,呖呖莺歌溜的圆。〔旦〕去罢。〔贴〕这园子委是观之不足也。〔旦〕提他怎的!〔行介〕

【隔尾】 观之不足由他缱[14],便赏遍了十二亭台是枉然。倒不如兴尽回家闲过遣。〔作到介〕〔贴〕"开我西阁门,展我东阁床。瓶插映山紫,炉添沉水香。"小姐,你歇息片时,俺瞧老夫人去也。〔下〕〔旦叹介〕"默地游春转,小试宜春面。"春呵,得和你两留连,春去如何遣?咳,恁般天气,好困人也。春香那里?〔作左右瞧介〕〔又低首沉吟介〕天呵,春色恼人,信有之乎!常观诗词乐府,古之女子,因春感情,遇秋成恨,诚不谬矣。吾今年已二八,未逢折桂之夫;忽慕春情,怎得蟾宫之客?昔日韩夫人得遇于郎,张生偶逢崔氏,曾有《题红记》《崔徽传》二书。此佳人才子,前以密约偷期[15],后皆得成秦晋[16]。〔长叹介〕吾生于宦族,长在名门。年已及笄,不得早成佳配,诚为虚度青春,光阴如过隙耳。〔泪介〕可惜妾身颜色如花,岂料命如一叶乎!

【山坡羊】 没乱里[17]春情难遣,蓦地里怀人幽怨。则为俺生小婵娟,拣名门一例、一例里神仙眷。甚良缘,把青春抛的远!俺的睡情谁见?则索因循腼腆。想幽梦谁边,和春光暗流转?迁延,这衷怀那处言!淹煎[18],泼残生,除问天!身子困乏了,且自隐几[19]而眠。〔睡介〕〔梦生介〕〔生持柳枝上〕"莺逢日暖歌声滑,人遇风情笑口开。一径落花随水入,今朝阮肇到天台。"小生顺路儿跟着杜小姐回来,怎生不见?〔回看介〕呀,小姐,小姐!〔旦作惊起介〕〔相见介〕〔生〕小生那一处不寻访小姐来,却在这里!〔旦作斜视不语介〕〔生〕恰好花园内,折取垂柳半枝。姐姐,你既淹通书史,可作诗以赏此柳枝乎?〔旦作惊喜,欲言又止介〕〔背想〕这生素昧平生,何因到此?〔生笑介〕小姐,咱爱杀你哩!

【山桃红】 则为你如花美眷,似水流年,是答儿[20]闲寻遍。在幽闺自怜。小姐,和你那答儿讲话去。〔旦作含笑不行〕〔生作牵衣介〕〔旦低问〕那边去?〔生〕转过这芍药栏前,紧靠着湖山石边。〔旦低问〕秀才,去怎的?〔生低答〕和你把领扣松,衣带宽,袖梢儿揾着牙儿苫也,则待你忍耐温存一晌眠。〔旦作羞〕〔生前抱〕〔旦推介〕〔合〕是那处曾相见,相看俨然,早难道这好处相逢无一言?〔生强抱旦下〕〔末扮花神束发冠,红衣插花上〕"催花御史惜花天,检点春工又一年。蘸[21]客伤心红雨下,勾人悬梦彩云边。"吾乃掌管南安府后花园花神是也。因杜知府小姐丽娘,与柳梦梅秀才,后日有姻缘之分。杜小姐游春感伤,致使柳秀才入梦。咱花神专掌惜玉怜香,竟来保护他,要他云雨十分欢幸也。

【鲍老催】〔末〕单则是混阳烝变,看他似虫儿般蠢动把风情搧。一般儿娇凝翠绽魂儿颤。这是景上缘,想内成,因中见。呀,淫邪展污[22]了花台殿。咱待拈片落花儿惊醒他。〔向鬼门[23]丢花介〕他梦酣春透了怎留连?拈花闪碎的红如片。秀才才到的半梦儿;梦毕之时,好送杜小姐仍归香阁。吾神去也。〔去〕

【山桃红】〔生、旦携手上〕〔生〕这一霎天留人便,草藉花眠。小姐可好?〔旦低头介〕〔生〕则把云鬟点,红松翠偏。小姐休忘了呵,见了你紧相偎,慢厮连,恨不得肉儿般团成片也,逗的个日下胭脂雨上鲜。〔旦〕秀才,你可去呵?〔合〕是那处曾相见,相看俨然,早难道这好处相逢无一言?〔生〕姐姐,你身子乏了,将息,将息。〔送旦依前作睡介〕〔轻扣旦介〕姐姐,俺去了。〔作回顾介〕姐姐,你可十分将息,我再来瞧你那。"行来春色三分雨,睡去巫山一片云。"〔下〕〔旦作惊醒,低叫介〕秀才,秀才,你去了也?〔又作痴睡介〕〔老旦上〕"夫婿坐黄堂,娇娃立绣窗。怪他裙衩上,花鸟绣双双。"孩儿,孩儿,你为甚瞌睡在此?〔旦作醒,叫秀才介〕咳也。〔老旦〕孩儿怎的来?〔旦作惊起介〕奶奶到此!〔老旦〕我儿,何不做些针指,或观玩书史,舒展情怀?因何昼寝于此?〔旦〕孩儿适花园中闲玩,忽值春暄恼人,故此回房。无可消遣,不觉困倦少息。有失迎接,望母亲恕儿之罪。〔老旦〕孩儿,这后花园中冷静,少去闲行。〔旦〕领母亲严命。〔老旦〕孩儿,学堂看书去。〔旦〕先生不在,且白消停[24]。〔老旦叹介〕女孩儿长成,自有许多情态,且自由他。正是:"宛转随儿女,辛勤做老娘。"〔下〕〔旦长叹介〕〔看老旦下介〕哎也,天那,今日杜丽娘有些侥幸也。偶到后花园中,百花开遍,睹景伤情。没兴而回,昼眠香阁。忽见一生,年可弱冠[25],丰姿俊妍。于园中折得柳丝一枝,笑对奴家说:"姐姐既淹通书史,何不将柳枝题赏一篇?"那时待要应他一声,心中自忖,素昧平生,不知名姓,何得轻与交言。正如此想间,只见那生向前说了几句伤心话儿,将奴搂抱去牡丹亭畔,芍药阑边,共成云雨之欢。两情和合,真个是千般爱惜,万种温存。欢毕之时,又送我睡眠,几声"将息"。正待自送那生出门,忽值母亲来到,唤醒将来。我一身冷汗,乃是南柯一梦[26]。忙身参礼母亲,又被母亲絮了许多闲话。奴家口虽无言答应,心内思想梦中之事,何曾放怀。行坐不宁,自觉如有所失。娘呵,你教我学堂看书去,知他看那一种书消闷也。〔作掩泪介〕

【绵搭絮】 雨香云片[27],才到梦儿边。无奈高堂,唤醒纱窗睡不便。泼新鲜冷汗粘煎,闪的俺心悠步躖[28],意软鬟偏。不争多[29]费尽神情,坐起谁忺[30]?则待去眠。〔贴上〕"晚妆销粉印,春润费香篝[31]。"小姐,熏了被窝睡罢。

【尾声】〔旦〕困春心游赏倦,也不索香熏绣被眠。天呵,有心情那梦儿还去不远。

【注释】

[1]乱煞年光遍:缭乱的春光到处都是。

[2]沉烟:沉香。

[3]宜春髻子:古代妇女在立春那天要剪彩绸作燕子状,上面写"宜春"二字。

[4]晴丝:游丝,昆虫一类所吐的常在空中飘荡的丝缕。

[5]花钿:妇女的头饰。

[6]菱花:镜子,因古代铜镜后通常以菱花为装饰,故用菱花代指镜子。

[7]迤逗的彩云偏:镜子偷偷照她,害得她因害羞把发卷弄歪了。彩云:比喻美丽的发卷。

[8]茜:大红色。

[9]天然:天性使然。

[10]三春好处:比喻自己的青春美貌。

[11]惜花疼煞小金铃:唐代宁王在后院用红丝带系金铃挂在花枝上,每当有鸟停在枝头,金铃就响,故用金铃指花。

[12]锦屏人:比喻闺中之人。

[13]荼蘼:落叶灌木,以地下茎繁殖。荼蘼花在春季末夏季初开花,凋谢后即表示花季结束,有完结之意。

[14]缱:留恋。

[15]偷期:幽会。

[16]秦晋:春秋时期,秦国和晋国世代联姻,后用秦晋之好代指婚姻。

[17]乱里:心情很乱。

[18]淹煎:受煎熬。

[19]隐几:靠着茶几。

[20]答儿:到处,后文的"答儿"指那边。

[21]蘸:红雨(落花)沾在人身上。

[22]展污:弄脏、玷污。

[23]鬼门:演员上下场的门。

[24]消停:休息。

[25]弱冠:古代男子二十岁行冠礼,表示已经成年。

[26]南柯一梦:唐传奇故事。淳于棼梦见自己当上槐安国南柯太守,荣华富贵,八十寿终时,惊醒发现南柯郡不过是一个蚁穴,后人用"南柯一梦"泛指空虚的梦。

[27]雨香云片:指梦中的约会。

[28]步趖:形容脚步软弱无力。

[29]不争多:差不多。

[30]忺:高兴。

[31]香篝:熏笼,用来熏香或者烘衣服。

【作品导读】 元好问在《摸鱼儿·雁丘词》中谈及"问世间,情为何物?直教生死相许"。在《牡丹亭》中,杜丽娘可谓有情人。她虽然不知情从何起,却能够一往情深。她的情跨越生死。当然,故事中的"情"不能被简单理解为青年男女对自己自由婚姻的追求,而是更多包含对打破封建礼教约束、追求自然天性解放的诉求。可以说,故事中的"情"是一种跨越生死之隔阂的哲理化的"情"。

作品的进步意义在于,将爱情和情欲当作人的一种基本权利加以肯定。在作者看来,即使像杜丽娘这样深受理学压抑、从小受到女德训诫的小姐,也是一个有七情六欲的鲜活的生命,也有自己的情感需求。在作品中,"深闺"包括两层含义:从物理空间看,是一种空间意义上的隔阂;从文化指向看,是封建礼教对人性约束的具象化呈现。

作者借用梦境、鬼魂、死而复生等充满浪漫色彩的情节,表现杜丽娘对爱情跨越生死的追求。作者让杜丽娘在梦中才能与柳梦梅相会有两层含义:一是作者对杜丽娘在潜意识中追求自己所爱之人,实现作为一个独立个体、拥有独立人格的人的肯定;二是体现在梦的压制指向,在弗洛伊德看来,梦是一种个体欲望和现实世界矛盾的调和,杜丽娘在现实世界中对柳梦梅思而不得,抑郁而终,最终只能在梦中实现与之约会。这里的梦境实际上形成对礼教制度的曲折消解。在故事中,杜丽娘拥有跨越生死、阴阳对话的能力,实现从因爱而死到因爱死而复生的跨越,这种将自由爱情赋予突破生死限制的写法,实际上反映作者用想象中的无限制冲破现实中充满限制的理想。

【思考练习】

1. 《皂罗袍》一曲文辞优美,分析该曲是如何实现情景交融的。
2. 选段中用大量篇幅描写杜丽娘和柳梦梅在梦中相会的情节,其对表达主题有何作用?

煮酒论英雄

罗贯中

【题解】 罗贯中(1330—1400年),元末明初小说家、戏曲家,名本,字贯中,山西太原人。他曾有志于辅佐帝王干一番事业,加入元末农民起义军领袖张士诚的幕府,明政权建立后因在仕途上不得志而弃政从文。其代表作品有《三国志通俗演义》《隋唐志传》等,其中《三国志通俗演义》最为出名,又名《三国演义》,为中国古典四大名著之一,是我国第一部长篇章回体历史小说。

《煮酒论英雄》选自《三国演义》第二十一回"曹操煮酒论英雄 关公赚城斩车胄"。故事发生在东汉建安四年(199年),当时曹操已经掌控朝野局势,故用青梅煮酒的方式试探刘备是否有称霸天下的雄心,但最终被刘备巧言瞒过。

【原文】 一日,关、张不在,玄德正在后园浇菜,许褚、张辽引数十人入园中,曰:"丞相有命,请使君便行。"玄德惊问曰:"有甚紧事?"许褚曰:"不知,只教我来相请。"玄德只得随二人入府见操。操笑曰:"在家做得好大事!"唬[1]得玄德面如土色。操执玄德手,直至后园,曰:"玄德学圃[2]不易!"玄德方才放心,答曰:"无事消遣耳。"操曰:"适见枝头梅子青青,忽感去年征张绣时,道上缺水,将士皆渴。吾心生一计,以鞭虚指曰:'前面有梅林。'军士闻之,口皆生唾,由是不渴。今见此梅,不可不赏,又值煮酒正熟,故邀使君小亭一会。"玄德心神方定。随至小亭,已设樽[3]俎:盘置青梅,一樽煮酒。二人对坐,开怀畅饮。

酒至半酣,忽阴云漠漠,骤雨将至。从人遥指天外龙挂[4],操与玄德凭栏观之。操曰:"使君知龙之变化否?"玄德曰:"未知其详。"操曰:"龙能大能小,能升能隐,大则兴云吐雾,小则隐介藏形,升则飞腾于宇宙之间,隐则潜伏于波涛之内。方今春深,龙乘时变化,犹人得志而纵横四海。龙之为物,可比世之英雄。玄德久历四方,必知当世英雄,请试指言之。"玄德曰:"备肉眼安识英雄?"操曰:"休得过谦。"玄德曰:"备叨恩庇,得仕于朝,天下英雄,实有未知。"操曰:"既不识其面,亦闻其名。"玄德曰:"淮南袁术,兵粮足备,可为英雄?"操笑曰:"冢中枯骨,吾早晚必擒之。"玄德曰:"河北袁绍,四世三公,门多故吏,今虎踞冀州之地,部下能事者极多,可为英雄?"操笑曰:"袁绍色厉胆薄[5],好谋无断,干大事而惜身,见小利而忘命,非英雄也。"玄德曰:"有一人名称八俊,威镇九州:刘景升可为英雄?"操曰:"刘表虚名无实,非英雄也。"玄德曰:"有一人血气方刚,江东领袖:孙伯符乃英雄也?"操曰:"孙策藉[6]父之名,非英雄也。"玄德曰:"益州刘季玉,可为英雄乎?"操曰:"刘璋虽系宗室,乃守户之犬耳,何足为英雄。"玄德曰:"如张绣、张鲁、韩遂等辈,皆何如?"操鼓掌大笑曰:"此等碌碌小人,何足挂齿!"玄德曰:"舍此之外,备实不知。"操曰:"夫英雄者,胸怀大志,腹有良谋,有包藏宇宙之机,吞吐天地之志者也。"玄德曰:"谁能当之?"操以手指玄德,后自指曰:"今天下英雄,惟使君与操耳。"玄德闻言,吃了一惊,手中所执匙箸[7],不觉落于地下。时正值天雨将至,雷声大作。玄德乃从容俯首拾箸曰:"一震之威,乃至于此。"操笑曰:"丈夫亦畏雷乎?"玄德曰:"圣人迅雷风烈必变[8],安得不畏?"将闻言失箸缘故,轻轻掩饰过了。操遂不疑玄德。后人有诗赞曰:

勉从虎穴暂趋身,说破英雄惊杀人。

巧借闻雷来掩饰,随机应变信如神。

天雨方住,见两个人撞入后园,手提宝刀,突至亭前,左右拦挡不住。操视之,乃关、张二人也。原来二人从城外射箭方回,听得玄德被许褚、张辽请将去了,慌忙来相府打听,闻说在后园,只恐有失,故冲突而入。却见玄德与操对坐饮酒。二人按剑而立,操问二人何来。云长曰:"听知丞相和兄饮酒,特来舞剑,以助一笑。"操笑曰:"此非鸿门会[9],安用项庄、项伯乎?"玄德亦笑。操命:"取酒与二'樊哙'压惊。"关、张拜谢。须臾席散,玄德辞操而归。云长曰:"险些惊杀我两个!"玄德以落箸事说与关、张,关、张问是何意。玄德曰:"吾之学圃,正欲使操知我无大志;不意操竟指我为英雄,我故失惊落箸。又恐操生疑,故借惧雷以掩饰之耳。"关、张曰:"兄真高见!"

【注释】

[1]唬:同"吓"。

[2]学圃:园艺。

[3]樽:装酒的器具。

[4]龙挂:积雨云呈漏斗状下垂,古人以为龙下挂吸水。

[5]胆薄:胆子小。

[6]藉:同"借"。

[7]箸:筷子。

[8]圣人迅雷风烈必变:孔子遇到风雷必变容色,以示对上天的敬畏。

[9]鸿门会:原指楚汉相争时项羽鸿门设宴欲杀刘邦。此处指含有杀机的宴会。

【作品导读】 "煮酒论英雄"这个故事在正史中难觅踪迹,却是章回体历史小说《三国演义》中一个妇孺皆知的情节。当时,刘备以仁义闻名天下,而其身边的关羽、张飞皆为虎狼之将,无论是政治上还是人才储备上,刘备都对曹操构成了威胁。因此,身边谋臣都劝说曹操应当早日杀掉刘备,以除后患。加上曹操本性多疑,于是上演了"煮酒论英雄"这精彩的一幕。"煮酒论英雄"中,曹操既表明了其称霸天下的雄心抱负,又试探了刘备的政治目标。

在故事中,曹操首先以"玄德久历四方,必知当世英雄,请试指言之"逼问刘备,而刘备马上表示自己不识英雄,因为只有英雄才能识得英雄,从而说明自己并非英雄。当曹操继续逼问时,他又将许多平庸之才视作英雄,从而表明自己没有慧眼,无法识别谁是英雄。当曹操直指他就是英雄时,刘备则借雷声将筷子掉落地上以说明自己是平庸之辈。在这个故事中,作者将曹操的咄咄逼人、不可一世的性格和刘备的大巧若拙、韬光养晦作对比,从而达到特有的艺术效果。最后,刘备对关、张二人表示自己学习园艺就是让曹操认定其没有大志向。于此,篇首设置的悬念随之解开,产生首尾呼应的效果。

文中曹操的"英雄"之论充满智慧。曹操借天上的龙与英雄相比。龙在中国的传统文化中是皇权的象征,曹操借龙自喻,实际上暗示自己统一天下的政治抱负。龙的形态变化多端,龙能兴能隐、能飞能潜,并能恰当地把握时机。真正的英雄也是如此,能在时机不成熟时蛰伏,也能在时机成熟时引领潮头。也就是说,能成就大事业者首先应有远大的志向,还应具有把握时机的本领,既能仰望星空,也能脚踏大地。这种"英雄"之论对我们也有很多启示,让我们知道当身处逆境时应保存实力,并时刻关注机会,只有这样才能在时机到来时一飞冲天。

【思考练习】

1. 文中引用诗句的作用有哪些?
2. 文中的天气描写有什么作用?

湖心亭看雪

张 岱

【题解】 张岱(1597—1689年),字宗子,又字石公,号陶庵,晚年号六休居士,文学家。他出生于明末的官宦世家、书香门第,少年时生活优渥,吃穿用度极尽奢华,爱听戏,善音律,喜欢吟诗作对、鉴赏古玩、品茶对弈,晚年因朝代更迭、国破家亡在山中隐居,他的生活也因此一落千丈,与少年时的生活恍若隔世。隐居期间,他潜心治学,著有《琅嬛文集》《陶庵梦忆》《西湖梦寻》《三不朽图赞》《夜航船》等。

张岱以小品文见长,其文多描写江南的自然山水和民风及回忆过去的生活,文笔极富诗意,行文或清新脱俗,或细致沉郁,富有情趣。他的小品文有"晚明小品集大成"的美誉。湖心亭,又名湖心寺、清禧阁,位于浙江省杭州外西湖中,小瀛洲北面,因在外西湖中的小岛上,故名。他曾为此亭撰写楹联:"如月当空,偶以微云点河汉;在人为目,且将秋水剪瞳人。"

【原文】 崇祯五年[1]十二月,余住西湖。大雪三日,湖中人鸟声俱绝。是日更定[2]矣,余拏[3]一小舟,拥毳衣炉火[4],独往湖心亭看雪。雾凇沆砀[5],天与云、与山、与水,上下一[6]白,湖上影子,惟长堤一痕[7]、湖心亭一点、与余舟一芥、舟中人两三粒而已。

到亭上,有两人铺毡对坐,一童子烧酒炉正沸。见余大喜曰:"湖中焉得[8]更有此人!"拉余同饮。余强饮三大白[9]而别。问其姓氏,是金陵人,客[10]此。及下船,舟子[11]喃喃曰:"莫说相公[12]痴,更有痴似相公者。"

【注释】

[1]崇祯五年:1632年。崇祯:明思宗朱由检的年号。

[2]更定:晚上八点左右。更:古代夜间计时单位,一夜分五更,每更约两个小时。旧时每晚八点左右,打鼓报告初更开始,称为"更定"。

[3]拏(ná):这里指撑船、划船。

[4]毳(cuì)衣炉火:裹着裘皮衣服,围着炉火。毳衣:用皮毛做的衣服。

[5]雾凇沆砀(hàngdàng):树挂周围弥漫着雾气。雾凇:雾气凝结在树木枝叶上形

成的白色松散冰晶,又名"树挂"。沆砀:雾气弥漫的样子。

[6]一:全部、都、一概。

[7]长堤一痕:西湖白堤在雪中隐隐约约露出一道痕迹。

[8]焉得:怎么能、哪能。

[9]三大白:三大杯酒。大白:大酒杯,这里代指酒。

[10]客:作客他乡、客居。

[11]舟子:船夫。

[12]相公:原指宰相,这里泛指对士人的尊称。

【作品导读】 西湖胜景历来为文人骚客所称道,在一众描绘西湖美景的作品中以春夏居多。然而,"四时之景不同,而乐亦无穷也",张岱的这篇短文则为我们呈现了冬日的西湖雪景。

首句点明了看雪的时间与地点,紧接着"大雪三日"突出天气的寒冷。作者摈弃了视觉,转而从听觉入手,以"人鸟声俱绝"刻画出万籁俱寂的场景,同时给读者留下了广阔的想象空间——雪后的西湖到底是怎样一番景象。"更定"则交代了出行的时间。在这种寒、静、晚的情境下,作者"独往湖心亭看雪",充分展现其独抱冰雪的操守和孤芳自赏的性格。

而后,运用白描的手法,勾勒出一幅西湖雪夜山水图。三个"与"连用,将分属不同空间的天、云、山、水融为一体,呈现了银装素裹、寥廓空灵的全景。"一痕""一点""一芥""两三粒",可谓将量词用到了极致。镜头不断推进,湖中的景色却依旧影影绰绰、若有若无,只能依稀辨别其形态,极言其小,与上文"上下一白"形成强烈的视觉冲击,更显天地寥廓旷远、人物渺小稀少。读完令人不觉生出"寄蜉蝣于天地,渺沧海之一粟"之感,再结合作者的人生经历,不难感受到他的落寞与孤寂。

移步换景,行舟至湖心,弃舟登亭,本是"独往湖心亭看雪",却不料已经有人在亭中。此情此景,作者的惊喜之情难以自抑,然而作者并不直接讲明自己的惊喜,而是反客为主,以"湖中焉得更有此人"的感叹来写他人的惊喜。双方虽是初见,但因志趣相投引为知己。然而交浅言深向来为人所忌讳,于是双方借饮酒完成这种微妙而复杂的情感传递。"酒逢知己千杯少",作者应下"同饮"之邀,"强饮三大白"。"强饮"则表明本不能饮酒,但面对此情此景作者再也忍不住,于是尽力饮下三大杯酒。这场意外的相遇、志趣相投的惊喜给孤寂清冷的雪夜山水增添了一丝人气与温暖。

饮完酒,临别之际得知湖中的两位知己是客居此地的金陵人。言外之意,知己难逢,但因"客此"而随时可能各奔东西,下次难以相约,无限怅惘油然而生。此外,湖中知己居于杭州是客居;作者作为明朝遗民,如今身处清朝亦是客居。"客"字将作者的亡国之思、孤寂之感表现得淋漓尽致,即使寄情山水也难以消减分毫。结尾借舟子之口点出"痴"字,既是痴迷于自然山水,也是痴迷于清高孤傲、高雅脱俗的品质,更痴迷于亡国之思。

【思考练习】

1. 湖中知己的"痴"与张岱的"痴"有何异同?
2. 文中写景多用白描,请任选一处进行赏析。

长相思·山一程

纳兰性德

【题解】 纳兰性德(1655—1685年),原名成德,字容若,出身满洲贵族。他自幼饱读诗书、文武兼修,二十二岁考中进士,深受康熙皇帝宠信、器重,被任命为皇帝的一等侍卫、贴身随从,直至三十一岁去世,曾多次随驾出巡。

意气风发、允文允武的纳兰性德本想做出一番利国利民的事业,然而侍卫一职使他的壮志和抱负难以施展,他又无力改变,只好借助儿女情长曲折隐晦地展示复杂的内心世界。他又因忘年交多为前朝遗少或世家子弟,不免受其影响,因此其诗词中多流露出消沉之感。

现存的词作以记录爱情友情、边塞江南风光、咏物咏史及生活杂感等为主,其中写景状物词中以水、荷居多。长相思是词牌名,又名山渐青、相思令、长思仙等。该词作于康熙二十一年(1682年)纳兰性德随从康熙皇帝出巡山海关途中。

【原文】 山一程,水一程,身向榆关[1]那畔[2]行,夜深千帐[3]灯。

风一更,雪一更[4],聒[5]碎乡心梦不成,故园[6]无此声。

【注释】

[1]榆关:山海关,在今河北省秦皇岛东北。

[2]那畔:那边,指山海关外。

[3]千帐:极言随行营卫很多。

[4]风一更,雪一更:风雪交加,整夜未停。更:夜间计时单位,一更约两个小时。

[5]聒(guō):声音嘈杂,这里指风雪之声。

[6]故园:故乡、家乡,文中指北京。

【作品导读】 开篇"山一程,水一程",运用反复的修辞手法,概括了词人一路跋山涉水、舟车劳顿、远离家乡的经过,凸显了空间的广袤、旅途的遥远曲折和艰难险阻。

"身向榆关那畔行"交代了此行的目的地是山海关外。"身"往往与"心"相伴而生,强调"身"向关外，实则暗喻"心"留恋关内，亦即词人的故乡北京。身与心的矛盾烘托了词人的思乡之情。一路行军，夜间安营扎寨，宿于旷野。时至深夜，一座座营帐却灯光闪烁，昭示了军士们思乡情切、难以入眠，从而为下片抒情做好了铺垫。"夜深千帐灯"一句将上片的情感推向高潮，同时起到承前启后的作用，使上、下片之间的转换相对自然、顺畅。其中，"千帐灯"是古文中常见的虚写，极言随行的军士之多、阵仗之浩大。

下片以写景开头，"风一更，雪一更"，既写出了扎营之地的苦寒，又情景交融，以哀景衬哀情，烘托出词人此刻因行军路远、环境恶劣、思乡心切而生发的伤感、幽怨。同时，与上片的"山一程，水一程"相互照应、对仗工整，暗示词人对风雨兼程的人生之路的慨叹和壮志难酬、才华难以施展的苦闷。

"聒碎乡心梦不成"呼应上片"夜深千帐灯"，正是因为嘈杂的风雪之声搅扰得人难以入眠，才使深夜时分依旧灯火闪烁。"聒"字运用拟人的手法，赋予深夜风雪以人性，表达了词人对狂风暴雪的厌恶之情，揭示了"夜深千帐灯"的直接原因。在这种恶劣的环境中，词人的思绪不觉飘向了远方、飘回了故乡，不由感叹道"故园无此声"，直接表达了词人在征途中对故乡的深深眷恋。

全词采用白描的手法，通过勾勒征途的山、水、风、雪、灯、声体现行军途中的艰辛漫长，寄托细腻的情感，句式短小精悍、对仗工整，又通俗易懂。

【思考练习】

1. 词人在文中描绘了怎样的场景？
2. 本词运用了哪些修辞手法，表达了怎样的情感？

婴 宁

蒲松龄

【题解】 蒲松龄(1640—1715年),清代著名的文学家,字留仙,世称聊斋先生,济南府淄川(今山东省淄博市)人。他从小对诗文有浓厚的兴趣,其诗文在乡里闻名,虽热衷于功名,但仕途屡遭挫折,十九岁就考取秀才,直到七十一岁仍为贡生。他的成就主要体现在短篇小说集《聊斋志异》上。他从二十岁左右开始创作本书,后经多次修改、增补,历时三十余年,直到五十多岁时才最终定稿。该书充满浪漫主义色彩,通过魑魅魍魉的神话传说让读者看到封建礼教对人性的扭曲、科举制度的腐朽僵化及其对知识分子思想的束缚,歌颂了敢于冲破枷锁、争取个人价值的斗争精神,从而曲折地反映了封建社会末期的现实生活。

【原文】 王子服,莒[1]之罗店人,早孤。绝惠,十四入泮[2]。母最爱之,寻常不令游郊野。聘[3]萧氏,未嫁而夭,故求凰[4]未就也。

会上元[5],有舅氏子吴生,邀同眺瞩[6],方至村外,舅家有仆来,招吴去。生见游女如云,乘兴独遨。有女郎携婢,拈梅花一枝,容华绝代,笑容可掬。生注目不移,竟忘顾忌。女过去数武[7],顾婢曰:"个儿郎目灼灼似贼!"遗花地上,笑语自去。生拾花怅然,神魂丧失,怏怏[8]遂返。至家,藏花枕底,垂头而睡,不语亦不食。母忧之,醮禳益剧[9],肌革锐减。医师诊视,投剂发表,忽忽若迷。母抚问所由,默然不答。适吴生来,嘱密诘[10]之。吴至榻前,生见之泪下,吴就榻慰解,渐致研诘,生具吐其实,且求谋画。吴笑曰:"君意亦复痴!此愿有何难遂?当代访之。徒步于野,必非世家。如其未字,事固谐矣;不然,拚以重赂,计必允遂。但得痊瘳[11],成事在我。"生闻之,不觉解颐[12]。吴出告母,物色女子居里。而探访既穷,并无踪绪。母大忧,无所为计。然自吴去后,颜顿开,食亦略进。数日,吴复来,生问所谋。吴绐[13]之曰:"已得之矣。我以为谁何人,乃我姑氏女,即君姨妹行,今尚待聘。虽内戚有婚姻之嫌[14],实告之,无不谐者。"生喜溢眉宇,问:"居何里。"吴诡曰:"西南山中,去此可三十余里。"生又付嘱再四,吴锐身自任[15]而去。

生由此饮食渐加,日就平复。探视枕底,花虽枯,未便凋落,凝思把玩,如见其人。怪吴不至,折柬[16]招之,吴支托[17]不肯赴召。生忿怒,悒悒不欢。母虑其复病,急为议姻,略与商榷,辄摇首不愿,惟日盼吴。吴迄[18]无耗[19],益怨恨之。转思三十里非遥,何必仰息[20]他人?怀梅袖中,负气[21]自往,而家人不知也。伶仃独步,无可问程,但望南山行去。约三十余里,乱山合沓[22],空翠爽肌,寂无人行,止有鸟道[23]。遥望谷底,丛花乱树中,隐隐有小里落。下山入村,见舍宇无多,皆茅屋,而意甚修雅。北向一家,门前皆丝柳,墙内桃杏尤繁,间以修竹,野鸟格磔[24]其中。意其园亭,不敢遽入。回顾对户,有巨石滑洁,因据坐少憩。俄闻墙内有女子,长呼"小荣",其声娇细。方伫听间,一女郎由东而西,执杏花一朵,挽首自簪;举头见生,遂不复簪,含笑撚花而入。审视之,即上元途中所遇也。心骤喜,但念无以阶进[25]。欲呼姨氏,顾从无还往,惧有讹误。门内无人可问,坐卧徘徊,自朝至于日昃[26],盈盈望断[27],并忘饥渴。时见女子露半面来窥,似讶其不去者。忽一老媪扶杖出,顾生曰:"何处郎君,闻自辰刻便来,以至于今。意将何为?得勿饥耶?"生急起揖之,答云:"将以盼亲。"媪聋聩,不闻。又大言之,乃问:"贵戚何姓?"生不能答。媪笑曰:"奇哉!姓名尚自不知,何亲可探?我视郎君亦书痴耳。不如从我来,啖以粗粝[28],家有短榻可卧。待明朝归,询知姓氏,再来探访不晚也。"生方腹馁[29]思啖,又从此渐近丽人,大喜。从媪入,见门内白石砌路,夹道红花,片片堕阶上,曲折而西,又启一关,豆棚花架满庭中。肃客入舍,粉壁光明如镜,窗外海棠枝朵,探入室中,裀藉[30]几榻,罔不洁泽。甫坐,即有人自窗外隐约相窥。媪唤:"小荣!可速作黍[31]。"外有婢子嗷声而应。坐次[32],具展宗阀。媪曰:"郎君外祖,莫姓吴否?"曰:"然。"媪惊曰:"是吾甥也!尊堂,我妹子。年来以家窭贫,又无三尺男,遂至音问梗塞。甥长成如许,尚不相识。"生曰:"此来即为姨也,匆遽遂忘姓氏。"媪曰:"老身秦姓,并无诞育,弱息[33]仅存,亦为庶产[34]。渠母改醮[35],遗我鞠养。颇亦不钝,但少教训,嬉不知愁。少顷,使来拜识。"

未几,婢子具饭,雏尾盈握[36],媪劝餐。已,婢来敛具[37]。媪曰:"唤宁姑来。"婢应去。良久,闻户外隐有笑声。媪又唤曰:"婴宁,汝姨兄在此。"户外嗤嗤笑不已。婢推之以入,犹掩其口,笑不可遏。媪嗔目曰:"有客在,咤咤叱叱[38],是何景象?"女忍笑而立,生揖之。媪曰:"此王郎,汝姨子。一家尚不相识,可笑人也。"生问:"妹子年几何矣?"媪未能解,生又言之,女复笑不可仰视。媪谓生曰:"我言少教诲,此可见也。年已十六,呆痴裁如婴儿。"生曰:"小于甥一岁。"曰:"阿甥已十七矣,得非庚午属马者耶?"生首应[39]之。又问:"甥妇阿谁?"答云:"无之。"曰:"如甥才貌,何十七岁犹未聘?婴宁亦无姑家,极相匹敌。惜有内亲之嫌。"生无语,目注婴宁,不遑他瞬。婢向女小语云:"目灼灼,贼腔未改!"女又大笑,顾婢曰:"视碧桃开未?"遽起,以袖掩口,细碎连步而出。至门外,笑声始纵。媪亦起,唤婢襆被[40],为生安置。曰:"阿甥来不易,宜留三五日,迟迟送汝归。如嫌幽闷,舍后有小园,可供消遣;有书可读。"次日,至舍后,果有园半亩,细草铺毡,杨花糁径[41]。有草舍三楹,花木四合其所。穿花小步,闻树头苏苏有声,仰视,则婴宁在上,见生来,狂笑欲堕。生曰:"勿尔,堕矣。"女且下且笑,不能自止。方将及地,失手而堕,笑乃止。生扶之,阴捘其腕[42]。女笑又作,倚树不能行,良久乃罢。生俟其笑歇,乃出袖中花示之。女接之,曰:"枯矣!何留之?"曰:"此上元妹子所遗,故存之。"问:"存之何意?"曰:"以示相爱不忘也。自上元相遇,凝思成疾,自分[43]化为异物[44];不图得见颜色,幸垂怜悯。"女曰:"此大细事[45],至戚何所靳惜[46]?待郎行时,园中花,当唤老奴来,折一巨捆负送之。"生曰:"妹子痴耶?"女曰:"何便是痴?"生曰:"我非爱花,爱捻花之人耳。"女曰:"葭莩之情[47],爱何待言。"生曰:"我所谓爱,非瓜葛之爱[48],乃夫妻之爱。"女曰:"有以异乎?"曰:"夜共枕席耳。"女俯思良久,曰:"我不惯与生人睡。"语未已,婢潜至,生惶恐遁去。少时,会母所,母问:"何往?"女答以园中共话。媪曰:"饭熟已久,有何长言,周遮乃尔。"女曰:"大哥欲我共寝。"言未已,生大窘,急目瞪之。女微笑而止。幸媪不闻,犹絮絮究诘。生急以他词掩之,因小语责女。女曰:"适此语不应说耶?"生曰:"此背人语。"女曰:"背他人,岂得背老母?且寝处亦常事,何讳[49]之?"生恨其痴,无术可悟之。食方竟,家人捉双卫[50]来寻生。

先是,母待生久不归,始疑。村中搜觅几遍,竟无踪兆[51],因往询吴。吴忆曩[52]言,因教于西南山村寻觅。凡历数村,始至于此。生出门,适相值,便入告媪,且请偕女同归。媪喜曰:"我有志,匪[53]伊朝夕。但残躯不能远涉,得甥携妹子去,识认阿姨,大好!"呼婴宁,宁笑至。媪曰:"有何喜,笑辄不辍?若不笑,当为全人。"因怒之以目,乃曰:"大哥欲同汝去,可便装束。"又饷家人酒食,始送之出,曰:"姨家田产丰裕,能养冗人[54]。到彼且勿归,小学[55]诗礼,亦好事翁姑。即烦阿姨,为汝择一良匹。"二人遂发。至山坳回顾,犹依稀见媪倚门北望也。

抵家,母睹姝丽,惊问为谁,生以姨女对。母曰:"前吴郎与儿言者,诈也。我未有姊,何以得甥?"问女,女曰:"我非母出。父为秦氏,没时,儿在襁中,不能记忆。"母曰:"我一姊适[56]秦氏,良确。然殂谢[57]已久,那得复存?"因审诘面庞、痣赘[58],一一符合。又疑曰:"是矣。然亡已多年,何得复存?"疑虑间,吴生至,女避入室。吴询得故,惘然久之,忽曰:"此女名婴宁耶?"生然之。吴亟称怪事。问所自知,吴曰:"秦家姑去后,姑丈鳏[59]居,祟于狐[60],病瘠死。狐生女名婴宁,绷卧床上,家人皆见之。姑丈殁,狐犹时来。后求天师[61]符黏壁间,狐遂携女去。将勿[62]此耶?"彼此疑参[63],但闻室中吃吃,皆婴宁笑声。母曰："此女亦太憨生。"吴请面之。母入室,女犹浓笑不顾。母促令出,始极力忍笑,又面壁移时方出。才一展拜,翻然遽入,放声大笑。满室妇女为之粲然[64]。吴请往觇[65]其异,就便执柯[66]。寻至村所,庐舍全无,山花零落而已。吴忆姑葬处,仿佛不远,然坟垄湮没,莫可辨识,诧叹而返。母疑其为鬼,入告吴言,女略无骇意。又吊其无家,亦殊无悲意,孜孜憨笑而已。众莫之测,母令与少女同寝止。昧爽[67]即来省问,操女红[68]精巧绝伦。但善笑,禁之亦不可止。然笑处嫣然,狂而不损其媚,人皆乐之。邻女少妇,争承迎之。母择吉将为合卺[69],而终恐为鬼物,窃于日中窥之,形影殊无少异。

至日,使华装行新妇礼,女笑极不能俯仰,遂罢。生以其憨痴,恐漏泄房中隐事,而女殊密秘,不肯道一语。每值母忧怒,女至,一笑即解。奴婢小过,恐遭鞭楚,辄求诣母共话,罪婢投见,恒得免。而爱花成癖,物色遍戚党;窃典金钗,购佳种,数月,阶砌藩溷[70],无非花者。庭后有木香一架,故邻西家,女每攀登其上,摘供簪玩。母时遇见,辄诃[71]之,女卒不改。一日,西人子见之,凝注倾倒。女不避而笑。西人子谓女意已属[72],心益荡。女指墙底,笑而下,西人子谓示约处,大悦。及昏而往,女果在焉,就而淫之,则阴如锥刺,痛彻于心,大号而踣[73]。细视,非女,则一枯木卧墙边,所接乃水淋窍[74]也。邻父闻声,急奔研问,呻而不言;妻来,始以实告。爇[75]火烛窍,见中有巨蝎,如小蟹然,翁碎木捉杀之。负子至家,半夜寻卒。邻人讼生,讦[76]发婴宁妖异。邑宰[77]素仰生才,稔知其笃行[78]士,谓邻翁讼诬,将杖责之,生为乞免,遂释而归。母谓女曰:"憨狂尔尔,早知过喜而伏忧也。邑令神明,幸不牵累。设鹘突[79]官宰,必逮妇女质公堂,我儿何颜见戚里?"女正色,矢不复笑。母曰:"人罔不笑,但须有时。"而女由是竟不复笑,虽故逗亦终不笑,然竟日未尝有戚容[80]。

一夕,对生零涕,异之。女哽咽曰:"曩以相从日浅,言之恐致骇怪。今日察姑及郎皆过爱,无有异心,直告或无妨乎?妾本狐产,母临去,以妾托鬼母,相依十余年,始有今日。妾又无兄弟,所恃者惟君。老母岑寂山阿[81],无人怜而合厝[82]之,九泉辄为悼恨。君倘不惜烦费,使地下人消此怨恫,庶[83]养女者不忍溺弃。"生诺之,然虑坟冢迷于荒草,女但言无虑。刻日,夫妻舆榇[84]而往。女于荒烟错楚[85]中,指示墓处,果得媪尸,肤革犹存。女抚哭哀痛。舁归,寻秦氏墓合葬焉。是夜,生梦媪来称谢,寤而述之。女曰:"妾夜见之,嘱勿惊郎君耳。"生恨不邀留。女曰:"彼鬼也。生人多,阳气胜,何能久居?"生问小荣,曰:"是亦狐,最黠[86]。狐母留以视妾,每摄饵[87]相哺,故德之常不去心;昨问母,云已嫁之。"由是岁值寒食[88],夫妇登秦墓,拜扫无缺。女逾年生一子,在怀抱中,不畏生人,见人辄笑,亦大有母风[89]云。

异史氏[90]曰:"观其孜孜憨笑,似全无心肝者。而墙下恶作剧,其黠孰甚焉。至慎恋鬼母,反笑为哭,我婴宁殆隐于笑者矣。窃闻山中有草,名'笑矣乎',嗅之,则笑不可止。房中植此一种,则合欢、忘忧[91],并无颜色矣。若解语花[92],正嫌其作态耳。"

【注释】

[1]莒:古国名,今山东省莒县一带。

[2]入泮:考取秀才,得以进县学读书。

[3]聘:订婚。

[4]求凰:凰为雌性,故求凰为娶妻之意。

[5]上元:农历正月十五,俗称上元节。

[6]眺瞩:登高望远,此意为郊游。

[7]武:过去称半步为武。数武:几步。

[8]怏怏:失意的神态。

[9]醮禳益剧:越求神拜佛病情越重。

[10]诘:细细询问。

[11]痊瘳:病好。

[12]颐:面颊。解颐:笑。

[13]绐:说谎话骗人。

[14]虽内戚有婚姻之嫌:因为血缘接近,故婚姻有忌惮。内戚:同母系的姨表亲戚。

[15]锐身自任:自告奋勇。

[16]折柬:裁纸写信。柬:信纸。

[17]支托:支吾推托。

[18]迄:终究。

[19]耗:音讯。

[20]仰息:依赖。

[21]负气:赌气。

[22]合沓:集聚重叠。

[23]鸟道:喻山路狭窄而险峻,只有飞鸟可过。

[24]格磔:鸟鸣声。

[25]阶进:本意为踏着台阶而入,此处引申为找出理由进去。

[26]日昃:太阳过午偏西,快要落山。

[27]盈盈望断:形容专心一意地盼望的神情。

[28]啖以粗粝:拿粗米饭给他吃。

[29]馁:饿。

[30]裀藉:坐榻上的垫褥。

[31]作黍:做饭。

[32]坐次:(按照主客位置)依次坐定的时候。

[33]弱息:对自己女儿的谦称。

[34]庶产:妾生下的孩子。

[35]改醮:改嫁。

[36]雏尾盈握:形容菜肴中家禽的肥大。

[37]敛具:收拾餐具。

[38]咤咤叱叱:大声嬉笑的样子。

[39]首应:点头答应。

[40]襆被:铺设被褥。

[41]糁径:像碎米屑撒在小路上。

[42]阴扱其腕:暗中捏她的手腕。

[43]分:猜想、料想。

[44]化为异物:异物本为鬼的意思,此处委婉地表达自以为要死了。

[45]大细事:很小的事。

[46]靳惜:吝惜。

[47]葭莩之情:葭莩本为芦苇里黏附的薄膜,因密不可分,借指亲戚,此处为亲戚之情。

[48]瓜葛之爱:因瓜和葛都是蔓生植物,都有很长的根茎相连,所以多用来比喻疏远的亲戚。此处为远房亲戚之间的爱。

[49]讳:避讳。

[50]捉双卫:牵着两头驴。

[51]踪兆:踪迹。

[52]曩:从前的、过去的。

[53]匪:同"非",不是,否定助词。

[54]冗:多余。冗人:不用从事生产的闲人。

[55]小学:稍微学点。

[56]适:女子出嫁。

[57]殂谢:死亡、去世。

[58]痣赘:本义为人身体上的色斑和疙瘩,这里指人身体上的标记。

[59]鳏:男子死了妻子。

[60]祟于狐:被狐狸精迷住了。

[61]天师:道教传播者张道陵被后代奉为天师,后泛指从事炼丹、画符等迷信活动,此处为道士。

[62]将勿:莫不是。

[63]疑参:疑惑询问。

[64]粲然:形容笑的样子。

[65]觇:窥视。

[66]执柯:做媒。

[67]昧爽:天刚亮。

[68]女红:指妇女纺织、刺绣等工作。

[69]合卺:举行婚礼。

[70]阶砌藩溷:庭阶、篱笆、厕所等处。

[71]诃:训斥。

[72]谓女意已属:认为婴宁对他已经有意了。

[73]踣:仆倒。

[74]窍:窟窿。

[75]爇:点燃。

[76]讦:揭发、告发。

[77]宰:县官。

[78]笃行:品行忠厚老实。

[79]鹘突:糊涂。

[80]戚容:忧愁的样子。

[81]岑寂山阿:在山边很孤寂。

[82]合厝:夫妻合葬。

[83] 庶:希望。

[84] 舆榇:用车子装着棺材,以车载柩。

[85] 错楚:杂乱的灌木丛。

[86] 黠:聪明而狡猾。

[87] 摄饵:找来食物。

[88] 寒食:寒食节,在清明的前一两日。

[89] 母风:母亲的样子。

[90] 异史氏:作者蒲松龄的自称。

[91] 合欢、忘忧:传说这两种花可使人欢乐而忘记忧愁。

[92] 解语花:懂得说话的花,喻指善于迎合人意的美女。

【作品导读】 婴宁是清代蒲松龄的《聊斋志异·婴宁》中的女主人公,她的性格天真活泼、无拘无束,给人留下的深刻印象是她经常不停地笑。如果从传统意义上讲,婴宁算不上一位合格的女性,因为她身上没有封建闺训下妇女应有的"清则身洁,贞则身荣,行莫回头,语莫掀唇"。她的笑不是出于某些应当,而是因为有感而发。她的笑是发自内心的,是不受封建礼教约束的,她实现了笑的自由。同时,她也是一个心直口快的人,对待事物真诚而质朴,对喜欢或者厌恶的事情敢于说出自己的想法,实现了言语自由。例如,当王子服将婴宁之前丢下而被自己藏的花送给她时,她没有表现出激动、感激,而是表示花已经枯萎,不必再送。这种所谓不解风情,也正说明她是一个具有一定反封建倾向的人物。

婴宁的可贵在于她的独立人格,她是一个敢爱敢恨的人,她的爱恨不受封建礼教约束,不是来自某种约定俗成的规定,而是来自内心的"真实"。更可贵的是,她的敢爱敢恨不仅发于内心、诉于言语,还能付诸行动。当得知王子服痴情地爱着自己时,她就欣然与他结婚。而当她发现邻居西人子见"女不避而笑,谓女意已属,心益荡"时,她认定这是一个淫荡的纨绔子弟,她选择的不是躲避,而是立即想出了惩罚他的办法并付诸实践,结果让这个浪荡公子死于非命。

婴宁是鬼,但也有人之常情,她能爽朗地笑,也会因为自己的家事而忧心忡忡。例如,当她对王子服道出身世后,会因为自己的母亲死后没有办法埋葬而伤心。蒲松龄将很多人在本性上应当具有却没有的安放在婴宁身上,把一个不受礼教约束的名叫婴宁的鬼与深受礼教约束的人作对比,从而使婴宁的形象更加立体,也隐含了对封建礼教压抑个体的批判。

【思考练习】

1. 说明文中"花"的类比意义是什么?
2. 结合全文,分析婴宁这一形象。

红楼梦(节选)

曹雪芹

【题解】 曹雪芹(约1715—1763年),名霑,字梦阮,号雪芹、芹溪、芹圃。从康熙二年(1663年)至雍正五年(1727年),他的曾祖父和祖父相继任江宁织造。雍正五年(1727年),由于朝廷内部争斗,他的父亲也受到牵连,被罢官抄家。他少时过着衣食无忧的生活,后来贫困如洗。生活环境的巨大落差让他对封建阶级的没落命运有切身感受,也为其积累了大量的写作素材,晚年的曹雪芹用十年时间进行《红楼梦》的创作。

《红楼梦》别名《石头记》,通行本共一百二十回,前八十回大部分学者认为是曹雪芹所作,后四十回作者不明,整理者为程伟元、高鹗。《红楼梦》成书后,被广为传抄,并形成了抄本和刻本两大系统。其中,最出名的刻本是乾隆五十六年(1791年)由程伟元等将前八十回及后四十回以活字版排印的版本,史称"程甲本";次年,程伟元等又在第一版基础上加以增删,再度排印,称"程乙本"。从此,《红楼梦》以一百二十回流行。全书以贾宝玉、林黛玉和薛宝钗的爱情悲剧为主线,通过对贾府由盛而衰过程的讲述,揭示封建制度濒于崩溃和必然灭亡的命运。全书行文谨严、篇章宏大,是我国古代长篇小说的代表作。

【原文】 原来宝玉会过雨村回来听见了,便知金钏儿含羞赌气自尽,心中早又五内摧伤,进来被王夫人数落教训,也无可回说。见宝钗进来,方得便出来,茫然不知何往,背着手,低头一面感叹,一面慢慢的走着,信步来至厅上。

刚转过屏门,不想对面来了一人正往里走,可巧儿撞了个满怀。只听那人喝了一声"站住!"宝玉唬了一跳,抬头一看,不是别人,却是他父亲,不觉的倒抽了一口气,只得垂手一旁站了。贾政道:"好端端的,你垂头丧气嗐些什么?方才雨村来了要见你,叫你那半天你才出来;既出来了,全无一点慷慨挥洒[1]谈吐,仍是葳葳蕤蕤[2]。我看你脸上一团思欲愁闷气色,这会子又咳声叹气。你那些还不足,还不自在?无故这样,却是为何?"宝玉素日虽是口角伶俐,只是此时一心总为金钏儿感伤,恨不得此时也身亡命殒[3],跟了金钏儿去。如今见了他父亲说这些话,究竟不曾听见,只是怔呵呵的站着。

贾政见他惶悚[4],应对不似往日,原本无气的,这一来倒生了三分气。方欲说话,忽有回事人来回:"忠顺亲王[5]府里有人来,要见老爷。"贾政听了,心下疑惑,暗暗思忖道:"素日并不和忠顺府来往,为什么今日打发人来?"一面想,一面令"快请",急走出来看时,却是忠顺府长史官,忙接进厅上坐了献茶。

未及叙谈,那长史官先就说道:"下官此来,并非擅造潭府,皆因奉王命而来,有一件事相求。看王爷面上,敢烦老大人作主,不但王爷知情,且连下官辈亦感谢不尽。"贾政听了这话,抓不住头脑,忙陪笑起身问道:"大人既奉王命而来,不知何见谕,望大人宣明,学生好遵谕承办。"那长史官便冷笑道:"也不必承办,只用大人一句话就完了。我们府里有一个做小旦的琪官,一向好好在府里,如今竟三五日不见回去,各处去找,又摸不着他的道路,因此各处访察。这一城内,十停人倒有八停人都说,他近日和衔玉的那位令郎相与甚厚。下官辈等听了,尊府不比别家,可以擅入索取,因此启明王爷。王爷亦云:'若是别的戏子呢,一百个也罢了;只是这琪官随机应答,谨慎老诚,甚合我老人家的心,竟断断少不得此人。'故此求老大人转谕令郎,请将琪官放回,一则可慰王爷谆谆奉恳,二则下官辈也可免操劳求觅之苦。"说毕,忙打一躬。

贾政听了这话,又惊又气,即命唤宝玉来。宝玉也不知是何原故,忙赶来时,贾政便问:"该死的奴才!你在家不读书也罢了,怎么又做出这些无法无天的事来!那琪官现是忠顺王爷驾前承奉的人,你是何等草芥,无故引逗他出来,如今祸及于我。"宝玉听了唬了一跳,忙回道:"实在不知此事。究竟连'琪官'两个字不知为何物,岂更又加'引逗'二字!"说着便哭了。

贾政未及开言,只见那长史官冷笑道:"公子也不必掩饰。或隐藏在家,或知其下落,早说了出来,我们也少受些辛苦,岂不念公子之德?"宝玉连说不知,"恐是讹传,也未见得。"那长史官冷笑道:"现有据证,何必还赖?必定当着老大人说了出来,公子岂不吃亏?既云不知此人,那红汗巾子怎么到了公子腰里?"宝玉听了这话,不觉轰去魂魄,目瞪口呆,心下自思:"这话他如何得知!他既连这样机密事都知道了,大约别的瞒他不过,不如打发他去了,免的再说出别的事来。"因说道:"大人既知他的底细,如何连他置买房舍这样大事倒不晓得了?听得说他如今在东郊离城二十里有个什么紫檀堡,他在那里置了几亩田地几间房舍。想是在那里也未可知。"那长史官听了,笑道:"这样说,一定是在那里。我且去找一回,若有了便罢,若没有,还要来请教。"说着,便忙忙的走了。

贾政此时气的目瞪口歪,一面送那长史官,一面回头命宝玉"不许动!回来有话问你!"一直送那官员去了。才回身,忽见贾环带着几个小厮一阵乱跑。贾政喝令小厮"快打,快打!"贾环见了他父亲,唬的骨软筋酥,忙低头站住。贾政便问:"你跑什么?带着你的那些人都不管你,不知往那里逛去,由你野马一般!"喝令叫跟上学的人来。贾环见他父亲盛怒,便乘机说道:"方才原不曾跑,只因从那井边一过,那井里淹死了一个丫头,我看见人头这样大,身子这样粗,泡的实在可怕,所以才赶着跑了过来。"贾政听了惊疑,问道:"好端端的,谁去跳井? 我家从无这样事情,自祖宗以来,皆是宽柔以待下人。——大约我近年于家务疏懒,自然执事人操克夺之权[6],致使生出这暴殄轻生的祸患。若外人知道,祖宗颜面何在!"喝令快叫贾琏、赖大、兴儿来。

小厮们答应了一声,方欲叫去,贾环忙上前拉住贾政的袍襟,贴膝跪下道:"父亲不用生气。此事除太太房里的人,别人一点也不知道。我听见我母亲说……"说到这里,便回头四顾一看。贾政知意,将眼一看众小厮,小厮们明白,都往两边后面退去。贾环便悄悄说道:"我母亲告诉我说,宝玉哥哥前日在太太屋里,拉着太太的丫头金钏儿强奸不遂,打了一顿。那金钏儿便赌气投井死了。"

话未说完,把个贾政气的面如金纸,大喝"快拿宝玉来!"一面说,一面便往里边书房里去,喝令"今日再有人劝我,我把这冠带家私一应交与他与宝玉过去! 我免不得做个罪人,把这几根烦恼鬓毛[7]剃去,寻个干净去处自了,也免得上辱先人下生逆子之罪。"众门客仆从见贾政这个形景,便知又是为宝玉了,一个个都是咂指咬舌,连忙退出。那贾政喘吁吁直挺挺坐在椅子上,满面泪痕,一叠声"拿宝玉! 拿大棍! 拿索子捆上! 把各门都关上! 有人传信往里头去,立刻打死!"众小厮们只得齐声答应,有几个来找宝玉。

那宝玉听见贾政吩咐他"不许动",早知多凶少吉,那里承望贾环又添了许多的话。正在厅上干转,怎得个人来往里头去捎信,偏生没个人,连焙茗也不知在那里。正盼望时,只见一个老姆姆出来。宝玉如得了珍宝,便赶上来拉他,说道:"快进去告诉:老爷要打我呢! 快去,快去! 要紧,要紧!"宝玉一则急了,说话不明白;二则老婆子偏生又聋,竟不曾听见是什么话,把"要紧"二字只听作"跳井"二字,便笑道:"跳井让他跳去,二爷怕什么?"宝玉见是个聋子,便着急道:"你出去叫我的小厮来罢。"那婆子道:"有什么不了的事? 老早的完了。太太又赏了衣服,又赏了银子,怎么不了事的!"

宝玉急的跺脚,正没抓寻处,只见贾政的小厮走来,逼着他出去了。贾政一见,眼都红紫了,也不暇问他在外流荡优伶,表赠私物,在家荒疏学业,淫辱母婢等语,只喝令"堵起嘴来,着实打死!"小厮们不敢违拗,只得将宝玉按在凳上,举起大板打了十来下。贾政犹嫌打轻了,一脚踢开掌板的,自己夺过来,咬着牙狠命盖了三四十下。众门客见打的不祥了,忙上前夺劝。贾政那里肯听,说道:"你们问问他干的勾当可饶不可饶!素日皆是你们这些人把他酿坏了,到这步田地还来解劝。明日酿到他弑君杀父[8],你们才不劝不成!"

众人听这话不好听,知道气急了,忙又退出,只得觅人进去给信。王夫人不敢先回贾母,只得忙穿衣出来,也不顾有人没人,忙忙赶往书房中来,慌的众门客小厮等避之不及。王夫人一进房来,贾政更如火上浇油一般,那板子越发下去的又狠又快。按宝玉的两个小厮忙松了手走开,宝玉早已动弹不得了。

贾政还欲打时,早被王夫人抱住板子。贾政道:"罢了,罢了!今日必定要气死我才罢!"王夫人哭道:"宝玉虽然该打,老爷也要自重。况且炎天暑日的,老太太身上也不大好,打死宝玉事小,倘或老太太一时不自在了,岂不事大!"贾政冷笑道:"倒休提这话。我养了这不肖的孽障[9],已不孝;教训他一番,又有众人护持;不如趁今日一发勒死了,以绝将来之患!"说着,便要绳索来勒死。

王夫人连忙抱住哭道:"老爷虽然应当管教儿子,也要看夫妻分上。我如今已将五十岁的人,只有这个孽障,必定苦苦的以他为法,我也不敢深劝。今日越发要他死,岂不是有意绝我。既要勒死他,快拿绳子来先勒死我,再勒死他。我们娘儿们不敢含怨,到底在阴司里得个依靠。"说毕,爬在宝玉身上大哭起来。

贾政听了此话,不觉长叹一声,向椅上坐了,泪如雨下。王夫人抱着宝玉,只见他面白气弱,底下穿着一条绿纱小衣皆是血渍,禁不住解下汗巾看,由臀至胫,或青或紫,或整或破,竟无一点好处,不觉失声大哭起来,"苦命的儿吓!"因哭出"苦命儿"来,忽又想起贾珠来,便叫着贾珠哭道:"若有你活着,便死一百个我也不管了。"此时里面的人闻得王夫人出来,那李宫裁王熙凤与迎春姊妹早已出来了。王夫人哭着贾珠的名字,别人还可,惟有宫裁禁不住也放声哭了。贾政听了,那泪珠更似滚瓜一般滚了下来。

正没开交处,忽听丫鬟来说:"老太太来了。"一句话未了,只听窗外颤巍巍的声气说道:"先打死我,再打死他,岂不干净了!"贾政见他母亲来了,又急又痛,连忙迎接出来,只见贾母扶着丫头,喘吁吁的走来。

贾政上前躬身陪笑道:"大暑热天,母亲有何生气亲自走来?有话只该叫了儿子进去吩咐。"贾母听说,便止住步喘息一回,厉声说道:"你原来是和我说话!我倒有话吩咐,只是可怜我一生没养个好儿子,却叫我和谁说去!"贾政听这话不像,忙跪下含泪说道:"为儿的教训儿子,也为的是光宗耀祖。母亲这话,我做儿的如何禁得起?"贾母听说,便啐了一口,说道:"我说一句话,你就禁不起,你那样下死手的板子,难道宝玉就禁得起了？你说教训儿子是光宗耀祖，当初你父亲怎么教训你来！"说着，不觉就滚下泪来。

贾政又陪笑道："母亲也不必伤感，皆是作儿的一时性起，从此以后再不打他了。"贾母便冷笑道："你也不必和我使性子赌气的。你的儿子，我也不该管你打不打。我猜着你也厌烦我们娘儿们。不如我们赶早儿离了你，大家干净！"说着便令人去看轿马，"我和你太太宝玉立刻回南京去！"家下人只得干答应着。

贾母又叫王夫人道："你也不必哭了。如今宝玉年纪小，你疼他，他将来长大成人，为官作宰的，也未必想着你是他母亲了。你如今倒不要疼他，只怕将来还少生一口气呢。"贾政听说，忙叩头哭道："母亲如此说，贾政无立足之地。"贾母冷笑道："你分明使我无立足之地，你反说起你来！只是我们回去了，你心里干净，看有谁来许你打。"一面说，一面只令快打点行李车轿回去。贾政苦苦叩求认罪。

贾母一面说话，一面又记挂宝玉，忙进来看时，只见今日这顿打不比往日，又是心疼，又是生气，也抱着哭个不了。王夫人与凤姐等解劝了一会，方渐渐的止住。早有丫鬟媳妇等上来，要搀宝玉，凤姐便骂道："糊涂东西，也不睁开眼瞧瞧！打的这么个样儿，还要搀着走！还不快进去把那藤屉子春凳抬出来呢。"众人听说连忙进去，果然抬出春凳来，将宝玉抬放凳上，随着贾母王夫人等进去，送至贾母房中。

彼时贾政见贾母气未全消，不敢自便，也跟了进去。看看宝玉，果然打重了。再看看王夫人，"儿"一声"肉"一声，"你替珠儿早死了，留着珠儿，免你父亲生气，我也不白操这半世的心了。这会子你倘或有个好歹，丢下我，叫我靠那一个！"数落一场，又哭"不争气的儿"。贾政听了，也就灰心，自悔不该下毒手打到如此地步。先劝贾母，贾母含泪说道："你不出去，还在这里做什么！难道于心不足，还要眼看着他死了才去不成！"贾政听说，方退了出来。

此时薛姨妈同宝钗、香菱、袭人、史湘云也都在这里。袭人满心委屈，只不好十分使出来，见众人围着，灌水的灌水，打扇的打扇，自己插不下手去，便越性走出来到二门前，令小厮们找了焙茗来细问："方才好端端的，为什么打起来？你也不早来透个信儿！"焙茗急的说："偏生我没在跟前，打到半中间我才听见了。忙打听原故，却是为琪官金钏姐姐的事。"袭人道："老爷怎么得知道的？"焙茗道："那琪官的事，多半是薛大爷素日吃醋，没法儿出气，不知在外头唆挑了谁来，在老爷跟前下的火。那金钏儿的事是三爷说的，我也是听见老爷的人说的。"袭人听了这两件事都对景，心中也就信了八九分。然后回来，只见众人都替宝玉疗治。调停完备，贾母令"好生抬到他房内去"。众人答应，七手八脚,忙把宝玉送入怡红院内自己床上卧好。又乱了半日,众人渐渐散去,袭人方进前来经心服侍,问他端的。且听下回分解。

【注释】

[1]挥洒:此处指谈笑自如,毫无拘束。

[2]葳葳蕤蕤:本义为草木因繁盛而枝叶下垂的样子,此处指垂头丧气。

[3]身亡命殒:死亡。殒:死。

[4]惶悚:惊惶恐惧的样子。悚:害怕。

[5]亲王:封建时代的封爵,清代宗室封爵第一级为和硕亲王,主要是封皇子。

[6]克夺之权:处罚的决定权。克:扣。夺:定夺。

[7]烦恼鬓毛:烦恼在佛语中指头发,又称"烦恼丝"。"把这几根烦恼鬓毛剃去",意思是出家当和尚。

[8]弑君杀父:杀父亲、杀皇帝。弑:封建时代儿子杀父亲、大臣杀皇帝。

[9]孽障:造孽,此处是亲人之间的气话。

【作品导读】 对《红楼梦》的解读,有人看到的是贾宝玉与林黛玉的爱情悲歌,有人看到的是封建大家族的衰败,有人则看到了封建制度对人性的压制。这些多样化的解读正体现了《红楼梦》作为鸿篇巨制所承载的多重意义。宝玉挨打是《红楼梦》中的一个经典片段,选自《红楼梦》第三十三回"手足耽耽小动唇舌,不肖种种大承笞挞"。宝玉挨打的原因有三个:一是宝玉会见官僚贾雨村时无精打采,令贾政不悦;二是宝玉与蒋玉菡的交往犯了政治大忌;三是贾环搬弄是非,诬告宝玉"淫辱母婢"。其中,最关键的原因是与蒋玉菡的交往。蒋玉菡是忠顺亲王最喜爱的戏子,而忠顺亲王又是皇帝眼前的当红势力,但贾府与忠顺府又有矛盾。贾宝玉与蒋玉菡交往,无疑会给贾政在官场上制造麻烦。因此,可以推断贾政打宝玉实际上是为了维护自己在官场上的利益,但贾政无论是当着外人还是打宝玉的时候都没有直接说明,这反映了他作为封建家长的专横和虚伪。可以说,宝玉挨打的深层原因是贾政所代表的封建正统道路与贾宝玉所追求的自由价值之间的矛盾。

宝玉挨打的另一对矛盾则是封建大家庭中嫡子与庶子之间的矛盾,具体而言就是作为嫡子的宝玉和作为庶子的贾环之间的矛盾。宝玉作为嫡子,自幼受到史老太君的疼爱;而作为庶子的贾环与之相比,无论是自身还是他的母亲赵姨娘都缺失话语权。贾环声称宝玉"淫辱母婢",其唯一的证据是宝玉与金钏说了一句调情的话。赵姨娘实际上希望贾政打死宝玉,从而让贾环的地位得以提高。王夫人掌掴了金钏后,怒骂其为"下作小娼妇,好好的爷们都叫你教坏了",最终逼死了金钏。金钏死后,薛宝钗反倒说金钏死也不为可惜。这反映了在封建大家庭中奴仆并非一个具有完整意义的人,而是一个有利用价值的工具罢了。

可以说,这次宝玉挨打让贾府中的多个矛盾集中爆发,是父子矛盾的激化,是家庭子女之间矛盾的凸显,也是主仆之间矛盾的集中呈现。宝玉挨打后,各种矛盾暂时得到缓和,但新的更严重的危机又在大观园里酝酿。

【思考练习】

1. 分析在"宝玉挨打"中贾政三次流泪的不同。
2. 请分析贾母是如何说服贾政的。

再别康桥

徐志摩

【题解】 徐志摩(1897—1931年),原名徐章垿,1921年进入英国剑桥大学学习,受到浪漫主义及西方文学的影响,开始诗歌创作,其作品具有浪漫主义风格。他的诗歌语言清丽,想象奇特,比喻新奇,韵律和谐,结构工整。1922年回国后,他与胡适等人创立新月社,先后担任北京大学、光华大学、南京大学教授,1931年在由南京飞往北平讲学途中因飞机失事罹难。他的代表作品有《再别康桥》《翡冷翠的一夜》。康桥,即剑桥,英国剑桥大学所在地,徐志摩曾在此留学。

【原文】 轻轻的我走了,
正如我轻轻的来;
我轻轻的招手,
作别西天的云彩。

那河畔的金柳,
是夕阳中的新娘;
波光里的艳影,
在我的心头荡漾。

软泥上的青荇[1],
油油的在水底招摇;
在康河的柔波里,
我甘心做一条水草!

那榆荫下的一潭,
不是清泉,是天上虹,
揉碎在浮藻间,

沉淀着彩虹似的梦。

寻梦？撑一支长篙[2]，
向青草更青处漫溯[3]，
满载一船星辉，
在星辉斑斓里放歌。

但我不能放歌，
悄悄是别离的笙箫；
夏虫也为我沉默，
沉默是今晚的康桥！

悄悄的我走了，
正如我悄悄的来；
我挥一挥衣袖，
不带走一片云彩。

【注释】

[1]青荇(xìng)：多年生草本植物，根生在水底，叶子浮于水面，花黄色。

[2]篙(gāo)：撑船的工具。

[3]溯(sù)：逆着水流的方向走。

【作品导读】 在所有与康桥有关的诗作中，《再别康桥》流传最广、赞誉最多，是徐志摩的代表作，也是"新月派"诗人的代表作，兼具"诗歌三美"。本诗创作于1928年，徐志摩在第三次从欧洲游学归国途中抒发了对母校的喜爱之情及离开母校时的依依不舍。

第一节以"轻轻的"开头，并将其反复三次，节奏舒缓，动作轻盈，营造了安宁、静谧的氛围。在这种氛围中，诗人"作别西天的云彩"，点染出淡淡的离愁别绪，为全诗奠定了哀而不伤的情感基调。

第二节和第三节实写康河的美景：康河畔婀娜多姿的柳树在夕阳和晚霞的笼罩下，

仿佛披上了金色纱衣的新娘,柔美的身段倒映在河面,一阵风拂过,水面微澜,水波携着"艳影"在诗人的心头荡漾开来;扎根在河底的青荇随着水流自由自在地舞动,一时间不觉让诗人沉醉其中。"柳"谐音"留",历来被文人骚客用来表达惜别之情,文中的"柳"在诗人心头"荡漾",实为对母校的惜别之情在诗人心头萦绕。随水摇摆的水草柔美而自由,让诗人发出了"甘心做一条水草"的感叹,足以窥见诗人对美和自由的追求与向往。

第四节虚实相生,运用象征的手法和浪漫的想象,以榆荫下倒映着晚霞的清潭象征瑰丽多彩而短暂的梦。"揉"字将静态的画面化为动态的同时,暗示了梦想的破灭,为下文的"寻梦"埋下伏笔。

第五节和第六节的时间从前文的傍晚转至夜间,过渡自然。沉醉于康河的美景,直至夜幕降临诗人仍不愿离去,于是撑起长篙泛舟河上,继续向着"青草更青处"探寻康河美景,此时放声高歌尤为合适。然而,即将远离的诗人已无心高歌,对往昔的回忆与留恋、对康桥的不舍、千言万语都化作此时的"沉默",颇有"此时无声胜有声"的巧妙,更将全诗的情感推向了高潮。

第七节以两个"悄悄的"反复,与第一节的结构和节奏相同,形成回环往复的结构。两节内容遥相呼应,开篇"招手""作别西天的云彩",结尾"挥衣袖""不带走一片云彩",以淡淡的离愁别绪起笔,在览尽康河美景之后,在惜别之情中又夹杂了更多复杂的情绪。

【思考练习】

1. 简要分析本诗所展现的建筑美、音乐美、绘画美。
2. 诗人在第五节中写到"寻梦",请分析诗人寻找的"梦"的具体内容。

茶馆(第一幕)

老 舍

【题解】 老舍(1899—1966年),我国著名的文学家,原名舒庆春,字舍予,北京人,1918年毕业于北京师范学校,曾任小学校长、中学教师等,1923年在《南开季刊》上发表第一篇短篇小说《小铃儿》,1924年在英国伦敦大学亚非学院任华语讲师,其间相继创作了《老张的哲学》《赵子曰》《二马》等长篇小说。1930年回国,他先后在齐鲁大学、山东大学任教,陆续创作了在现代文学史上具有重要地位的作品《猫城记》《离婚》《月牙儿》《骆驼祥子》等。抗战期间,他曾主持中华全国文艺界抗敌协会工作,1944—1946年出版长篇小说《四世同堂》,这部小说曾被誉为"好评最多的小说之一"。1949年回国后,他创作了《龙须沟》《茶馆》等话剧及自传体长篇小说《正红旗下》。1951年,他被北京市人民政府授予"人民艺术家"称号。他的作品大多取材于市民生活,语言通俗平易、幽默诙谐。

《茶馆》是老舍于1956年创作的话剧,1957年7月初载于巴金任编辑的《收获》杂志创刊号。该剧以裕泰茶馆为活动场所,展示了戊戌变法、军阀混战和中华人民共和国成立前夕三个时期近半个世纪的社会风云变幻,揭示了旧中国社会的黑暗腐败、光怪陆离,以及社会中的芸芸众生。

【原文】 人物　王利发、刘麻子、庞太监、唐铁嘴、康六、小牛儿、松二爷、黄胖子、宋恩子、常四爷、秦仲义、吴祥子、李三、老人、康顺子、二德子、乡妇、茶客甲、茶客乙、茶客丙、茶客丁、马五爷、小妞、茶房一二人。

时间　一八九八年(戊戌)初秋,康梁(康有为、梁启超,都是中国近代思想家、政治家,维新派代表人物)等的维新运动(1898年6月11日至9月21日维新派人士通过光绪帝进行的政治改良运动)失败了。早半天(上午)。

地点　北京,裕泰大茶馆。

[幕启:这种大茶馆现在已经不见了。在几十年前,每城都起码有一处。这里卖茶,也卖简单的点心与菜饭。玩鸟的人们,每天在蹓够了画眉、黄鸟等之后,要到这里歇歇腿,喝喝茶,并使鸟儿表演歌唱。商议事情的,说媒拉纤的,也到这里来。那年月,时常

有打群架的,但是总会有朋友出头给双方调解;三五十口子打手,经调人东说西说,便都喝碗茶,吃碗烂肉面(大茶馆特殊的食品,价钱便宜,作起来快当),就可以化干戈为玉帛了。总之,这是当日非常重要的地方,有事无事都可以来坐半天。

〔在这里,可以听到最荒唐的新闻,如某处的大蜘蛛怎么成了精,受到雷击。奇怪的意见也在这里可以听到,像把海边上都修上大墙,就足以挡住洋兵上岸。这里还可以听到某京戏演员新近创造了什么腔儿,或煎熬鸦片烟的最好的方法。这里也可以看到某人新得到的奇珍——一个出土的玉扇坠儿,或三彩的鼻烟壶。这真是个重要的地方,简直可以算作文化交流的所在。

〔我们现在就要看见这样的一座茶馆。

〔一进门是柜台与炉灶——为省点事,我们的舞台上可以不要炉灶;后面有些锅勺的响声也就够了。屋子非常高大,摆着长桌与方桌,长凳与小凳,都是茶座儿。隔窗可见后院,高搭着凉棚,棚下也有茶座儿。屋里和凉棚下都有挂鸟笼的地方。各处都贴着"莫谈国事"的纸条。

〔有两位茶客,不知姓名,正眯着眼,摇着头,拍板低唱。有两三位茶客,也不知姓名,正入神地欣赏瓦罐里的蟋蟀。两位穿灰色大衫的——宋恩子与吴祥子,正低声地谈话,看样子他们是北衙门的办案的(侦缉)。

〔今天又有一起打群架的,据说是为了争一只家鸽,惹起非用武力解决不可的纠纷。假若真打起来,非出人命不可,因为被约的打手中包括着善扑营的哥儿们和库兵,身手都十分厉害。好在,不能真打起来,因为在双方还没把打手约齐,已有人出面调停了——现在双方在这里会面。三三两两的打手,都横眉立目,短打扮,随时进来,往后院去。

〔马五爷在不惹人注意的角落,独自坐着喝茶。

〔王利发高高地坐在柜台里。

〔唐铁嘴踏拉着鞋,身穿一件极长极脏的大布衫,耳上夹着几张小纸片,进来。

王利发　唐先生,你外边蹓蹓吧!

唐铁嘴　(惨笑)王掌柜,捧捧唐铁嘴吧!送给我碗茶喝,我就先给您相相面吧!手相奉送,不取分文!(不容分说,拉过王利发的手来)今年是光绪二十四年,戊戌。您贵庚是……

王利发　(夺回手去)算了吧,我送给你一碗茶喝,你就甭卖那套生意口啦!用不着相面,咱们既在江湖内,都是苦命人!(由柜台内走出,让唐铁嘴坐下)坐下!我告诉你,你要是不戒了大烟,就永远交不了好运!这是我的相法,比你的更灵验!

[松二爷和常四爷都提着鸟笼进来,王利发向他们打招呼。他们先把鸟笼子挂好,找地方坐下。松二爷文诌诌的,提着小黄鸟笼;常四爷雄赳赳的,提着大而高的画眉笼。茶房李三赶紧过来,沏上盖碗茶。他们自带茶叶。茶沏好,松二爷、常四爷向邻近的茶座让了让。

松二爷　　您喝这个!(然后,往后院看了看)

常四爷

松二爷　　好像又有事儿?

常四爷　　反正打不起来!要真打的话,早到城外头去啦;到茶馆来干吗?

[二德子,一位打手,恰好进来,听见了常四爷的话。

二德子　　(凑过去)你这是对谁甩闲话呢?

常四爷　　(不肯示弱)你问我哪?花钱喝茶,难道还教谁管着吗?

松二爷　　(打量了二德子一番)我说这位爷,您是营里当差的吧?来,坐下喝一碗,我们也都是外场人。

二德子　　你管我当差不当差呢!

常四爷　　要抖威风,跟洋人干去,洋人厉害!英法联军烧了圆明园,尊家吃着官饷,可没见您去冲锋打仗!

二德子　　甭说打洋人不打,我先管教管教你!(要动手)

[别的茶客依旧进行他们自己的事。王利发急忙跑过来。

王利发　　哥儿们,都是街面上的朋友,有话好说。德爷,您后边坐!

[二德子不听王利发的话,一下子把一个盖碗搂下桌去,摔碎。翻手要抓常四爷的脖领。

常四爷　　(闪过)你要怎么着?

二德子　　怎么着?我碰不了洋人,还碰不了你吗?

马五爷　　(并未立起)二德子,你威风啊!

二德子　　(四下扫视,看到马五爷)喝,马五爷,您在这儿哪?我可眼拙,没看见您!(过去请安)

马五爷　　有什么事好好地说,干吗动不动地就讲打?

二德子　嚓！您说的对！我到后头坐坐去。李三,这儿的茶钱我候啦!(往后面走去)

常四爷　(凑过来,要对马五爷发牢骚)这位爷,您圣明,您给评评理!

马五爷　(立起来)我还有事,再见!(走出去)

常四爷　(对王利发)邪！这倒是个怪人！

王利发　您不知道这是马五爷呀！怪不得您也得罪了他！

常四爷　我也得罪了他？我今天出门没挑好日子！

王利发　(低声地)刚才您说洋人怎样,他就是吃洋饭的。信洋教,说洋话,有事情可以一直地找宛平县的县太爷去,要不怎么连官面上都不惹他呢！

常四爷　(往原处走)哼,我就不佩服吃洋饭的！

王利发　(向宋恩子、吴祥子那边稍一歪头,低声地)说话请留点神!(大声地)李三,再给这儿沏一碗来!(拾起地上的碎磁片)

松二爷　盖碗多少钱？我赔！外场人不作老娘们事！

王利发　不忙,待会儿再算吧!(走开)

〔纤手刘麻子领着康六进来。刘麻子先向松二爷、常四爷打招呼。

刘麻子　您二位真早班儿!(掏出鼻烟壶,倒烟)您试试这个！刚装来的,地道英国造,又细又纯！

常四爷　唉！连鼻烟也得从外洋来！这得往外流多少银子啊！

刘麻子　咱们大清国有的是金山银山,永远花不完！您坐着,我办点小事!(领康六找了个座儿)

〔李三拿过一碗茶来。

刘麻子　说说吧,十两银子行不行？你说干脆的！我忙,没工夫专伺候你！

康　六　刘爷！十五岁的大姑娘,就值十两银子吗？

刘麻子　卖到窑子去,也许多拿一两八钱的,可是你又不肯！

康　六　那是我的亲女儿！我能够……

刘麻子　有女儿,你可养活不起,这怪谁呢？

康　六　那不是因为乡下种地的都没法子混了吗？一家大小要是一天能吃上一顿粥,我要还想卖女儿,我就不是人！

刘麻子　那是你们乡下的事,我管不着。我受你之托,教你不吃亏,又教你女儿有个吃饱饭的地方,这还不好吗？

康　六　到底给谁呢？

刘麻子　我一说，你必定从心眼里乐意！一位在宫里当差的！

康　六　宫里当差的谁要个乡下丫头呢？

刘麻子　那不是你女儿的命好吗？

康　六　谁呢？

刘麻子　庞总管！你也听说过庞总管吧？侍候着太后，红的不得了，连家里打醋的瓶子都是玛瑙作的！

康　六　刘大爷，把女儿给太监作老婆，我怎么对得起人呢？

刘麻子　卖女儿，无论怎么卖，也对不起女儿！你糊涂！你看，姑娘一过门，吃的是珍馐美味，穿的是绫罗绸缎，这不是造化吗？怎样，摇头不算点头算，来个干脆的！

康　六　自古以来，哪有……他就给十两银子？

刘麻子　找遍了你们全村儿，找得出十两银子找不出？在乡下，五斤白面就换个孩子，你不是不知道！

康　六　我，唉！我得跟姑娘商量一下！

刘麻子　告诉你，过了这个村可没有这个店，耽误了事别怨我！快去快来！

康　六　唉！我一会儿就回来！

刘麻子　我在这儿等着你！

康　六　（慢慢地走出去）

刘麻子　（凑到松二爷、常四爷这边来）乡下人真难办事，永远没个痛痛快快！

松二爷　这号生意又不小吧？

刘麻子　也甜不到哪儿去，弄好了，赚个元宝！

常四爷　乡下是怎么了？会弄得这么卖儿卖女的！

刘麻子　谁知道！要不怎么说，就是一条狗也得托生在北京城里嘛！

常四爷　刘爷，您可真有个狠劲儿，给拉拢这路事！

刘麻子　我要不分心，他们还许找不到买主呢！（忙岔话）松二爷（掏出个小时表来），您看这个！

松二爷　（接表）好体面的小表！

刘麻子　您听听，嘎登嘎登地响！

松二爷　（听）这得多少钱？

刘麻子　您爱吗？就让给您！一句话，五两银子！您玩够了，不爱再要了，我还照数退钱！东西真地道,传家的玩艺！

常四爷　我这儿正咂摸这个味儿:咱们一个人身上有多少洋玩艺儿啊！老刘,就看你身上吧:洋鼻烟,洋表,洋缎大衫,洋布裤褂……

刘麻子　洋东西可是真漂亮呢！我要是穿一身土布,像个乡下脑壳,谁还理我呀！

常四爷　我老觉乎着咱们的大缎子、川绸,更体面！

刘麻子　松二爷,留下这个表吧,这年月,戴着这么好的洋表,会教人另眼看待！是不是这么说,您哪？

松二爷　(真爱表,但又嫌贵)我……

刘麻子　您先戴两天,改日再给钱！

〔黄胖子进来。

黄胖子　(严重的砂眼,看不清楚,进门就请安)哥儿们,都瞧我啦！我请安了！都是自己弟兄,别伤了和气呀！

王利发　这不是他们,他们在后院哪！

黄胖子　我看不大清楚啊！掌柜的,预备烂肉面,有我黄胖子,谁也打不起来！(往里走)

二德子　(出来迎接)两边已经见了面,您快来吧！

〔二德子同黄胖子入内。

〔茶房们一趟又一趟地往后面送茶水。老人进来,拿着些牙签、胡梳、耳挖勺之类的小东西,低着头慢慢地挨着茶座儿走;没人买他的东西。他要往后院去,被李三截住。

李　三　老大爷,您外边蹓蹓吧！后院里,人家正说和事呢,没人买您的东西！(顺手儿把剩茶递给老人一碗)

松二爷　(低声地)李三！(指后院)他们到底为了什么事,要这么拿刀动杖的？

李　三　(低声地)听说是为一只鸽子。张宅的鸽子飞到了李宅去,李宅不肯交还……唉,咱们还是少说话好,(问老人)老大爷您高寿啦？

老　人　(喝了茶)多谢！八十二了,没人管！这年月呀,人还不如一只鸽子呢！唉！(慢慢走出去)

〔秦仲义,穿得很讲究,满面春风,走进来。

王利发　哎哟！秦二爷,您怎么这样闲在,会想起下茶馆来了？也没带个底下人？

秦仲义　来看看,看看你这年轻小伙子会作生意不会！

王利发　唉,一边作一边学吧,指着这个吃饭嘛。谁叫我爸爸死的早,我不干不行啊！好在照顾主儿都是我父亲的老朋友，我有不周到的地方，都肯包涵，闭闭眼就过去了。在街面上混饭吃，人缘儿顶要紧。我按着我父亲遗留下的老办法，多说好话，多请安，讨人人的喜欢，就不会出大岔子！您坐下，我给您沏碗小叶茶去！

秦仲义　我不喝！也不坐着！

王利发　坐一坐！有您在我这儿坐坐，我脸上有光！

秦仲义　也好吧！（坐）可是，用不着奉承我！

王利发　李三，沏一碗高的来！二爷，府上都好？您的事情都顺心吧？

秦仲义　不怎么太好！

王利发　您怕什么呢？那么多的买卖，您的小手指头都比我的腰还粗！

唐铁嘴　（凑过来）这位爷好相貌，真是天庭饱满，地阁方圆，虽无宰相之权，而有陶朱之富！

秦仲义　躲开我！去！

王利发　先生，你喝够了茶，该外边活动活动去！（把唐铁嘴轻轻推开）

唐铁嘴　唉！（垂头走出去）

秦仲义　小王，这儿的房租是不是得往上提那么一提呢？当年你爸爸给我的那点租钱，还不够我喝茶用的呢！

王利发　二爷，您说的对，太对了！可是，这点小事用不着您分心，您派管事的来一趟，我跟他商量，该长多少租钱，我一定照办！是！嗻！

秦仲义　你这小子，比你爸爸还滑！哼，等着吧，早晚我把房子收回去！

王利发　您甭吓唬着我玩，我知道您多么照应我，心疼我，决不会叫我挑着大茶壶，到街上卖热茶去！

秦仲义　你等着瞧吧！

〔乡妇拉着个十来岁的小妞进来。小妞的头上插着一根草标。李三本想不许她们往前走，可是心中一难过，没管。她们俩慢慢地往里走。茶客们忽然都停止说笑，看着她们。

小　妞　（走到屋子中间，立住）妈，我饿！我饿！

〔乡妇呆视着小妞，忽然腿一软，坐在地上，掩面低泣。

秦仲义　（对王利发）轰出去！

王利发　是！出去吧，这里坐不住！

乡　妇　哪位行行好？要这个孩子，二两银子！

常四爷　李三,要两个烂肉面,带她们到门外吃去!

李　三　是啦!(过去对乡妇)起来,门口等着去,我给你们端面来!

乡　妇　(立起,抹泪往外走,好像忘了孩子;走了两步,又转回身来,搂住小妞吻她)宝贝!宝贝!

王利发　快着点吧!

〔乡妇、小妞走出去。李三随后端出两碗面去。

王利发　(过来)常四爷,您是积德行好,赏给她们面吃!可是,我告诉您:这路事儿太多了,太多了!谁也管不了!(对秦仲义)二爷,您看我说的对不对?

常四爷　(对松二爷)二爷,我看哪,大清国要完!

秦仲义　(老气横秋地)完不完,并不在乎有人给穷人们一碗面吃没有。小王,说真的,我真想收回这里的房子!

王利发　您别那么办哪,二爷!

秦仲义　我不但收回房子,而且把乡下的地、城里的买卖也都卖了!

王利发　那为什么呢?

秦仲义　把本钱拢在一块儿,开工厂!

王利发　开工厂?

秦仲义　嗯,顶大顶大的工厂!那才救得了穷人,那才能抵制外货,那才能救国!(对王利发说而眼看着常四爷)唉,我跟你说这些干什么,你不懂!

王利发　您就专为别人,把财产都出手,不顾自己了吗?

秦仲义　你不懂!只有那么办,国家才能富强!好啦,我该走啦。我亲眼看见了,你的生意不错,你甭再要无赖,不长房钱!

王利发　您等等,我给您叫车去!

秦仲义　用不着,我愿意蹓蹓跶跶!

〔秦仲义往外走,王利发送。

〔小牛儿搀着庞太监走进来。小牛儿提着水烟袋。

庞太监　哟!秦二爷!

秦仲义　庞老爷!这两天您心里安顿了吧?

庞太监　那还用说吗?天下太平了:圣旨下来,谭嗣同问斩!告诉您,谁敢改祖宗的章程,谁就掉脑袋!

秦仲义　我早就知道!

［茶客们忽然全静寂起来，几乎是闭住呼吸地听着。

庞太监　您聪明，二爷，要不然您怎么发财呢！

秦仲义　我那点财产，不值一提！

庞太监　太客气了吧？您看，全北京城谁不知道秦二爷！您比作官的还厉害呢！听说呀，好些财主都讲维新！

秦仲义　不能这么说，我那点威风在您的面前可就施展不出来了！哈哈哈！

庞太监　说得好，咱们就八仙过海，各显其能吧！哈哈哈！

秦仲义　改天过去给您请安，再见！（下）

庞太监　（自言自语）哼，凭这么个小财主也敢跟我逗嘴皮子，年头真是改了！（问王利发）刘麻子在这儿哪？

王利发　总管，您里边歇着吧！

［刘麻子早已看见庞太监，但不敢靠近，怕打搅了庞太监、秦仲义的谈话。

刘麻子　喝，我的老爷子！您吉祥！我等了您好大半天了！（挽庞太监往里面走）

［宋恩子、吴祥子过来请安，庞太监对他们耳语。

［众茶客静默了一阵之后，开始议论纷纷。

茶客甲　谭嗣同是谁？

茶客乙　好像听说过！反正犯了大罪，要不，怎么会问斩呀！

茶客丙　这两三个月了，有些作官的、念书的，乱折腾乱闹，咱们怎能知道他们捣的什么鬼呀！

茶客丁　得！不管怎么说，我的铁杆庄稼又保住了！姓谭的，还有那个康有为，不是说叫旗兵不关钱粮，去自谋生计吗？心眼多毒！

茶客丙　一份钱粮倒叫上头克扣去一大半，咱们也不好过！

茶客丁　那总比没有强啊！好死不如赖活着，叫我去自己谋生，非死不可！

王利发　诸位主顾，咱们还是莫谈国事吧！

［大家安静下来，都又各谈各的事。

庞太监　（已坐下）怎么说？一个乡下丫头，要二百银子？

刘麻子　（侍立）乡下人，可长得俊呀！带进城来，好好地一打扮、调教，准保是又好看，又有规矩！我给您办事，比给我亲爸爸作事都更尽心，一丝一毫不能马虎！

［唐铁嘴又回来了。

王利发　铁嘴，你怎么又回来了？

唐铁嘴　街上兵荒马乱的,不知道是怎么回事!

庞太监　还能不搜查搜查谭嗣同的余党吗?唐铁嘴,你放心,没人抓你!

唐铁嘴　嗻,总管,您要能赏给我几个烟泡儿,我可就更有出息了!

〔有几个茶客好像预感到什么灾祸,一个个往外溜。

松二爷　咱们也该走啦吧!天不早啦!

常四爷　嗻!走吧!

〔二灰衣人——宋恩子和吴祥子走过来。

宋恩子　等等!

常四爷　怎么啦?

宋恩子　刚才你说"大清国要完"?

常四爷　我,我爱大清国,怕它完了!

吴祥子　(对松二爷)你听见了?他是这么说的吗?

松二爷　哥儿们,我们天天在这儿喝茶。王掌柜知道:我们都是地道老好人!

吴祥子　问你听见了没有?

松二爷　那,有话好说,二位请坐!

宋恩子　你不说,连你也锁了走!他说"大清国要完",就是跟谭嗣同一党!

松二爷　我,我听见了,他是说……

宋恩子　(对常四爷)走!

常四爷　上哪儿?事情要交代明白了啊!

宋恩子　你还想拒捕吗?我这儿可带着"王法"呢!(掏出腰中带着的铁链子)

常四爷　告诉你们,我可是旗人!

吴祥子　旗人当汉奸,罪加一等!锁上他!

常四爷　甭锁,我跑不了!

宋恩子　量你也跑不了!(对松二爷)你也走一趟,到堂上实话实说,没你的事!

〔黄胖子同三五个人由后院过来。

黄胖子　得啦,一天云雾散,算我没白跑腿!

松二爷　黄爷!黄爷!

黄胖子　(揉揉眼)谁呀?

松二爷　我!松二!您过来,给说句好话!

黄胖子　(看清)哟,宋爷、吴爷,二位爷办案哪?请吧!

松二爷　黄爷,帮帮忙,给美言两句!

黄胖子　官厅儿管不了的事,我管!官厅儿能管的事呀,我不便多嘴!(问大家)是不是?

众　　　嗻!对!

［宋恩子、吴祥子带着常四爷、松二爷往外走。

松二爷　(对王利发)看着点我们的鸟笼子!

王利发　您放心,我给送到家里去!

［常四爷、松二爷、宋恩子、吴祥子同下。

黄胖子　(唐铁嘴告以庞太监在此)哟,老爷在这儿哪?听说要安份儿家,我先给您道喜!

庞太监　等吃喜酒吧!

黄胖子　您赏脸!您赏脸!(下)

［乡妇端着空碗进来,往柜上放。小妞跟进来。

小　妞　妈!我还饿!

王利发　唉!出去吧!

乡　妇　走吧,乖!

小　妞　不卖妞妞啦?妈!不卖啦?妈!

乡　妇　乖!(哭着,携小妞下)

［康六带着康顺子进来,立在柜台前。

康　六　姑娘!顺子!爸爸不是人,是畜生!可你叫我怎么办呢?你不找个吃饭的地方,你饿死!我不弄到手几两银子,就得叫东家活活地打死!你呀,顺子,认命吧,积德吧!

康顺子　我,我……(说不出话来)

刘麻子　(跑过来)你们回来啦?点头啦?好!来见见总管!给总管磕头!

康顺子　我……(要晕倒)

康　六　(扶住女儿)顺子!顺子!

刘麻子　怎么啦?

康　六　又饿又气,昏过去了!顺子!顺子!

庞太监　我要活的,可不要死的!

［静场。

茶客甲　（正与茶客乙下象棋）将！你完啦！

——幕落

【作品导读】《茶馆》获得国内外读者的高度评价,被称为"黄钟绝响""东方舞台上的奇迹"。老舍说:"茶馆是三教九流的会面之处,可以容纳各色人物,一个大茶馆就是一个小社会。"第一幕以1898年初秋康有为、梁启超等人的维新变法失败为背景。掌柜王利发经营着裕泰茶馆,众人纷纷来到茶馆。有性格耿直的常四爷,他偏要谈谈国事,痛恨洋人,也看不起在营里当差的二德子之流;有相面骗人的唐铁嘴来讨碗茶喝;说媒拉纤的刘麻子也来了,要把康六的十五岁女儿康顺子卖给七十多岁的庞太监做老婆;主张实业救国的秦仲义走进来……在一个茶馆可看到人生百态。

剧本中出场的人物众多但个性鲜明。王利发作为乱世中一个公共场所——茶馆的老板,在父亲去世后年纪轻轻就当上掌柜,并且在其他茶馆接连消失的情况下裕泰茶馆依然存在,由此足以证明他的能力。他经常说:"在街面上混饭吃,人缘儿顶要紧……多说好话,多请安,讨人人的喜欢,就不会出大岔子!"他害怕影响茶馆生意,在茶馆里贴出"莫谈国事"的字条。为了摆脱经营困境,他对自己身外的一切都讨好,是一个世俗的可怜人。常四爷真诚、直爽,爱打抱不平,不向别人作揖哀求。他不止一次强调自己的旗人身份,继承旗人文化身份的意识赋予了他强烈的自尊心与正义感,但与身份相比,他更看重国家命运。常四爷因说"我看哪,大清国要完"而惹祸上身,被两个特务宋恩子和吴祥子抓走送进了监狱。常四爷爱国,爱的不是腐败的大清国,而是他所认同的文化记忆中的"中国"。

《茶馆》最为人称道的当属其独特的语言艺术。老舍出生于普通的穷苦家庭,与社会底层百姓有较多接触,了解百姓生活的辛酸。这样的经历和背景使他能根据人物的身份、性格精心安排他们的台词,诙谐中让人落泪,爱恶褒贬之情表现得十分巧妙。第一幕中常四爷和松二爷在茶馆里随随便便地说了几句闲话,同在茶馆里的二德子就找碴儿说:"你这是对谁甩闲话呢?""怎么着?我碰不了洋人,还碰不了你吗?"就这几句话,二德子这个清政府的小爪牙欺压善良、蛮不讲理、飞扬跋扈的性格特征和丑恶嘴脸被展现得淋漓尽致。

《茶馆》中描绘了各个阶层的人物,如委曲求全、逆来顺受并积极求变的王利发,善良和气、胆小软弱的松二爷,积极求变、勇于反抗、刚毅正直的常四爷,实业救国的秦二爷等,但最后他们都无法摆脱残酷现实带来的悲剧命运。老舍在这部作品中将个人的悲剧上升为社会的、命运的、历史的悲剧,揭示出旧时代必然灭亡的主题,带给读者意味深长的思索与审美体验。

【思考练习】

1. 结合对话与情景,分析老舍是如何通过茶馆来反映社会的?
2. 如何理解《茶馆》的悲剧性?

我用残损的手掌

戴望舒

【题解】 戴望舒(1905—1950年),笔名梦鸥,现代派象征主义诗人、翻译家,1927年写下《雨巷》,它成为传诵一时的名作,被叶圣陶称赞"替新诗开创了一个新纪元",因此被誉为"雨巷诗人"。1942年,他因为在报纸上编发宣传抗战的诗歌而被日寇逮捕入狱。《我用残损的手掌》即写于他出狱后不久。

【原文】 我用残损的手掌
　　　　　摸索这广大的土地:
　　　　　这一角已变成灰烬,
　　　　　那一角只是血和泥;
　　　　　这一片湖该是我的家乡,
　　　　　(春天,堤上繁花如锦幛,
　　　　　嫩柳枝折断有奇异的芬芳,)
　　　　　我触到荇藻和水的微凉;
　　　　　这长白山的雪峰冷到彻骨,
　　　　　这黄河的水夹泥沙在指间滑出;
　　　　　江南的水田,你当年新生的禾草
　　　　　是那么细,那么软……现在只有蓬蒿;
　　　　　岭南的荔枝花寂寞地憔悴,
　　　　　尽那边,我蘸着南海没有渔船的苦水……
　　　　　无形的手掌掠过无限的江山,
　　　　　手指沾了血和灰,手掌黏了阴暗,
　　　　　只有那辽远的一角依然完整,
　　　　　温暖,明朗,坚固而蓬勃生春。
　　　　　在那上面,我用残损的手掌轻抚,
　　　　　像恋人的柔发,婴孩手中乳。

我把全部的力量运在手掌

　　贴在上面,寄与爱和一切希望,

　　因为只有那里是太阳,是春,

　　将驱逐阴暗,带来苏生,

　　因为只有那里我们不像牲口一样活,

　　蝼蚁一样死……那里,永恒的中国!

一九四二年七月三日

【作品导读】 全诗在结构上虽是完整的一节,但从内容上可将其分为两个部分:从沦陷区到解放区,从"血和泥"到"蓬勃生春",前后形成鲜明的对比和反差,在这种反差对比中凸显出诗人对解放区的向往、对祖国光明美好未来的期盼。

　　诗人以"我用残损的手掌/摸索这广大的土地"统领全诗,其中"残损的手掌"语带双关,既是实写诗人在狱中饱受折磨却依然一身傲骨、坚贞不屈,又喻指当时国土在敌人的摧残下变得支离破碎。"残损的手掌"将诗人的个人命运与国家命运、民族兴亡紧紧地连在一起。

　　身陷囹圄却心系祖国,诗人为破碎的山河而忧愤,为遭受苦难的百姓而心碎,于是他借"残损的手掌"展开想象,去"摸索"他心中的祖国山河。然而,由南到北,摸索过大半山河,摸到的满是"灰烬",是"血和泥",是彻骨的冷,是"憔悴",是"苦水",是"血和灰",是"阴暗"……这些勾勒出了沦陷区的残破与凄凉,是民不聊生、百姓流离失所的象征,更是敌寇侵略罪行的见证。在敌寇入侵之前,无论是长白山的雪、黄河的泥沙,还是江南的水田、岭南的荔枝、南海的水,每一处都是祖国的大好河山,都曾是国人那风景如画、富庶丰饶的故乡。诗人将痛失山河的悲愤、对故乡的怀念融合在今昔对比之中。

　　紧接着,诗人笔锋突转,由阴暗、沉郁转入光明、温暖,前后形成对比,让情感抒发得更为鲜明。即使山河破碎、民不聊生,诗人仍然看到了希望,看见了"依然完整"的辽远一角,那是没有被敌寇的铁蹄践踏蹂躏的解放区。那里"温暖,明朗,坚固而蓬勃生春",那里"是太阳,是春",那里能"驱逐阴暗,带来苏生",能让中国人民堂堂正正、顶天立地、有尊严地生活,那是人民的希望、中国的希望、民族的希望。诗人那因受到敌人迫害而"残损的手掌"也在那里得到安慰,感受到"爱和一切希望",诗人的爱国情怀也在此时得到升华。

【思考练习】

1. 诗中括号内的两行文字能否删去?

2."像恋人的柔发,婴孩手中乳"一句历来为人所称道,请谈谈你对此句的理解。

哈姆莱特(节选)

威廉·莎士比亚

【题解】 威廉·莎士比亚(William Shakespeare,1564—1616年),英国文艺复兴时期著名的剧作家和诗人。他的代表作有悲剧《罗密欧与朱丽叶》《哈姆莱特》《奥赛罗》《李尔王》《麦克白》《雅典的泰门》,喜剧《仲夏夜之梦》《威尼斯商人》,历史剧《查理三世》《亨利四世》。他的作品的思想核心是人文主义,人文主义就是肯定人的价值,提倡理性,主张社会与人性、感情与理智、道德与身心的完美和谐。这种思想产生的根源是英国封建制度解体,资本主义兴起时期的社会矛盾。

《哈姆莱特》全名《丹麦王子哈姆莱特的悲剧》,约写于1600—1601年。全剧为五幕,共二十场。故事取材于《丹麦史》中关于哈姆莱特的情节,主要讲述了丹麦王子哈姆莱特为父复仇的故事。后来,在莎士比亚的笔下,结合当时人文主义的特定时代背景,原有的复仇主题有了新的内涵。

【原文】

第三幕

第一场　城堡中一室

国王、王后、波洛涅斯、奥菲利娅、罗森格兰兹及吉尔登斯吞上。

国王:你们不能用迂回婉转的方法,探出他为什么这样神魂颠倒,让紊乱而危险的疯狂困扰他的安静的生活吗?

罗森格兰兹:他承认他自己有些神经迷惘,可是绝口不肯说为了什么缘故。

吉尔登斯吞:他也不肯虚心接受我们的探问;当我们想要引导他吐露他自己的一些真相的时候,他总是用假作痴呆的神气故意回避。

王后:他对待你们还客气吗?

罗森格兰兹:很有礼貌。

吉尔登斯吞:可是不大自然。

罗森格兰兹:他很吝惜自己的话,可是我们问他话的时候,他回答起来却是毫无拘束。

王后：你们有没有劝诱他找些什么消遣？

罗森格兰兹：娘娘，我们来的时候，刚巧有一班戏子也要到这儿来，给我们赶过了；我们把这消息告诉了他，他听了好像很高兴。现在他们已经到了宫里，我想他已经吩咐他们今晚为他演出了。

波洛涅斯：一点不错；他还叫我来请两位陛下同去看看他们演得怎样哩。

国王：那好极了；我非常高兴听见他在这方面感到兴趣。请你们两位还要更进一步鼓起他的兴味，把他的心思移转到这种娱乐上面。

罗森格兰兹：是，陛下。（罗森格兰兹、吉尔登斯吞同下）

国王：亲爱的乔特鲁德，你也暂时离开我们；因为我们已经暗中差人去唤哈姆莱特到这儿来，让他和奥菲利娅见见面，就像他们偶然相遇一般。她的父亲跟我两人将要权充一下密探，躲在可以看见他们，却不能被他们看见的地方，注意他们会面的情形，从他的行为上判断他的疯病究竟是不是因为恋爱上的苦闷。

王后：我愿意服从您的意旨。奥菲利娅，但愿你的美貌果然是哈姆莱特疯狂的原因；更愿你的美德能够帮助他恢复原状，使你们两人都能安享尊荣。

奥菲利娅：娘娘，但愿如此。（王后下）

波洛涅斯：奥菲利娅，你在这儿走走。陛下，我们就去躲起来吧。（向奥菲利娅）你拿这本书去读，他看见你这样用功，就不会疑心你为什么一个人在这儿了。人们往往用至诚的外表和虔敬的行动，掩饰一颗魔鬼般的内心，这样的例子是太多了。

国王：（旁白）啊，这句话是太真实了！它在我的良心上抽了多么重的一鞭！涂脂抹粉的娼妇的脸，还不及掩藏在虚伪的言辞后面的我的行为更丑恶。难堪的重负啊！

波洛涅斯：我听见他来了；我们退下去吧，陛下。（国王及波洛涅斯下）

哈姆莱特上。

哈姆莱特：生存还是毁灭，这是一个值得考虑的问题；默然忍受命运的暴虐的毒箭，或是挺身反抗人世的无涯的苦难，通过斗争把它们扫清，这两种行为，哪一种更高贵？死了；睡着了；什么都完了；要是在这一种睡眠之中，我们心头的创痛，以及其他无数血肉之躯所不能避免的打击，都可以从此消失，那正是我们求之不得的结局。死了；睡着了；睡着了也许还会做梦；嗯，阻碍就在这儿：因为当我们摆脱了这一具朽腐的皮囊以后，在那死的睡眠里，究竟将要做些什么梦，那不能不使我们踌躇顾虑。人们甘心久困于患难之中，也就是为了这个缘故；谁愿意忍受人世的鞭挞和讥嘲、压迫者的凌辱、傲慢者的冷眼、被轻蔑的爱情的惨痛、法律的迁延、官吏的横暴和费尽辛勤所换来的小人的鄙视,要是他只要用一柄小小的刀子,就可以清算他自己的一生?谁愿意负着这样的重担,在烦劳的生命的压迫下呻吟流汗,倘不是因为惧怕不可知的死后,惧怕那从来不曾有一个旅人回来过的神秘之国,是它迷惑了我们的意志,使我们宁愿忍受目前的磨折,不敢向我们所不知道的痛苦飞去?这样,重重的顾虑使我们全变成了懦夫,决心的赤热的光彩,被审慎的思维盖上了一层灰色,伟大的事业在这一种考虑之下,也会逆流而退,失去了行动的意义。且慢!美丽的奥菲利娅!——女神,在你的祈祷之中,不要忘记替我忏悔我的罪孽。

奥菲利娅:我的好殿下,您这许多天来贵体安好吗?

哈姆莱特:谢谢你,很好,很好,很好。

奥菲利娅:殿下,我有几件您送给我的纪念品,我早就想把它们还给您;请您现在收回去吧。

哈姆莱特:不,我不要;我从来没有给你什么东西。

奥菲利娅:殿下,我记得很清楚您把它们送给了我,那时候您还向我说了许多甜言蜜语,使这些东西格外显得贵重;现在它们的芳香已经消散,请您拿回去吧,因为在有骨气的人看来,送礼的人要是变了心,礼物虽贵,也会失去了价值。拿去吧,殿下。

哈姆莱特:哈哈!你贞洁吗?

奥菲利娅:殿下!

哈姆莱特:你美丽吗?

奥菲利娅:殿下是什么意思?

哈姆莱特:要是你既贞洁又美丽,那么你的贞洁应该断绝跟你的美丽来往。

奥菲利娅:殿下,难道美丽除了贞洁以外,还有什么更好的伴侣吗?

哈姆莱特:嗯,真的;因为美丽可以使贞洁变成淫荡,贞洁却未必能使美丽受它自己的感化;这句话从前像是怪诞之谈,可是现在时间已经把它证实了。我的确曾经爱过你。

奥菲利娅:真的,殿下,您曾经使我相信您爱我。

哈姆莱特:你当初就不应该相信我,因为美德不能熏陶我们罪恶的本性;我没有爱过你。

奥菲利娅:那么我真是受了骗了。

哈姆莱特:进尼姑庵去吧;为什么你要生一群罪人出来呢?我自己还不算是一个顶坏的人;可是我可以指出我的许多过失,一个人有了那些过失,他的母亲还是不要生下他来的好。我很骄傲,有仇必报,富于野心,我的罪恶是那么多,连我的思想也容纳不下,我的想象也不能给它们形象,甚至于我都没有充分的时间可以把它们实行出来。像我这样的家伙,匍匐于天地之间,有什么用处呢?我们都是些十足的坏人;一个也不要相信我们。进尼姑庵去吧。你的父亲呢?

奥菲利娅:在家里,殿下。

哈姆莱特:把他关起来,让他只好在家里发发傻劲。再会!

奥菲利娅:嗳哟,天哪!救救他!

哈姆莱特:要是你一定要嫁人,我就把这一个咒诅送给你做嫁奁:尽管你像冰一样坚贞,像雪一样纯洁,你还是逃不过谗人的诽谤。进尼姑庵去吧,去;再会!或者要是你必须嫁人的话,就嫁给一个傻瓜吧;因为聪明人都明白你们会叫他们变成怎样的怪物。进尼姑庵去吧,去;越快越好。再会!

奥菲利娅:天上的神明啊,让他清醒过来吧!

哈姆莱特:我也知道你们会怎样涂脂抹粉;上帝给了你们一张脸,你们又替自己另外造了一张。你们诨视媚行,淫声浪气,替上帝造下的生物乱取名字,卖弄你们不懂事的风骚。算了吧,我再也不敢领教了;它已经使我发了狂。我说,我们以后再不要结什么婚了;已经结过婚的,除了一个人以外,都可以让他们活下去;没有结婚的不准再结婚,进尼姑庵去吧,去。(下)

奥菲利娅:啊,一颗多么高贵的心是这样殒落了!朝臣的眼睛、学者的辩舌、军人的利剑、国家所瞩望的一朵娇花;时流的明镜、人伦的雅范、举世瞩目的中心,这样无可挽回地殒落了!我是一切妇女中间最伤心而不幸的,我曾经从他音乐一般的盟誓中吮吸芬芳的甘蜜,现在却眼看着他的高贵无上的理智,像一串美妙的银铃失夫了谐和的音调,无比的青春美貌,在疯狂中凋谢!啊!我好苦,谁料过去的繁华,变作今朝的泥土!

国王及波洛涅斯重上。

国王:恋爱!他的精神错乱不像是为了恋爱;他说的话虽然有些颠倒,也不像是疯狂。他有些什么心事盘踞在他的灵魂里,我怕它也许会产生危险的结果。为了防止万一,我已经当机立断,决定了一个办法:他必须立刻到英国去,向他们追索延宕未纳的贡物;也许他到海外各国游历一趟以后,时时变换的环境,可以替他排解去这一桩使他神思恍惚的心事。你看怎么样?

波洛涅斯:那很好;可是我相信他的烦闷的根本原因,还是为了恋爱上的失意。啊,奥菲利娅!你不用告诉我们哈姆莱特殿下说些什么话;我们全都听见了。陛下,照您的意思办吧；可是您要是认为可以的话，不妨在戏剧终场以后，让他的母后独自一人跟他在一起，恳求他向她吐露他的心事；她必须很坦白地跟他谈谈，我就找一个所在听他们说些什么。要是她也探听不出他的秘密来，您就叫他到英国去，或者凭着您的高见，把他关禁在一个适当的地方。

国王：就这样吧；大人物的疯狂是不能听其自然的。（同下）

【作品导读】 本段选文来自《哈姆莱特》第三幕第一场。生存还是毁灭？这是本场中哈姆莱特的经典独白，也是为后人所熟知的语句。生存还是死亡是我们每个人都要面对的命题，它代表两种倾向。弗洛伊德在《超越唯乐原则》一文中明确指出，个体身上存在生死这对矛盾的本能。生本能给个体带来快乐会忽视道德责任，而死本能是一种与生俱来的冲动，会带来秩序的破坏。对哈姆莱特而言，当他通过戏中戏的方式确定鬼魂的话后，因为复仇心理，他的死本能被放大。而冲动的死本能必然带来秩序的破坏，最终造成戏剧最后一幕的舞剑比赛中毒酒、毒剑、杀手、幕后黑手、惨死的母亲等一系列破坏性因素，而这些破坏性因素最终也导致哈姆莱特生命的结束。但是，从某种意义上讲，哈姆莱特的死却带来自己的生。因为生本来是个体对快乐的追求，对哈姆莱特而言，他的父王被害，母亲嫁给自己的杀父仇人。他活着的每一天都承受着巨大的痛苦，这种生并没有体现弗洛伊德生本能对快乐追求的意义。生存还是毁灭的选择不仅困扰着哈姆莱特，也困扰我们每个人。当面对生活的磕磕绊绊时，我们也会不断地徘徊和纠结。生存还是毁灭是人类永恒的命题。

《哈姆莱特》是莎士比亚悲剧创作的最高成就，被视为"四大悲剧"（《哈姆莱特》《奥赛罗》《李尔王》《麦克白》）之首。悲剧的意义并不是把生活撕裂给人们看，而是让人们在看到生活悲剧层面后能更好地热爱生活，坦然面对生活中的不如意，在经历各种"生存还是毁灭"的踌躇后能对生命的意义有更深刻的思考。正如亚里士多德所说，悲剧让人们在领略悲剧美的过程中，使自己的心灵受到陶冶和净化，让人们能够站在生命的边缘看人生、站在痛苦的选择面前看人生。

悲剧的悲往往来自崇高和美好被破坏，这种破坏激发了人们的怜悯之情。但是，这种破坏一定是暂时的，因为悲剧可以摧毁一个崇高伟大的人，却不能摧毁一个人的崇高伟大。哈姆莱特虽然死了，但他的力量也启发了人们的反思，让人们反思哈姆莱特的命运，反思文艺复兴对社会的意义。在某种程度上看，悲剧不是不幸，而是某种意义上的幸运。

【思考练习】

1. 为什么说哈姆莱特的形象是人文主义者的典型形象?
2. "生存还是毁灭"这段独白表现了哈姆莱特怎样的内心世界?

热爱生命

杰克·伦敦

【题解】 杰克·伦敦(Jack London, 1876—1916年),美国小说家,生于旧金山。他出生于美国经济大萧条时期,年幼时曾以出卖体力为生,卖过报,当过童工,后来又当水手,做过工人,在饥寒交迫中尝尽生活的艰辛。受阿拉斯加淘金热的影响,他也加入了淘金者的行列,但没有淘到一粒金沙,不得不因病空手而归,却带回了丰富的关于北方故事的素材。从此,他成为"出卖脑力劳动"的专职作家,一生先后写过十九部长篇小说、一百五十多篇中短篇小说,其中有代表性的作品是《马丁·伊登》《海狼》《热爱生命》等。在被列宁极为赞赏的《热爱生命》中,作者通过讲述一个孤独的淘金者在寂寥的北方荒野里,在严寒和狼的威胁下,与自然进行艰苦的抗争最后得以生存的故事,展现了人性的伟大和坚强,表达了对生命的热爱与敬畏。

【原文】 一切,总算剩下了这一点——
　　　　他们经历了生活的困苦颠连;
　　　　能做到这种地步也就是胜利,
　　　　尽管他们输掉了赌博的本钱。

他们两个一瘸一拐地,吃力地走下河岸,有一次,走在前面的那个还在乱石中间失足摇晃了一下。他们又累又乏,因为长期忍受苦难,都带着愁眉苦脸、咬牙苦熬的表情。他们肩上捆着用毯子包起来的沉重包袱。总算那条勒在额头上的皮带还得力,帮着吊住了包袱。他们每人拿着一支来复枪。他们弯着腰走路,肩膀冲向前面,而脑袋冲得更前,眼睛总是瞅着地面。

"我们藏在地窖里的那些子弹,我们身边要有两三发就好了,"走在后面的那个人说道。

他的声调阴沉沉的,干巴巴的,没有任何感情。他冷冷地说着这些话;前面的那个只顾一瘸一拐地向流过岩石、激起一片泡沫的白茫茫的小河里走去,一句话也不回答。

后面的那个紧跟着他。他们两个都没有脱掉鞋袜,虽然河水冰冷——冷得他们脚腕子疼痛,两脚麻木。每逢河水冲激着他们膝盖的地方,两个人都摇摇晃晃地站不稳。

跟在后面的那个在一块光滑的圆石头上滑了一下,差一点没摔倒,但是,他猛力一挣,站稳了,同时痛苦地尖叫了一声。他仿佛有点头昏眼花,一面摇晃着,一面伸出那只闲着的手,好像打算扶着空中的什么东西。站稳之后,他再向前走去,不料又摇晃了一下,几乎摔倒了。于是,他就站下了,瞧着前面那个一直没有回过头的人。

他这样一动不动地足足站了一分钟,好像心里在说服自己一样。接着,他就叫了起来:"喂,比尔,我扭伤脚腕子啦。"

比尔在白茫茫的河水里一摇一晃地走着。他没有回头。后面那个人瞅着他这样走去,脸上虽然照旧没有表情,眼睛里却流露着跟一头受伤的鹿一样的神色。

前面那个人一瘸一拐,登上对面的河岸,头也不回,只顾向前走去。河里的人眼睁睁地瞧着。他的嘴唇有点发抖,因此,他嘴边乱棕似的胡子也在明显地抖动。他甚至不知不觉地伸出舌头来舔了舔嘴唇。

"比尔!"他大声地喊着。

这是一个坚强的人在患难中求援的喊声,但比尔并没有回头。他的伙伴干瞧着,只见比尔古里古怪地一瘸一拐地走着,跌跌撞撞地前进,摇摇晃晃地登上一片不陡的斜坡,向矮山头上不十分明亮的天际走去。他一直瞧着比尔跨过山头,消失在山那边。于是,他掉转眼光,慢慢扫过比尔走后留给他的那一圈世界。

靠近地平线的太阳像一团快要熄灭的火球,几乎被那些混混沌沌的浓雾同蒸气遮没了,让你觉得它好像是什么密密团团,然而轮廓模糊、不可捉摸的东西。这个人单腿立着休息,掏出了他的表。现在是四点钟,在这种七月底或者八月初的季节里——他说不出一两个星期之内的确切的日期——他知道太阳大约是在西北方。他瞧了瞧南面,知道在那些荒凉的小山后面就是大熊湖;同时,他还知道在那个方向,北极圈的禁区界线深入到加拿大冻土地带之内。他所站的地方是铜矿河的一条支流,铜矿河本身则向北流去,通向加冕湾和北冰洋。他从来没到过那儿,但是,有一次,他在赫德森湾公司的地图上曾经瞧见过那地方。

他把周围那一圈世界重新扫了一遍。这是一片叫人看了发愁的景象。到处都是模糊的天际线。小山全是那么低低的。没有树,没有灌木,没有草——什么都没有,只有一片辽阔可怕的荒野。他两眼露出了恐惧神色。

"比尔!"他悄悄地、一次又一次地喊道:"比尔!"

他在白茫茫的水里畏缩着,好像这片广大的世界正在用压倒一切的力量挤压着他,正在残忍地摆出得意的威风来摧毁他。他像发疟子似的抖了起来,连手里的枪都哗啦一声落到水里。这一声总算把他惊醒了。他和恐惧斗争着,尽力鼓起精神,在水里摸索着,找到了枪。他把包袱向左肩挪动了一下,以便减轻扭伤的脚腕子的负担。接着,他就慢慢地,小心谨慎地,疼得闪闪缩缩地向河岸走去。

他一步也没有停。他像发疯似的拼着命,不顾疼痛,匆匆登上斜坡,走向他的伙伴的踪影消失的那个山头——比起那个瘸着腿、一瘸一拐的伙伴来,他的样子更显得古怪可笑。可是到了山头,只看见一片死沉沉的、寸草不生的浅谷。他又和恐惧斗争着,克服了它,把包袱再往左肩挪了挪,蹒跚地走下山坡。

谷底一片潮湿,浓厚的苔藓像海绵一样,紧贴在水面上。他走一步,水就从他脚底下溅射出来,他每次一提起脚,就会引起一种吧唧吧唧的声音,因为潮湿的苔藓总是吸住他的脚,不肯放松。他挑着好路,从一块沼地走到另一块沼地,并且顺着比尔的脚印,走过一堆一堆的、像突出在这片苔藓海里的小岛一样的岩石。

他虽然孤零零的一个人,却没有迷路。他知道,再往前去,就会走到一个小湖旁边,那儿有许多极小极细的枯死的枞树,当地的人把那儿叫作"提青尼其利"——意思是"小棍子地"。而且,还有一条小溪通到湖里,溪水不是白茫茫的。溪上有灯心草——这一点他记得很清楚——但是没有树木,他可以沿着这条小溪一直走到水源尽头的分水岭。他会翻过这道分水岭,走到另一条小溪的源头,那条溪是向西流的,他可以顺着水流走到它注入狄斯河的地方,那里,在一条翻了的独木船下面可以找到一个小坑,坑上面堆着许多石头。这个坑里有他那支空枪所需要的子弹,还有钓钩、钓丝和一张小鱼网——打猎钓鱼求食的一切工具。同时,他还会找到面粉——并不多——此外还有一块腌猪肉同一些豆子。

比尔会在那里等他的,他们会顺着狄斯河向南划到大熊湖。接着,他们就会在湖里朝南方划,一直朝南,直到麦肯齐河。到了那里,他们还要朝着南方,继续朝南方走去,那么冬天就怎么也赶不上他们了。让湍流结冰吧,让天气变得更凛冽吧,他们会向南走到一个暖和的哈得逊湾公司的站头,那儿不仅树木长得高大茂盛,吃的东西也多得不得了。

这个人一路向前挣扎的时候,脑子里就是这样想的。他不仅苦苦地拼着体力,也同样苦苦地绞着脑汁,尽力想着比尔并没有抛弃他,想着比尔一定会在藏东西的地方等他。他不得不这样想,不然,他就用不着这样拼命,他早就会躺下来死掉了。当那团模糊的像圆球一样的太阳慢慢向西北方沉下去的时候,他一再盘算着在严冬到来之前他和比尔向南逃去的每一英寸路。他反复地想着地窖里和哈得逊湾公司站点上的吃的东西。他已经两天没吃东西了;至于没有吃到他想吃的东西的日子,那就更不止两天了。他常常弯下腰,摘下沼地上那种灰白色的浆果,把它们放到口里,嚼一嚼,然后吞下去。这种沼地浆果只有一小粒种籽,外面包着一点浆水。一进口,水就化了,种籽又辣又苦。他知道这种浆果并没有养分,但是他仍然抱着希望,耐心地嚼着它们,不顾及理智和常识。

走到九点钟,他在一块岩石上绊了一下,因为极端疲倦和衰弱,他摇晃了一下就栽倒了。他侧着身子、一动也不动地躺了一会儿。接着,他从捆包袱的皮带当中脱出身子,笨拙地挣扎起来,勉强坐着。这时候,天还没有完全黑,他借着留连不散的暮色,在乱石中间摸索着,想找到一些干枯的苔藓。后来,他收集了一堆,就生起一蓬火——一堆不旺的,冒着黑烟的火——并且放了一白铁罐子水在上面煮着。

他打开包袱,第一件事就是数数他的火柴。一共六十七根。为了弄清楚,他数了三遍。他把它们分成几份,用油纸包起来,一份放在他的空烟草袋里,一份放在他的破帽子的帽圈里,最后一份放在贴胸的衬衫里面。放好之后,他忽然感到一阵恐慌,于是他把它们完全拿出来打开,重新数了一遍。仍然是六十七根。

他在火边烘着潮湿的鞋袜。鹿皮鞋已经成了湿透的碎片。毡袜子有好多地方都磨穿了,两只脚皮开肉绽,都在流血。一只脚腕子胀得血管直跳,他检查了一下。它已经肿得和膝盖一样粗了。他共有两条毯子,他从其中一条毯子上撕下一长条,把脚腕子捆紧。然后,他又撕下几条,裹在脚上,代替鹿皮鞋和袜子。接着,他喝完那罐滚烫的水,上好表的发条,就爬进两条毯子当中。

他睡得跟死人一样。午夜前后的短暂的黑暗来而复去。太阳从东北方升了起来——确切地说,那个方向出现了曙光,因为太阳给乌云遮住了。

六点钟的时候,他醒了过来,静静地仰面躺着。他仰视着灰色的天空,知道肚子饿了。当他撑住胳膊肘翻身的时候,一种很大的呼噜声把他吓了一跳。他看见了一只公鹿,它正在用机警好奇的眼光瞧着他。公鹿离他不过五十英尺光景,他脑子里立刻出现了鹿肉排在火上烤得哒哒作响、香味扑鼻的情景。他下意识地抓起了那支空枪,瞄好准星,扣了一下扳机。公鹿打了个响鼻,一跳就跑开了,只听见它奔过山岩时蹄子嘚嘚乱响的声音。

这个人骂了一句,扔掉那支空枪。他一面拖着身体站起来,一面大声地哼哼。这是一件很慢、很吃力的事。他的关节都像生了锈的铰链。它们在骨臼里的动作很迟钝,阻力很大,一屈一伸都得咬着牙才能办到。最后,两条腿总算站住了,但又花了一分钟左右的工夫才挺起腰,让他能够像一个人那样站得笔直。

他慢腾腾地登上一个小丘,看了看周围的地形。既没有树木,也没有小树丛,什么都没有,只看到一望无际的灰色苔藓,偶尔有点灰色的岩石,几片灰色的小湖,几条灰色的小溪,算是一点点缀。天空是灰色的。没有太阳,也没有太阳的影子。他不知道哪儿是北方,他已经忘掉了昨天晚上他是怎样取道走到这里的。不过他并没有迷失方向。这他是知道的。不久他就会走到那块"小棍子地"。他觉得它就在左面的什么地方,而且不远——可能翻过下一座小山头就到了。

于是他回到原地,打好包袱,准备动身。他摸清楚了那三包分别放开的火柴还在,虽然没有停下来再数数。不过,他仍然踌躇了一下,在那儿一个劲地盘算,这次是为了一个厚实的鹿皮口袋。袋子并不大,它可以放在两个手掌里。他知道它有十五磅重——相当于包袱里其他东西的总和——这个口袋使他发愁。最后,他把它放在一边,开始打背包。可是,打了一会儿,他又停下手,盯着那个鹿皮口袋。他匆忙地把它抓到手里,用一种警觉的眼光瞧瞧周围,仿佛这片荒原要把它抢走似的;等到他站起来,摇摇晃晃地开始这一天的路程的时候,这个口袋还是放在了他背后的背包里。

他转向左面走着,不时停下来吃沼地上的浆果。扭伤的脚腕子已经僵直,他比以前跛得更明显了,但是,比起肚子里的痛苦,脚疼就算不得什么了。饥饿的疼痛是剧烈的。它们一阵一阵地发作,好像在啃着他的胃,疼得他不能把思想集中在到"小棍子地"必须走的路线上。沼地上的浆果并不能减轻这种剧痛,那种刺激性的味道反而使他的舌头和口腔热辣辣的。

他走到了一个山谷,那儿有许多松鸡从岩石和沼地里呼呼地拍着翅膀飞起来。它们发出一种"咯儿——咯儿——咯儿"的叫声。他拿石子打它们,但是打不中。他把背包放在地上,像猫捉麻雀一样地偷偷走过去。锋利的岩石划破了他的裤腿,膝盖流出的血在地面上留下一道血迹;但是在饥饿的痛苦中,这种痛苦也算不了什么。他在潮湿的苔藓上爬着,衣服湿透了,身上发冷;可是这些他都浑然不觉,因为他想吃东西的念头那么强烈。而那一群松鸡却总是在他面前飞起来,呼呼地转,到后来,它们那种"咯儿——咯儿——咯儿"的叫声简直变成了对他的嘲笑,于是他就咒骂它们,随着它们的叫声对它们大叫起来。

有一次,他爬到了一定是睡着了的一只松鸡旁边。他一直没有瞧见,直到它从岩石的角落里冲着他的脸蹿起来,他才发现。他像那只猛然起飞的松鸡一样惊慌地抓了一把,只捞到了三根尾巴上的羽毛。当他瞅着它飞走的时候,他心里非常恨它,好像它做了什么对不起他的事。随后他回到原地,背起背包。

时光渐渐消逝,他走进了连绵的山谷,或者说是沼地,这些地方的野物比较多。一群驯鹿走了过去,大约有二十多头,都待在可望而不可及的来复枪的射程以内。他心里有一种发狂似的、想追赶它们的念头,而且相信自己一定能追上去捉住它们。一只黑狐狸朝他走了过来,嘴里叼着一只松鸡。这个人喊了一声。这是一种可怕的喊声,那只狐狸吓跑了,可是没有丢下松鸡。

傍晚时,他顺着一条小河走去,由于含有石灰而变成乳白色的河水从稀疏的灯心草丛里流过去。他紧紧抓住这些灯心草的根部,拔起一种好像嫩葱芽、只有木瓦上的钉子那么大的东西。这东西很嫩,他的牙齿咬进去,会发出一种咯吱咯吱的声音,仿佛味道很好,但是它的纤维却不容易嚼。它是由一丝丝的充满了水分的纤维组成的,跟浆果一样,完全没有养分。他丢开背包,爬到灯心草丛里,像牛似的大咬大嚼起来。

他非常疲倦,总希望能歇一会儿——躺下来睡个觉;可是他又不得不继续挣扎前进。不过,这并不一定是因为他急于要赶到"小棍子地",多半还是饥饿在逼着他。他在小水坑里找青蛙,或者用指甲挖土找小虫,虽然他也知道,在这么远的北方,是既没有青蛙也没有小虫的。

他瞧遍了每一个水坑,都没有用,最后,到了漫漫的暮色袭来的时候,他才发现一个水坑里有一条独一无二的、像鲦鱼般的小鱼。他把胳膊伸下水去,一直没到肩头,但是它又溜开了。于是他用双手去捉,把池底的乳白色泥浆全搅浑了。正在紧张的关头,他掉到了坑里,半个身子都浸湿了。现在,水太浑了,看不清鱼在哪儿,他只好等着,等泥浆沉淀下去。

他又捉起来,直到水又被搅浑了。可是他等不及了,便解下身上的白铁罐子,把坑里的水舀出去。起初,他发狂一样地舀着,把水溅到自己身上,同时,因为泼出去的水距离太近,水又流到坑里。后来,他就更小心地舀着,尽量让自己冷静一点,虽然他的心跳得很厉害,手在发抖。这样过了半小时,坑里的水差不多舀光了。已没什么可舀的了。可是,鱼却不见了。他这才发现石头里面有一条暗缝,那条鱼已经从那里钻到了旁边一个相连的大坑——坑里的水他一天一夜也舀不干。如果他早知道有这个暗缝,他一开始就会用石头把它堵死,那条鱼也就归他所有了。

他这样想着,四肢无力地倒在潮湿的地上。起初,他只是轻轻地哭,过了一会儿,他就对着把他团团围住的无情的荒原号啕大哭;后来,他又大声抽噎了好久。

他生起一堆火，喝了几罐热水让自己暖和暖和，并且照昨天晚上那样在一块岩石上躺了下来。最后他检查了一下火柴是不是干燥，并且上好表的发条。毯子又湿又冷，脚腕子疼得在悸动。可是他只有饿的感觉。在不安的睡眠里，他梦见了一桌桌酒席和一次次宴会，以及各种各样的摆在桌上的食物。

醒来时，他又冷又不舒服。天上没有太阳。灰蒙蒙的大地和天空变得愈来愈阴沉昏暗。一阵刺骨的寒风刮了起来，初雪铺白了山顶。他周围的空气好像越来越浓，成了白茫茫一片，这时，他已经生起火，又烧了一罐开水。天上下的一半是雨，一半是雪，雪花又大又潮。起初，一落到地面就融化了，但后来越下越多，盖满了地面，淋熄了火，糟蹋了他那些当作燃料的干苔藓。

这是一个警告，他得背起背包，一瘸一拐地向前走；至于到哪儿去，他可不知道。他既不关心"小棍子地"，也不关心比尔和狄斯河边那条翻过来的独木舟下的地窖。他完全给"吃"这个词儿管住了。他饿疯了。他根本不管他走的是什么路，只要能走出这个谷底就成。他在湿雪里摸索着，走到湿漉漉的沼地浆果那儿，接着又一面连根拔着灯心草，一面试探着前进。不过这东西既没有味，又不能把肚子填饱。后来，他发现了一种带酸味的野草，就把找到的都吃了下去，可是找到的并不多，因为它是一种蔓生植物，很容易给几英寸深的雪埋没。

那天晚上他既没有火，也没有热水，他就钻在毯子里睡觉，而且常常饿醒。这时，雪已经变成了冰冷的雨。他觉得雨落在他仰着的脸上，给淋醒了好多次。天亮了——又是灰蒙蒙的一天，没有太阳。雨已经停了。刀绞一样的饥饿感觉也消失了。他已经丧失了想吃食物的感觉。他只觉得胃里隐隐作痛，但并不使他过分难受。他的脑子已经比较清醒，他又一心一意地想着"小棍子地"和狄斯河边的地窖了。

他把撕剩的那条毯子扯成一条条的，裹好那双鲜血淋淋的脚，同时把受伤的脚腕子重新捆紧，为这一天的旅程做好准备。等到收拾背包的时候，他对着那个厚实的鹿皮口袋想了很久，但最后还是把它随身带上了。

雪已经给雨水淋化了，只有山头还是白的。太阳出来了，他总算能够定出罗盘的方位来了，虽然他知道现在他已经迷了路。在前两天的跋涉中，他也许走得过分偏左了。因此，他为了校正，就朝右面走，以便走上正确的路。

现在，虽然饿的痛苦已经不再那么敏锐，他却感到了虚弱。他在摘那种沼地上的浆果或者拔灯心草的时候，常常不得不停下来休息一会儿。他觉得他的舌头很干燥，很大，好像上面长满了细毛，含在嘴里发苦。他的心脏给他添了很多麻烦。他每走几分钟,心里就会猛烈地怦怦地跳一阵,然后变成一种痛苦的一起一落的迅速猛跳,逼得他透不过气,只觉得头昏眼花。

中午时分,他在一个大水坑里发现了两条鲦鱼。把坑里的水舀干是不可能的,但是现在他比较镇静,想法子用白铁罐子把它们捞了起来。它们只有他的小指头那么长,好在他现在并不觉得特别饿。胃里的隐痛已经越来越弱,越来越麻木了。他的胃好像睡着了似的。他把鱼生吃下去,费劲地咀嚼着,因为吃东西已成了纯粹出于理智的动作。他虽然并不想吃,但是他知道,为了活下去,他必须吃。

黄昏时候,他又捉到了三条鲦鱼。他吃掉两条,留下一条作第二天的早饭。太阳已经晒干了零星碰到的苔藓,他能够烧点热水让自己暖和暖和了。这一天,他走了不到十英里路;第二天,只要心脏许可,他就往前走,只走了五英里多地。但是胃里却没有一点不舒服的感觉。它好像已经睡着了。现在,他到了一个陌生的地带,鹿越来越多,狼也多起来了。荒原里常常传出狼嗥的声音,有一次,他还瞧见了三只狼在他前面的路上穿过。

又过了一夜。早晨,因为头脑比较清醒,他就解开系着那厚实的鹿皮口袋的皮绳,从袋口倒出一股黄澄澄的粗金沙和金块。他把这些金子分成了大致相等的两堆,一堆包在一块毯子里,在一块突出的岩石上藏好,把另外那堆仍旧装到口袋里。同时,他又从剩下的那条毯子上撕下几条,用来裹脚。他仍然舍不得他的枪,因为狄斯河边的地窖里有子弹。

这是一个下雾的日子,这一天,他又有了饿的感觉。他的身体非常虚弱,他一阵一阵地晕得什么都看不见。现在,对他来说,一绊就摔跤已经不是稀罕事了;有一次,他给绊了一跤,正好摔到一个松鸡窝里。那里面有四只刚孵出的小松鸡,出世才一天光景——那些活蹦乱跳的小生命只够吃一口;他狼吞虎咽,把它们活活塞到嘴里,像嚼蛋壳似的吃起来。母松鸡大吵大叫地在他周围扑来扑去。他把枪当作棍子来打它,可是它闪开了。他投石子打它,碰巧打伤了它的一个翅膀。松鸡拍击着受伤的翅膀逃开了,他就在后面追赶。

那几只小鸡只吊起了他的胃口。他拖着那只受伤的脚腕子,一瘸一拐,跌跌撞撞地追下去,时而对它扔石子,时而粗声吆喝;有时候,他只是一瘸一拐,不声不响地追着,摔倒了就咬着牙、耐心地爬起来,或者在头晕得支持不住的时候用手揉揉眼睛。

这么一追,竟然穿过了谷底的沼地,发现了潮湿苔藓上的一些脚印。这不是他自己的脚印——他看得出来。一定是比尔的。不过他不能停下,因为母松鸡正在向前跑。

他得先把它捉住,然后回来察看。

母松鸡被追得筋疲力尽,可是他自己也累坏了。松鸡歪着身子倒在地上喘个不停,他也歪着倒在地上喘个不停,只隔着十来英尺,然而他没有力气爬过去。等到他恢复过来,它也恢复过来了,他的饿手才伸过去,它就扑棱着翅膀,逃到了他抓不到的地方。这场追赶就这样继续了下去。天黑了,它终于逃掉了。由于浑身软弱无力,他绊了一跤,头重脚轻地栽下去,划破了脸,背包压在背上。他一动不动地过了好久;后来才翻过身,侧着躺在地上,上好表,在那儿一直躺到早晨。

又是一个下雾的日子。他剩下的那条毯子已经有一半做了包脚布。他没有找到比尔的踪迹。可是没有关系。饥饿逼得他太厉害了——不过——不过他又想,是不是比尔也迷了路?走到中午的时候,累赘的背包压得他受不了了。于是他又把金子分成两份,但这一次他把其中的一份就那么扔在了地上。到了下午,他把剩下来的那一点也扔掉了,现在,他只有半条毯子、一个白铁罐子和那支枪。

一种幻觉开始折磨他。不知为什么,他总觉得他还剩下一粒子弹,它就在枪膛里,而他一直没有想起。可是另一方面,他也始终明白,枪膛里是空的。但这种幻觉总是萦回不散。他斗争了几个钟头,想摆脱这种幻觉。后来他拉开了枪栓,结果面对着空枪膛。这样的失望非常痛苦,仿佛他真的希望会找到那粒子弹似的。

经过半个钟头的跋涉之后,这种幻觉又出现了。于是他又跟它斗争,而它又缠住他不放,直到为了摆脱它,他又打开枪膛打消自己的念头。有时候,他越想越远,只好一面凭本能自动向前跋涉,一面让种种奇怪的念头和狂想像蛀虫一样地啃噬他的脑髓。但是这类脱离现实的遐思大都维持不了多久,因为饥饿的痛苦总会把他刺醒。有一次,正在这样瞎想的时候,他忽然猛地惊醒过来,看到一个几乎叫他昏倒的东西。他像醉汉一样地晃了几下,竭力使自己不致跌倒。在他面前站着一匹马。一匹马!他简直不能相信自己的眼睛。他觉得眼前一片漆黑,霎时间金星乱迸。他狠狠地揉着眼睛,让自己瞧瞧清楚:这哪里是马,分明是一头大棕熊!那头野兽正在用一种好战的狐疑目光仔细察看着他。

他举枪上肩,把空枪举起一半,就记起来了。他放下枪,从屁股后面的镶珠刀鞘里拔出猎刀。他面前是肉和生命。他用大拇指试试刀刃。刀刃很锋利。刀尖也很锋利。他本来会扑到熊身上,把它杀死的。可是他的心却猛地跳动起来,像是在警告:咚、咚、咚——接着又向上猛顶,迅速跳动,头像给铁箍箍紧了似的,脑子里渐渐感到一阵昏迷。

他的不顾一切的勇气已经给一阵汹涌起伏的恐惧驱散了。处在这样衰弱的境况中,如果那头野兽攻击他,怎么办?他只好尽力摆出极其威风的样子,握紧猎刀,狠命地盯着那头熊。它笨拙地向前挪了两步,站直了,发出试探性的咆哮。如果这个人逃跑,它就追上去;不过这个人并没有逃跑。现在,由于恐惧而产生的勇气已经使他振奋起来。同样地,他也在咆哮,而且声音非常凶野,非常可怕,透出那种生死攸关、紧紧地缠着生命的根基的恐惧。

那头熊慢慢向旁边挪动了一下,发出威胁的吼声,它自己也给这个站得笔直、毫不害怕的神秘动物吓住了。可是这个人仍旧不动。他像石像一样地站着,直到危险过去,他才猛然哆嗦了一阵,倒在潮湿的苔藓上。

他重新振作起来,继续前进,心里又产生了一种新的恐惧。这不是害怕他会束手无策地死于饥饿,而是害怕没等到饥饿耗尽他的最后一点求生力,他已经给凶残地撕成碎片。这地方的狼很多。狼嗥的声音在荒原上飘来飘去,在空中交织成一片危险的罗网,吓得他不由举起双手,把它向后推去,仿佛它是鼓满了风的篷布。

那些狼时常三三两两地从他前面走过,但是都避着他。一则因为它们为数不多,再者,它们要找的是不会搏斗的驯鹿,而这个直立走路的奇怪动物却可能既会抓又会咬。

傍晚时他碰到了许多零乱的骨头,说明狼在这儿咬死过一个动物。这些残骨在一个钟头以前还是一头一面尖叫、一面飞奔的小鹿。他端详着这些骨头,它们已经给啃得精光发亮,现出生命还未褪尽的粉红色。难道在天黑之前,他也可能变成这个样子吗?生命就是这样吗,呃?真是一种空虚的、转瞬即逝的东西。只有活着才感到痛苦。死并没有什么难过。死就等于睡觉。它意味着结束,休息。那么,为什么他不甘心死呢?

但是,他对这些大道理并没有想多久。他蹲在苔藓地上,嘴里衔着一根骨头,吮吸着仍然使骨头微微泛红的残余生命。甜蜜蜜的肉味,跟回忆一样隐隐约约、不可捉摸,却引得他要发疯。他咬紧骨头,使劲地嚼。有时他咬碎了一点骨头,有时却硌碎了自己的牙。于是他就用岩石来砸骨头,把它捣成了酱,然后吞到肚里。匆忙之中,有时他也砸到自己的指头上;使他一时感到惊奇的是,石头砸了他的指头他并不觉得很痛。

接着下了几天可怕的雨雪。他不知道什么时候露宿,什么时候收拾行李。他白天黑夜都在赶路。他摔倒在哪里就在那里休息,一到垂危的生命火花闪烁起来、微微燃烧的时候,他就慢慢向前走。他已经不再像人那样挣扎了。逼着他向前走的,是他体内的生命,生命本身在抗拒死亡。他也不再痛苦了。他的神经已经变得迟钝麻木,他的脑子里则充满了怪异的幻象和美妙的梦境。

不过,他老是吮吸着、咀嚼着那只小鹿的碎骨头,这是他收集起来随身带着的一点残屑。他不再翻山越岭了,只是沿着一条流过一片宽阔的浅谷的溪水走去。可是他既没有看见溪流,也没有看到山谷。他只看到幻象。他的灵魂和肉体虽然在并排向前走、向前爬,但它们是分开的,它们之间的联系已经非常微弱。

有一天,他醒过来,神志清楚地仰卧在一块岩石上。太阳明亮亮的,有些暖意。他听到远处有一群小鹿尖叫的声音。他只隐隐约约地记得下过雨、刮过风、落过雪,至于他究竟被暴风雨吹打了两天还是两个星期,那他就不知道了。

他一动不动地躺了好一会儿,温和的阳光照在他身上,使他那受苦受难的身体充满了暖意。这是一个晴天,他想道。也许,他可以想办法确定自己的方位。他痛苦地使劲偏过身子。下面是一条流得很慢的很宽的河。他觉得这条河很陌生,真使他奇怪。他慢慢地顺着河望去,宽广的河湾蜿蜒在许多光秃秃的小荒山之间,那些小山比他往日碰到的任何小山都显得更荒凉、更低矮。于是他慢慢地、从容地、毫不激动地,或者至多也是抱着一种极偶然的兴致,顺着这条奇怪的河流的方向,向天际望去,只看到它注入一片明亮光辉的大海。他仍然无动于衷。太奇怪了,他想道,这是幻象吧,也许是海市蜃楼吧——多半是幻象,是他的错乱的神经搞出来的把戏。后来,他又看到光亮的大海上停泊着一只大船,就更加相信这是幻象。他眼睛闭了一会儿又睁开了。奇怪,这种幻象竟会这样地经久不散!然而这并不奇怪,他知道,在荒原中心绝不会有什么大海、大船,正像他知道他的空枪里没有子弹一样。

他听到背后有一种吸鼻子的声音——仿佛喘不出气或者咳嗽的声音。由于身体极端虚弱和僵硬,他极慢极慢地翻了一个身。他看不出附近有什么东西,但是他耐心地等着。又听到了吸鼻子和咳嗽的声音,离他不到二十英尺远的两块巉岩之间,他隐约看到一只灰狼的头。那双尖耳朵并不像别的狼那样竖得笔挺;它的眼睛昏暗无光、布满血丝;脑袋好像无力地、苦恼地耷拉着。这头野兽不断地在太阳光里眨眼。它好像有病。正当他瞧着它的时候,它又发出了吸鼻子和咳嗽的声音。

至少,这总是真的。他一面想,一面又翻过身,以便瞧见先前给幻象遮住的现实世界。可是,远处仍旧是一片光辉的大海,那条船仍然历历可见。难道这是真的吗?他闭着眼睛,想了好一会儿,终于想出来了。他一直在向北偏东走,已经离开狄斯分水岭,走到了铜矿谷。这条流得很慢的宽广的河就是铜矿河。那片光辉的大海是北冰洋。那条船是一艘捕鲸船,本来应该驶往麦肯齐河口,可是偏东了,太偏东了,目前停泊在加冕湾里。他记起了很久以前他看到的那张哈得逊湾公司的地图。现在,对他来说,这完全是清清楚楚、入情入理的。

他坐起来,想着切身的事情。裹在脚上的毯子已经磨穿了,他的脚破得没有一处好肉。最后一条毯子已经用完了。枪和猎刀也不见了。帽子不知在什么地方丢了,帽圈里那小包火柴也一块儿丢了;不过,贴胸放在烟草袋里的那包用油纸包着的火柴还在,而且是干的。他瞧了一下表。时针指着十一点,表仍然在走。很清楚,他一直没有忘了上表。

他很冷静,很沉着。虽然身体衰弱已极,但是并没有痛苦的感觉。他一点也不饿,甚至想到食物也不会产生快感。现在,他无论做什么,都只凭理智。他齐膝盖撕下了两截裤腿,用来裹脚。他总算还保住了那个白铁罐子。他打算先喝点热水,然后再向船靠拢,他已经料到这是一段可怕的路程。

他的动作很慢。他好像半身不遂似的哆嗦着。等到他预备去收集干苔的时候,他才发现自己已经站不起来了。他试了又试,后来只好死了这条心,开始用手和膝盖支着爬行。有一次,他爬到了那只病狼附近。那只野兽一面很不情愿地避开他,一面用那条好像连弯一下的力气都没有的舌头舔着自己的牙床。这个人注意到它的舌头并不是通常那种健康的红色,而是一种暗黄色,好像蒙着一层粗糙的、半干的黏膜。

这个人喝下热水之后,觉得自己可以站起来了,甚至还可以像想象中一个垂死挣扎的人那样走路了。他每走一两分钟,就不得不停下来休息一会儿。他的步子软弱无力,很不稳,就像跟在他后面的那只狼一样又软又不稳;这天晚上,等到黑夜笼罩了光辉的大海的时候,他知道他和大海之间的距离只缩短了不到四英里。

这一夜,他总是听到那只病狼咳嗽的声音,有时候他还听到一群小鹿的叫声。他周围全是生命,不过那是强壮的生命,非常活跃而健康的生命,同时他也知道,那只病狼所以要紧跟着他这个病人,是希望他先死。早晨,他一睁开眼睛就看到那个畜生正用一种如饥似渴的眼光瞪着他。它夹着尾巴蹲在那儿,好像一条可怜的倒霉的狗。早晨的寒风吹得它直哆嗦,每逢这个人对它勉强发出一种低声咕噜似的吆喝,它就无精打采地龇着牙。

太阳亮堂堂地升了起来。这一天早晨,他一直在绊绊跌跌地朝着光辉的海洋上的那条船走。天气好极了。这是高纬度地方的那种短暂的晚秋。它可能连续一个星期。也许明后天就会结束。

下午,这个人发现了一些痕迹。那是另外一个人留下的,那人不是走,而是爬的。他认为可能是比尔,不过他只是漠不关心地想想罢了。他并没有什么好奇心。事实上,他早已失去了兴致和热情。他已经不再感到痛苦了。他的胃和神经都睡着了。但是内在的生命却逼着他前进。他非常疲倦,然而他的生命却不愿死去。正因为生命不愿死去,他才仍然要吃沼地上的浆果和鲦鱼,喝热水,一直提防着那只病狼。

他跟着那个挣扎前进的人的痕迹向前走去,不久就走到了尽头——潮湿的苔藓上摊着几根才啃光的骨头,附近还有许多狼的脚印。他发现了一个厚实的鹿皮口袋,跟他自己的那个一模一样,但袋子已经被尖利的牙齿咬破了。他那无力的手已经拿不动这样沉重的袋子了,可是他到底把它提起来了。比尔至死都带着它。哈哈!他可以嘲笑比尔了。他可以活下去,把它带到光辉的海洋里那条船上。他的笑声粗野可怕,跟乌鸦的怪叫一样,而那条病狼也随着他,一阵阵地惨嗥。突然间,他不笑了。如果这真是比尔的骸骨,如果这些有红有白、啃得精光的骨头,真是比尔的话,他怎么能嘲笑呢?

他转身走开了。不错,比尔抛弃了他;但是他不愿意拿走那袋金子,也不愿意吮吸比尔的骨头。不过,如果事情掉个头的话,比尔也许会做得出来的。他一面摇摇晃晃地前进,一面暗暗想着这些情形。

他走到了一个水坑旁边。就在他弯下腰找鲦鱼的时候,他猛然仰起头,好像给戳了一下。他瞧见了自己反映在水里的脸。脸色之可怕,竟然使他一时恢复了知觉,感到震惊了。这个坑里有三条鲦鱼,可是坑太大,不好舀;他用白铁罐子去捉,试了几次都不成,后来他就不再试了。他怕自己会由于极度虚弱,跌进去淹死。而且,也正是因为这一层,他才没有跨上沿着河流并排漂去的木头,让河水带着他走,尽管浅滩里有许多圆木。

这一天,他和那条船之间的距离缩短了三英里;第二天,又缩短了两英里——因为现在他是跟比尔先前一样地在爬;到了第五天晚上,他发现那条船离开他仍然有七英里,而他每天连一英里也爬不到了。幸亏天气仍然继续放晴,于是他继续爬行,继续晕倒,辗转不停地爬;而那头狼也始终跟在他后面,不断地咳嗽和哮喘。他的膝盖已经和他的脚一样鲜血淋漓,尽管他撕下了身上的衬衫来垫膝盖,他背后的苔藓和岩石上仍然留下了一路血渍。有一次,他回头看见病狼正贪婪地舔着他的血渍,他不由得清清楚楚地看出了自己可能遭到的结局——除非——除非他干掉这只狼。于是,一幕从来没有演出过的残酷的求生悲剧就开始了——病人一路爬着,病狼一路跛行着,两个生灵就这样在荒原里拖着垂死的躯壳,谁都想先要了对方的命。

如果这是一条健康的狼,那么,他觉得倒也没有多大关系;可是,一想到自己要喂这么一只令人作呕、只剩下一口气的狼,他就觉得非常厌恶。他就是这样吹毛求疵。现在,他脑子里又开始胡思乱想,又给幻象弄得迷迷糊糊,而神志清楚的时候也越来越少、越来越短。

有一次，他从昏迷中被一种贴着他耳朵喘息的声音惊醒了。那只狼向后一跳，因为身体虚弱，一失足摔倒了。那情景可笑极了，可是他一点也不觉得有趣。他甚至也不害怕。他已经到了这一步，根本谈不到恐惧。不过，这一会儿，他的头脑却很清醒，于是他躺在那儿，仔细地考虑起来。那条船离他不过四英里路，他把眼睛擦净之后，可以很清楚地看到它；同时，他还看出了一条在光辉的大海里破浪前进的小船的白帆。可是，无论如何他也爬不完这四英里路。这一点，他是知道的，而且知道以后，他还非常镇静。他知道他连半英里路也爬不了啦。不过，他仍然要活下去。在经历了千辛万苦之后，他居然会死掉，那未免太不合理了。命运对他实在太苛刻了。然而，尽管奄奄一息，他还是不情愿死。也许，这种想法完全是发疯，不过，就是到了死神的铁掌里，他仍然要反抗它，不肯死。

他闭上眼睛，极其小心地让自己镇静下去。疲倦像涨潮一样，从他身体的各处涌上来，但是他刚强地打起精神，绝不让这种令人窒息的疲倦把他淹没。这种要命的疲倦很像一片大海，一涨再涨，一点一点地淹没他的意识。有时候，他几乎完全给淹没了，他只能用无力的双手划着，漂游过那黑茫茫的一片；可是，有时候，他又会凭着一种奇怪的心灵作用，另外找到一丝毅力，更坚强地划着。

他一动不动地仰面躺着，听到病狼一呼一吸地喘着气，慢慢地向他逼近。它越来越近，一直在向他逼近，好像经过了无穷的时间，但是他始终不动。它已经到了他耳边。那条粗糙的干舌头正像砂纸一样地摩擦着他的两腮。他那两只手一下子伸了出来——或者，至少也是他凭着毅力要它们伸了出来。他的指头弯得像鹰爪一样，可是抓了个空。敏捷和准确是需要力气的，他没有这种力气。

那只狼的耐心真是可怕。这个人的耐心也一样可怕。这一天，有一半时间他一直躺着不动，尽力和昏迷斗争，等着那只要把他吃掉的狼，而他也希望能吃掉那只狼，只要他能够的话。有时候，疲倦的浪潮涌上来，淹没了他，他会做起很长的梦；然而在整个过程中，不论醒着还是做梦，他都在等着那种喘息和那条粗糙的舌头来舔他。

他并没有听到这种喘息，他只是从梦里慢慢苏醒过来，觉得有条舌头在顺着他的一只手舔去。他静静地等着。狼牙轻轻地扣在他手上了；扣紧了；狼正在尽最后一点力量把牙齿咬进它等了很久的东西里面。可是这个人也等了很久，那只给咬破了的手也抓住了狼的牙床。于是，慢慢地，就在狼无力地挣扎着，他的手无力地掐着的时候，他的另一只手已经慢慢摸过来，一下把狼抓住。五分钟之后，这个人已经把全身的重量都压在狼的身上。他的手的力量虽然还不足以把狼掐死，可是他的脸已经紧紧地压住了狼的咽喉,嘴里已经满是狼毛。半小时后,这个人感到一小股暖和的液体慢慢流进他的喉咙。这东西并不好吃,就像硬灌到他胃里的铅液,而且是纯粹凭着意志硬灌下去的。后来,这个人翻了一个身,仰面睡着了。

"白德福号"捕鲸船上,有几个科学考察队的人员。他们从甲板上望见岸上有一个奇怪的东西。它正在向沙滩下面的水面挪动。他们没法分清它是哪一类动物,但是,因为他们都是研究科学的人,他们就乘上船旁边的一条捕鲸艇,到岸上去察看。接着,他们发现了一个活物,可是很难把它称作人。它已经瞎了,失去了知觉。它就像一条大虫子似的在地上蠕动着前进。它用的力气大半都不起作用,但它始终不放弃努力。它一面摇晃,一面向前扭动,照它这样,一个小时大概也爬不上二十英尺。

三星期以后,这个人躺在"白德福号"捕鲸船的一个铺位上,眼泪顺着他的消瘦的面颊往下淌,他说出他是谁和他经过的一切。同时,他又含含糊糊地、不连贯地谈到了他的母亲,谈到了阳光灿烂的南加利福尼亚,以及橘树和花丛中的他的家园。

没过几天,他就跟那些科学家和船员坐在一张桌子旁边吃饭了。他贪婪地望着面前这么多好吃的东西,焦急地瞧着它溜进别人口里。每逢别人咽下一口的时候,他眼睛里就会流露出一种深深惋惜的表情。他的神智非常清醒,可是,每逢吃饭的时候,他免不了要恨这些人。他给恐惧缠住了,老怕粮食维持不了多久。他向厨子、船舱里的服务员和船长打听食物的贮藏量。他们对他保证了无数次,但是他仍然不相信,仍然会狡猾地溜到贮藏室附近亲自窥探。

看起来,这个人正在发胖。他每天都会胖一点。那批研究科学的人都摇着头,提出他们的理论。他们限制了这个人的饭量,可是他还在发胖,特别是腰围仍然在加大。

水手们都咧着嘴笑。他们心里有数。等到这批科学家派人来观察他的时候,他们也知道了是怎么回事。他们看到他在早饭以后溜上甲板,像叫化子似的向一个水手伸出手。那个水手笑了笑,递给他一块硬面包。他贪婪地把它拿住,像守财奴瞅着金子般地瞅着它,然后把它塞到衬衫里面。别的咧着嘴笑的水手也送给他同样的礼品。

这些研究科学的人默不作声地由他去了,但是他们常常暗暗检查他的床铺。那上面摆着一排排的硬面包,褥子也给硬面包塞得满满的,每一个角落里都塞满了硬面包。然而他的神智非常清醒。他是在防备可能发生的另一次饥荒——就是这么回事。研究科学的人说,他会恢复常态的;事实也是如此,"白德福号"的铁锚还没有在旧金山湾里隆隆地抛下去,他就恢复正常了。

【作品导读】 19世纪末20世纪初,处于工业革命中的美国经济飞速发展,社会结构发生了巨大变化。随着贫富差距的加大,社会底层人民梦想挤入上流社会,而富人又渴望更多的财富。1896年,不计其数的美国淘金者涌入阿拉斯加,他们希望能迅速致富。《热爱生命》里的故事就发生在这一背景下。它讲述的是这样一个故事:美国西部的一个淘金者和他的朋友比尔在返回的途中又累又乏,在越过一条冰冷的小河时他不幸扭伤了脚腕,虽然他呼喊着比尔,但比尔头也不回,只顾向前走去。他被无情地抛弃了。在广袤的荒原上,他不得不独自跋涉。冬天来临,寒风夹着雪花向他袭来,他已经没有食物,甚至只有六十七根火柴。寒冷、疲乏、疼痛,但比起肚子里的痛苦,这些又算得了什么呢?他饥饿难耐时,甚至将淘来的金沙都一点点扔掉了。幸运的是,他在途中发现了一只被狐狸咬伤的松鸡,似乎又看到了希望,忍着剧烈的痛拼命地追赶那只松鸡,结果迷了路。他非常虚弱,甚至出现了幻觉。后来,他被一只病狼盯上了。这只病狼跟在他身后,舔着他的血迹尾随着他。这只病狼之所以紧跟着他这个病人,是因为希望他先死。就这样,荒原上两个濒临死亡的生命拖着垂死的躯壳,都将猎取对方变成自己生存的希望,最终他的脸紧紧地压住了狼的咽喉,嘴里已经满是狼毛。终于,他感到一小股暖和的液体慢慢流进自己的喉咙,他咬死了狼。在人与狼的搏斗中,人获得了胜利,最终他到达海边,获救了。

越是面对死亡,越是迸发出"生命"的力量。小说把主人公置于近乎残忍绝望的恶劣环境:饥饿、寒冷、伤病及野兽的虎视眈眈,生命那么脆弱,同时生命也充满力量。正是在生与死的抉择中,呈现出生命的坚韧与顽强。这位淘金者奏响了生命的赞歌,让生命展现出撼人心魄的力量。荒原如此无情,他也曾号啕大哭,荒野让人恐惧,他甚至幻想着比尔会等待自己,但在生命的根基将要崩塌时他还是拖着扭伤的脚腕和血肉模糊的脚挣扎前行,发疯地寻找食物,抛弃所有却小心地保存着火柴,对着袭来的大棕熊发出咆哮,吮吸、咀嚼狼啃剩的驯鹿的残骨。他日夜兼程,只有摔倒时才停下脚步,但只要垂危的生命火焰闪烁起来微微燃烧,他就继续艰难地向前走、向前爬、向前扭动,像大虫子在地上蠕动,只因为他的生命不愿意死去。正是对生命强烈的渴望支撑着他向前挣扎,并在与狼的殊死搏斗中取得了胜利。生存的决心最终挽救了他,生命最终战胜了死亡。小说热情歌颂的是生命和人性的光辉。

【思考练习】

1.《热爱生命》中比尔到死都带着那袋金沙,最终耗尽体力而葬身狼腹。而文中的主人公在生命危急的情况下,不得不分几次抛弃了"一年来没日没夜劳动的成果",你怎么理解主人公的做法?

2. 从一直追击主人公的病狼的角度,你如何理解它的"生命"?

传统文化编

精卫填海

《山海经》

【题解】《山海经》成书于战国至汉代初期,与《易经》《黄帝内经》并称为"上古三大奇书"。《山海经》包含了上古地理、历史、神话、天文、动物、植物、医学、宗教及人类学、民族学、海洋学和科技史等方面的诸多内容,是一部上古社会生活的百科全书。袁珂曾说:"这书虽是'古之巫书',涉及迷信,但是我国古代许多极可珍贵的神话资料也赖有此书而得到保存。"

《山海经》共十八卷,约三万一千字,主要由《山经》与《海经》两部分组成,包括《五藏山经》《海外经》《海内经》《大荒经》,其中"夸父逐日""精卫填海""大禹治水"等神话故事家喻户晓。

【原文】 又北二百里,曰发鸠之山,其上多柘木[1]。有鸟焉,其状如乌[2],文首、白喙、赤足,名曰精卫,其鸣自詨[3]。是炎帝之少女名曰女娃,女娃游于东海,溺而不返,故为精卫,常衔西山之木石,以堙[4]于东海。漳水出焉,东流注于河。

【注释】

[1]柘(zhè)木:柘树,桑树的一种,木质坚硬,叶可喂蚕。

[2]其状如乌:形状像一只乌鸦。

[3]詨(xiào):叫声。其鸣自詨:它发出的叫声就是自己的名字。

[4]堙(yīn):填塞。

【作品导读】《精卫填海》出自《山海经·北山经》。《山海经》反映古人对世界起源、自然现象及社会生活的原初理解,并通过一系列超自然的形象和奇幻的想象展现,《精卫填海》是其中一个富含历史文化意蕴的神话故事。传说上古时代炎帝的小女儿名叫女娃,女娃立志做一番事业,有一次游玩于东海,不幸淹死在海里。女娃壮志未酬,所以冤魂不散,在东海上空飘荡,最终化成一只鸟。精卫鸟发誓要把东海填平,但是辽阔深邃的东海是不可能被些许细小的石子和树枝填平的。人们同情赞扬它,因此把它称作

"冤禽"或"志鸟"。精卫鸟的这种顽强坚韧地对抗自然的复仇行为所体现出的不屈不挠的战斗精神,令人肃然起敬。

面对未知的自然环境,人们仅仅依靠自己的力量是无法保证生存的,还需要通过发展后天的能力,因此精卫填海的神话反映了人类本质而永恒的东西,即对生存的恐慌,以及源于对生命的珍惜而产生的文化意识,后来这种危机意识愈演愈烈。精卫填海的故事因以上古时期炎黄部落与蚩尤部落的冲突和融合为背景,故通篇体现出浓郁的复仇文化。从表面看,精卫填海是因女娃之死激起的对自然的复仇,但实际上是炎黄两大部落联合对蚩尤部落的复仇。在这场部落的对抗中,炎黄部落借助女魃部落的力量最终战胜蚩尤部落,女魃部落最终却在北进的扩张中衰落。其背后所隐藏的是不同思想之间的冲突。为理解精卫填海所突显的文化内涵,还需关注其对抗背后的"警戒洪水、护卫家园"这一更有温情的内涵。炎帝的小女儿不幸溺于东海而执着填海的行为,既是对海洋的仇恨,又是对族人的警戒护卫。这也引发人们在文明进程中对生存、环境及自身态度的思考。

【思考练习】

1. 分析故事中的精卫鸟这一形象。
2. 《精卫填海》的故事体现了何种民族精神?

伊阿宋和珀利阿斯

古斯塔夫·施瓦布

【题解】 古斯塔夫·施瓦布(Gustav Schwab,1792—1850年),德国著名的浪漫主义诗人,曾在蒂宾根大学攻读神学和哲学,毕业后担任牧师、教师,是席勒的老师,并结识歌德、霍夫曼等人,创作了较多诗歌,其主要诗集有《博登湖上的骑士》《马尔巴赫的巨人》等,还整理了古代文化遗产,出版著作《美好的故事和传说集》《德国民间话本》等。

西方文明的核心是由"两希"构成的。一是希伯来文化,即犹太人创作的《圣经》,它是西方文明的源泉之一;二是比希伯来文化更古老的希腊文化,作为古典文化的代表,它的辉煌灿烂与神话史诗有很大关系,经过长期的口耳相传并在借鉴其他国家神话故事的基础上,形成了具有较完整体系的希腊神话。希腊神话的内容分为神的故事和英雄的传说两部分,宙斯、赫拉、雅典娜、阿波罗等神话人物已经家喻户晓。希腊神话反映了人们对战争与和平、人与自然之间关系的思考,对西方乃至整个人类的宗教、哲学、文学、艺术等都产生深远影响,而且成为后人了解古希腊文化的重要途径,为人类留下了宝贵的精神遗产。

伊阿宋和珀利阿斯是古希腊神话故事中著名的人物。伊阿宋历经艰险取得金羊毛,却郁郁而终;珀利阿斯是伊阿宋的叔叔,他篡夺了本应属于伊阿宋的王位,最后被美狄亚用计杀死。

【原文】 伊阿宋是克瑞透斯[1]之子埃宋的儿子。克瑞透斯在忒萨利亚的海港上建立城池和伊俄尔科斯王国,并把它传给他的儿子埃宋。但克瑞透斯的幼子珀利阿斯却篡夺了王位。埃宋死后,他的儿子伊阿宋逃依喀戎[2]。喀戎是一个半人半马的人物,他曾教育许多孩子成为最伟大的英雄。他给伊阿宋适宜于做一个英雄的训练。在珀利阿斯晚年的时候,为一种奇异的神谕所苦恼,那神谕警告他提防一个穿着一只鞋子的人。珀利阿斯怎样也猜不透这些话的意义。这时,被喀戎教育了二十年的伊阿宋却偷偷地回到他的伊俄尔科斯故乡,向珀利阿斯要求王位的继承权。

如同古代英雄的风范一样,他持着两根矛,一是刺的,一是投的。旅行衣上扎着豹皮,长发披在肩上。在路途上,他经过一条宽阔的河,那里有一个老妇人请求他帮助她渡过河去。那便是天后赫拉[3]，是珀利阿斯王的敌人。伊阿宋因为她在伪装中看不出她来，只是怜悯地双手高举着她涉过那条河。但在半道，他的一只鞋子陷在淤泥中。他就穿着一只鞋子来到伊俄尔科斯的市场上，他的叔父珀利阿斯为群众包围着，正在那里庄严地祭献海神波塞冬。人们都惊奇于伊阿宋的高大美丽，以为是太阳神阿波罗或战神阿瑞斯突然出现。正在祭献的国王也注意到这个外乡人，并惊慌地看到他只穿着一只鞋子。当祀神的仪式完结，他向这个青年走来，装作若无其事的样子，问他的名字和他的故乡。

伊阿宋虽然语调和平，却大无畏地回答他是埃宋的儿子，曾经被养育在喀戎的山洞里，现在来访问父亲的旧居。狡黠的珀利阿斯殷勤地听着，并隐藏着自己的惊慌。他派人引导他的侄儿到宫殿中，伊阿宋以渴慕的眼睛望着他幼年时候在其中生长的殿堂和宫室。接连五天，伊阿宋与朋友和亲属们以欢乐的饮宴庆祝他的归来。第六天，他们离开为宾客们临时建立起来的帐篷，走到珀利阿斯国王的面前。伊阿宋很温和有礼貌地对他的叔叔说："啊，国王哟，你知道，我是合法的王室的儿子，你所占有的一切都是属于我的。但我仍留给你以所有的牛群和羊群，所有你从我的父母那里夺得的土地。我什么也不要，只要我父亲所有的王位和王杖。"

珀利阿斯很快地盘算着。他的回答是恳切的。"我愿意满足你的要求，"他说，"但你必须答应我的要求，并替我做一件事情，那是你们青年人所能胜任的，但我却太衰老，没有这力量了。很久以来，佛里克索斯的阴魂总是在我的梦中显现，他要求我带给他的灵魂以平静，旅行到科尔喀斯的埃厄忒斯国王那里，取来那里的金羊毛。这种寻求的光荣将是你的，当你带着你的荣耀的锦标归来，你将得到王国和王杖。"

【注释】

[1]克瑞透斯：古希腊神话中的人物，是埃俄洛斯和厄娜瑞忒之子，兴建了伊俄尔科斯城。

[2]喀戎：古希腊神话中的一个半人马，是克洛诺斯和菲吕拉的儿子。克洛诺斯把菲吕拉变成母马，与其交合生下喀戎，所以喀戎的形象是半人马。

[3]赫拉：古希腊神话中的第三代天后，是奥林匹斯十二主神之一，掌管婚姻和生育。

【作品导读】　希腊英雄伊阿宋的故事广为流传。伊阿宋出生在伊俄尔科斯城，他的父亲埃宋本来拥有统治该城的权力,却被其异父同母的兄弟珀利阿斯夺走。伊阿宋为了夺回王位,接受了珀利阿斯取得金羊毛的挑战。

古希腊神话故事中塑造的伊阿宋是一个性格复杂的英雄,与传统"高大上"扁平化的英雄形象存在较大差别。伊阿宋有勇有谋。在逃离科尔喀斯途中,阿耳戈的英雄们受到阿布绪耳托斯的狙击,于是伊阿宋设计与对方谈判,但是这场谈判不过是一个幌子。伊阿宋和美狄亚违背诺言,欺骗并杀害了手无寸铁的阿布绪耳托斯。对于伊阿宋的第一次谋杀,奥林匹斯山的诸神轻易采取了原谅的态度。这使伊阿宋没有丝毫的悔改,他很快就实施了第二次血腥的谋杀。伊阿宋夺取金羊毛是一次东进的海上历险,目的是获取王权和财富。在海上历险途中,伊阿宋对个人价值的追求显得十分张扬,对原欲的不加掩饰的渴望、对世俗生活的羡慕和掠夺都表现得十分突出,也反映了古希腊人勇于冒险、开拓的精神。在这种价值观的引导下,美狄亚成为伊阿宋取得金羊毛的工具,伊阿宋对美狄亚没有真情,因此他从未对自己的见异思迁、贪图美色感到愧疚。为了获取更高的地位和财富,伊阿宋喜欢上对实现自己的野心有帮助的科林斯国王的女儿,于是抛弃了美狄亚和两个儿子。为了顺利逃脱美狄亚弟弟的追捕,伊阿宋杀死了美狄亚的弟弟并肢解其尸体抛入海中,还巧妙利用国王打捞尸体的时机逃走。由此可见,伊阿宋为了达到自己的目的不择手段。

伊阿宋是古希腊神话中"智取金羊毛"的著名英雄,却因对美狄亚的负心而备受唾骂,这是因为伊阿宋以不恰当的方式追求个人利益。虽然伊阿宋是古希腊神话中虚构的人物,但我们可以从现实生活中找到原型。伊阿宋的故事启迪人们在面对问题、困难和考验时所做的选择是对人性的考验,对情欲与理性的权衡是值得人们深思的。

【思考练习】

1. 请结合本文分析伊阿宋这一人物形象。
2. 请举例分析古希腊神话的人本精神及其对西方文化的影响。

子路、曾晳、冉有、公西华侍坐

《论语》

【题解】 孔子(前551—前479年),名丘,字仲尼,鲁国陬邑(今山东省曲阜市)人,祖籍宋国栗邑(今河南省夏邑县),中国古代伟大的思想家、政治家、教育家,儒家学派创始人,被后世尊为"孔圣人""至圣"等。

孔子早年丧父,家境贫穷,三十而立,并开始收徒讲学,开创私人讲学之风,有弟子三千,其中贤者七十二人,曾带领部分弟子周游列国十四年,晚年潜心于古籍整理,修订六经(《诗》《书》《礼》《乐》《易》《春秋》)。孔子去世后,其弟子及再传弟子将孔子及其弟子的言行语录和思想记录下来,整理编成《论语》。

《论语》全书共二十篇四百九十二章,是一部语录体文集,体现了孔子及儒家学派的政治主张、道德观念、教育原则,如"仁政"思想、"因材施教""有教无类"等。南宋时,朱熹将《大学》《中庸》《论语》《孟子》合称"四书",《论语》在儒家经典中的地位日益提高。《子路、曾晳、冉有、公西华侍坐》出自《论语·先进》,是《论语》中有完整结构的一章,标题为后人所加。

【原文】 子路、曾晳、冉有、公西华侍坐[1]。

子曰:"以吾一日长乎尔,毋吾以也。居[2]则曰:'不吾知也!'如或知尔,则何以哉?"

子路率尔[3]而对曰:"千乘之国,摄乎[4]大国之间,加之以师旅,因[5]之以饥馑,由也为之,比及[6]三年,可使有勇,且知方[7]也。"

夫子哂[8]之。

"求!尔何如?"

对曰:"方[9]六七十,如[10]五六十,求也为之,比及三年,可使足[11]民。如其礼乐,以俟君子。"

"赤!尔何如?"

对曰:"非曰能之,愿学焉。宗庙之事,如会同[12],端章甫[13],愿为小相[14]焉。"

"点!尔何如?"

鼓瑟希[15],铿尔[16],舍瑟而作,对曰:"异乎三子者之撰[17]。"

子曰:"何伤[18]乎？亦各言其志也。"

曰:"莫春[19]者,春服既成,冠者[20]五六人,童子六七人,浴乎沂[21],风乎舞雩[22],咏而归。"

夫子喟然[23]叹曰:"吾与[24]点也!"

三子者出,曾皙后。曾皙曰:"夫三子者之言何如？"

子曰:"亦各言其志也已矣。"

曰:"夫子何哂由也？"

曰:"为国以礼,其言不让,是故哂之。"

"唯[25]求则非邦也与？"

"安见方六七十如五六十而非邦也者？"

"唯赤则非邦也与？"

"宗庙会同,非诸侯而何？赤也为之小,孰能为之大？"

【注释】

[1]侍:侍奉,本指侍立于尊者之旁。侍坐:指弟子之礼,侍奉老师而坐。

[2]居:平日家居。

[3]率尔:急遽的样子。尔:相当于"然",……的样子。

[4]摄:夹处。乎:于、在。

[5]因:继。

[6]比及:等到。

[7]方:道义。

[8]哂(shěn):微笑,这里略带讥讽。

[9]方:古代一种面积计量的方式,表示纵横的长度。

[10]如:连词,表选择,或者。

[11]足:使动用法,使……富足。

[12]会同:诸侯会盟。

[13]端:一种礼服。章甫:一种礼帽。这里都是名词用作动词,意思是穿着礼服、戴着礼帽。

[14]相(xiàng):祭祀、会盟时司仪赞礼的职务,小相为此职的最低级。

[15]鼓:弹。瑟:古代乐器。希:同"稀",稀疏,这里指鼓瑟的声音已接近尾声。

[16]铿尔:弹瑟结束时的声音。

[17]撰:才具。

[18]伤:妨害。

[19]莫(mù):通"暮"。莫春:指农历三月。

[20]冠:古代男子二十岁举行冠礼。冠者:指成年人。

[21]沂(yí):水名,在今山东省曲阜市南。

[22]舞雩(yú):鲁国祭天求雨的场所,在曲阜市东南。

[23]喟(kuì)然:叹息的样子。

[24]与:赞成。

[25]唯:语首词,无义。

【作品导读】《子路、曾皙、冉有、公西华侍坐》记录的是孔子和子路、曾皙、冉有、公西华四个弟子"言志"的一段对话。子路的轻率急躁、冉有的谦虚、公西华的委婉曲致、曾皙的高雅宁静,都给人留下极其深刻的印象。本文可读性很强。

《论语》既涉及仁、义、礼、智、信等政治伦理思想,又涉及人生、理想和教育观点。本文先讲述孔子启发弟子们谈自己的理想,进而对弟子们所谈理想的内容和态度进行评价。"居则曰:'不吾知也!'如或知尔,则何以哉?"孔子通过这句话明确地提出这次谈话的中心,即言志,然后子路、冉有、公西华分别从强国、富民、以礼治邦的角度谈论各自的志向。子路、冉有、公西华所谈的理想虽不尽相同,但都侧重于政治方面。曾皙的高明之处在于他能将政治和道德的理想合二为一,春风沂水既可理解为政治上的理想寄托,希望人们能够在这种美好的环境中享受生活,也可引申为道德上的修养追求,人们生活安定后在思想道德上也要追求更高的境界。对于孔子"吾与点也"的理解历来是有争议的。曾皙说的那段话(从"莫春者"至"咏而归"),从积极方面来理解,曾皙主张以礼治国,他所描绘的是百姓安居乐业、社会和谐的太平盛世图景,与孔子的政治主张相符,因此孔子说"吾与点也";从消极方面来理解,曾皙主张消极避世,符合孔子"道不行,乘桴浮于海"的主张,因此孔子说"吾与点也"。曾皙和孔子的对话给读者留下了"仁者见仁、智者见智"的思考余地。

作为《论语》中难得的"长篇大论",本文为我们展示了古代的一些礼仪之教和孔子的教育理念。虽然孔子的政治理想在当时未能实现,但以"教之"为"为政"之大本,这使孔子对政治问题的思考与对现实的关切十分紧密,涉及人类发展的更深层次问题,孔子的思想至今仍熠熠生辉。

【思考练习】

1. 如何理解孔子"吾与点也"?
2. 结合实际,请分析我们如何批判地继承儒家思想?

梁惠王上（节选）

孟　子

【题解】　孟子（前372—前289年），战国时期哲学家、思想家、教育家，名轲，字子舆，邹国（今山东省邹城市东南）人。他主张"性善论"，认为人生来就具备仁、义、礼、智四种品质，人还要有浩然之气，做到"富贵不能淫，贫贱不能移，威武不能屈"。在政治上，他提倡"仁政"，最早提出"民贵君轻"思想，是孔子之后、荀子之前儒家学派的代表人物，与孔子并称"孔孟"，全面地继承和发展了孔子的思想，被后世尊为"亚圣"。

孟子的言论著作收录于《孟子》一书。该书共七篇，分别为《梁惠王》《公孙丑》《滕文公》《离娄》《万章》《告子》《尽心》，主要记述了孟子游说各国诸侯及有关学术问题的回答与论争，集中地反映了孟子的政治、哲学、教育等思想，由孟子及其弟子共同编纂完成。《孟子》行文气势磅礴，极富感染力，被南宋朱熹列为"四书"之一，影响深远。

【原文】　孟子见梁惠王。王立于沼上，顾鸿雁麋[1]鹿，曰："贤者亦乐此乎？"

孟子对曰："贤者而后乐此。不贤者虽有此，不乐也。《诗》云：'经[2]始灵台，经之营[3]之。庶民攻[4]之，不日成之。经始勿亟，庶民子来。王在灵囿，麀鹿攸[5]伏。麀鹿濯濯[6]，白鸟鹤鹤[7]。王在灵沼，于牣[8]鱼跃。'文王以民力为台为沼，而民欢乐之，谓其台曰灵台，谓其沼曰灵沼，乐其有麋鹿鱼鳖。古之人与民偕乐，故能乐也。《汤誓》[9]曰：'时日害丧[10]？予及汝偕亡！'民欲与之皆亡，虽有台池鸟兽，岂能独乐哉？"

【注释】

[1]顾：转动脖子看。麋（mí）：一种似鹿的哺乳动物，也叫四不像。

[2]经：测量。

[3]营：谋划。

[4]攻：建造。

[5]麀（yōu）：母鹿。攸：所。

[6]濯濯（zhuó）：肥胖的样子。

[7]鹤鹤：洁白的样子。

[8]轫(rèn):满。

[9]《汤誓》:《尚书》中的一篇,为商汤讨伐夏桀的誓师词。

[10]时日:指暴君夏桀。时:是、这。害:通"曷",何。

【作品导读】 孟子所处的战国时期,社会、政治、经济、文化等情况相较于春秋时期更为颓废,孟子的政治、伦理等观点的实践在当时举步维艰,他只得"退而与万章之徒序《诗》《书》,述仲尼之意"(《史记·孟子荀卿列传》),这使儒家思想有所深化和推进。

在《梁惠王上》中,有大量关于"与民同乐"思想的讨论。梁惠王建造了池沼。当孟子前来谒见的时候,梁惠王站在池沼之上看到鸿雁麋鹿感到很快乐,于是问孟子:"贤者亦乐此乎?"意思是,他自己不敢以贤者自居。但是,梁惠王又认为即使贤者也会因此感到快乐的。这样,他自己的这种快乐也就无可非议了。据《战国策》记载,梁惠王十分喜欢建高台和深池,池是沼的一种。当时,邻国楚国人认为梁惠王不务正业。面对梁惠王的询问,孟子没有不高兴或义正词严地用亡国之道吓唬梁惠王,而是用"贤者而后乐此。不贤者虽有此,不乐也"来劝诫,这是本文的主旨。孟子认为,君王必得先施仁政,使百姓也能感受到生活之乐,进而君王才有可能真正与民同乐。随后,孟子引用《诗经》中的"古之人与民偕乐,故能乐也"继续引导梁惠王。从表面上看,周文王建灵台、灵沼,百姓都很高兴,但不能理解为百姓能跟君王在台上、沼里一起享乐,因为这个台和沼主要还是文王享用。除此之外,因为周文王在其他方面能够做到"与民偕乐",所以他自己享乐的地方百姓也能宽容、允许。"与民偕乐"中"乐"的含义是周文王满足百姓的需求,做到"以民为心"。这一思想就是原始的、朴素的民本思想。《尚书》中的"天视自我民视,天听自我民听"包含了"乐"这层意思。《汤誓》曰:"时日害丧?予及汝偕亡!"这句话不是与民偕乐的状态,是民与偕亡的一种心声。在这种状态下,你即使拥有了台池鸟兽还能独自享乐吗?通过反复论证,孟子的"仁政"思想逐渐显露。

孟子的基本思想是仁慈的君王与民同乐,所以能享受到真正的快乐;残暴专制的统治者穷奢极欲,不顾百姓的死活,其结果是自己也得不到真正的快乐。在《梁惠王上》中,孟子关于"仁政"的探讨十分精辟,其"仁政"思想对后世影响较大。

【思考练习】

1. 如何理解孟子提出的"与民同乐"思想?

2. 孟子的文章中经常引用《诗经》的语句,请结合本文探讨孟子是如何引用《诗经》为己所用展开论辩的。

秋水（节选）

庄　子

【题解】 庄子（前369—前286年），名周，战国中期思想家、哲学家、文学家，道家学派代表人物，与老子并称"老庄"。他因崇尚自由而不应楚威王之聘，仅担任过宋国地方的漆园吏，史称"漆园傲吏"，被誉为"地方官吏之楷模"。他最早提出的"内圣外王"思想对儒家影响深远。他洞悉易理，指出"《易》以道阴阳"，其"三籁"思想与《易经》的"三才之道"相合。

《庄子》是战国中后期庄子及其后学所著道家学说汇总，与《老子》《周易》合称"三玄"。《庄子》分为内篇、外篇、杂篇。郭象将其删减为三十三篇，大小寓言二百多个，六万五千九百二十字。其中，内篇七篇，外篇十五篇，杂篇十一篇。据传庄子尝隐居南华山，故被诏封为"南华真人"，《庄子》一书也因之被奉为《南华真经》。

《庄子》主要反映了庄子的批判哲学、艺术、美学、审美观等，其内容丰富，博大精深。鲁迅说："其文则汪洋辟阖，仪态万方，晚周诸子之作，莫能先也。"《庄子》又被称为"文学的哲学、哲学的文学"，对后世文学、审美的发展产生了深远影响。

【原文】 秋水时[1]至，百川灌河[2]，泾流之大，两涘渚崖[3]之间，不辩[4]牛马。于是焉河伯欣然自喜，以天下之美为尽在己；顺流而东行，至于北海，东面[5]而视，不见水端。于是焉河伯始旋[6]其面目，望洋向若[7]而叹曰："野语有之，曰'闻道百，以为莫己若'者，我之谓也。且夫我尝闻少仲尼之闻而轻[8]伯夷之义者，始吾弗信；今我睹子之难穷[9]也，吾非至于子之门，则殆[10]矣，吾长见笑于大方之家[11]。"

北海若曰："井蛙不可以语于海者，拘于虚[12]也；夏虫不可以语于冰者，笃于时[13]也；曲士[14]不可以语于道者，束[15]于教也。今尔出于崖涘，观于大海，乃知尔丑[16]，尔将可与语大理矣。天下之水，莫大于海，万川归之，不知何时止而不盈；尾闾泄[17]之，不知何时已而不虚[18]；春秋不变，水旱不知。此其过江河之流，不可为量数。而吾未尝以此自多[19]者，自以比形[20]于天地，而受气于阴阳，吾在天地之间，犹小石、小木之在大山也。方存乎见少，又奚以[21]自多！计四海之在天地之间也，不似礨空[22]之在大泽乎？计中国[23]之在海内，不似稊米之在大仓[24]乎？号物之数谓之万，人处一焉[25]；人卒九州，谷食之所生,舟车之所通,人处一焉,此其比万物也,不似豪末[26]之在于马体乎?五帝[27]之所连,三王[28]之所争,仁人[29]之所忧,任士之所劳[30],尽此矣。伯夷辞之以为名[31],仲尼语之以为博[32],此其自多也,不似尔向[33]之自多于水乎?"

河伯曰:"然则吾大天地而小[34]毫末,可乎?"

北海若曰:"否。夫物,量无穷,时无止,分无常[35],终始[36]无故。是故大知[37]观于远近,故小而不寡[38],大而不多,知量无穷;证向今故,故遥而不闷,掇而不跂[39],知时无止;察乎盈虚[40],故得而不喜,失而不忧,知分之无常也;明乎坦涂[41],故生而不说[42],死而不祸[43],知终始之不可故也。计人之所知,不若其所不知;其生之时,不若未生之时;以其至小,求穷其至大之域[44],是故迷乱而不能自得也。由此观之,又何以知毫末之足以定至细之倪[45]?又何以知天地之足以穷至大之域?"

【注释】

[1]时:按照时令、季节。

[2]灌:注入。河:黄河。

[3]涘:水边、河岸。渚崖:水中小洲的岸边。

[4]辩:同"辨",分辨、辨别。

[5]面:面向。

[6]旋:转、改变。

[7]望洋:仰视的样子。若:海神名。

[8]尝闻:曾经听说。少:认为……少。轻:认为……轻、轻视。

[9]子:你,这里指整个北海。难穷:难以穷尽。

[10]殆:危险。

[11]大方之家:原指懂得大道理的人,现指见识广博或学有专长的人。

[12]拘:受拘束、受局限。虚:同"墟",狭小的处所。

[13]笃:局限。时:时令、季节。

[14]曲士:见识浅陋之人。

[15]束:限制、束缚。

[16]乃:才。丑:丑陋、粗陋。

[17]尾闾:古代传说中海水排泄之处。泄:排泄。

[18]已:停止。虚:流尽、放空。

[19]多:赞美、自负。自多:自满、自我夸耀。

[20]比:借为"庇",寄托。形:身形。

[21]奚以:何以、怎么。

[22]礧(lěi)空:石间空隙。

[23]中国:中原。

[24]稊米:一种稗草的籽。大仓:储存粮食的大仓库。

[25]人处一焉:人类只是天下万物中的一类而已。

[26]豪末:毫毛的末梢,形容其微不足道。豪:通"毫"。

[27]五帝:传说中的黄帝、颛顼、帝喾、尧、舜。一说指伏羲、神农、黄帝、尧、舜。

[28]三王:夏启、商汤、周武王。

[29]仁人:崇尚仁的人。

[30]任士:以天下为己任的贤能之士。劳:劳心、劳力。

[31]辞:推辞。此句是指伯夷以辞让君位而获得名声。

[32]仲尼语之以为博:孔子以说仁而显得渊博。

[33]向:刚才。

[34]大:以……为大。小:以……为小。

[35]无常:不固定。

[36]终始:事物的因果关系。

[37]知:通"智"。大知:具有大智慧的人。

[38]故小而不寡:不因物量小而以为寡。

[39]掇(duō):伸手可拾,表示近。跂:通"企",求。不跂:不可企求。

[40]察:详察。盈虚:天道有盈亏。

[41]涂:通"途"。

[42]说:通"悦"。

[43]祸:灾祸、危害。死而不祸:不以死去为灾祸。

[44]至小:极其有限的智慧。至大之域:无穷大的境界。

[45]倪:读为"仪",尺度、标准。

【作品导读】《秋水》是《庄子》中颇负盛名的一篇,在中国哲学史和文学史上占有重要地位。《秋水》中的河伯是一个闻道者和问道者的形象,海神(北海若)是一个体道者和传道者的形象。河伯与海神之间的对话,实际上是一场精彩的哲学对话。在层层递进的对话中,认识论得以呈现。河伯"以天下之美为尽在己"而欣然自喜,北海若告知河伯唯有不自多者乃可与语大理,继而问:"然则吾大天地而小毫末,可乎?"北海若指出人在认识、生命上的有限性,还反问道:"由此观之,又何以知毫末之足以定至细之倪?又何以知天地之足以穷至大之域?"河伯在海神的引领下,其认知范围不断扩大。从宏观而言,认知对象从黄河到大海,从四海到中国,从九州到天地,乃至宇宙;从微观而言,认知对象从小木小石到礨空,从稊米到马之毫末,乃至只可意会的精微之物。在庄子看来,认知主体自身存在诸多局限:在空间上受制于所居之地,"井蛙之喻"非常形象地说明了这一点;在时间上受制于生命之短暂,"夏虫之喻"乃是极好的说明;在教育教养方面则受制于浅见俗学,"乡曲之士"足为明证。这三个观点是庄子在传道过程中的切身体会,认知主体只有突破自身的局限,才能提升境界,接近于对世界本真大道的体认。就河伯而言,走出河岸见到浩瀚的大海之后,才意识到自身的狭隘渺小,曾经沾沾自喜的"河老大",至此才有了聆听大道的资格。庄子哲学的深刻之处在于他对认识主体自身的局限性一直有着清醒的认识。

《秋水》的主旨是在海神与河伯的对话中逐步形成的,认识论与实践论结合,启发我们要摆脱认知困境,进入生命化境,要突破自我的局限,领悟世界的无限。《秋水》的语言灵活多变,想象丰富,用寓言故事形式把微妙难言的哲理分析得引人入胜。

【思考练习】

1. 请分析文中河伯的形象。
2. 谈谈本文给自己的启示。

菩提偈

慧 能

【题解】 慧能(638—713年),也作"惠能",唐代高僧,中国禅宗南宗创始人,在佛教史上被称为"禅宗六祖",是佛教中国化的代表人物。《菩提偈》是慧能创作的诠释佛教教义的诗偈,共有四首,本篇是其中之一,见于《坛经》,流传甚广,为《全唐诗外编》所补录。这首偈阐明了佛家顿悟和解脱的方法。佛家的这种顿悟也是一种独具中国特色的传统思维方式。

和尚唱颂的歌诗称为"偈"。菩提偈是诠释佛教教义的歌偈。

【原文】 菩提[1]本无树[2],明镜亦非台[3]。

本来无一物[4],何处惹尘埃[5]!

【注释】

[1]菩提:意为"觉"或"智",旧译作"道",指对佛教教义的理解,或通向佛教理想的道路。

[2]树:这里指菩提树。相传,佛教始祖释迦牟尼在菩提树下静坐七天七夜觉悟成佛。

[3]明镜:明镜台是僧人坐禅之处,佛家通常用明镜比喻佛与众生感应的中介。台:指安置明镜的地方,可以借代为客观存在。

[4]本来无一物:菩提体性,本自离一切相,无染、净之分别,意为本来就不存在尘垢,因此无须拂拭。

[5]尘埃:佛教认为各种尘埃都是污染人的性情的东西。何处惹尘埃:据神秀的《无相偈》中"时时勤拂拭,勿使惹尘埃"所作,佛性清净,色即是空,所以尘埃也是空。

【作品导读】 禅宗是中国汉地佛教的重要代表之一。相传中国禅宗为达摩所创,达摩祖师为禅宗初祖,其后有二祖慧可、三祖僧璨、四祖道信、五祖弘忍、六祖慧能,其传承都以衣钵为信,是为衣钵相传。《菩提偈》就产生于弘忍大师考察门徒以传衣钵的过程中。

据说,弘忍大师欲传下衣钵,于是召集门人,要大家各作一首偈,察看每个人修行的境界。当时,弘忍门下共有700余门徒,其中最著名的一位就是当时的首座弟子、后来成为北宗禅宗师的神秀。神秀费尽心思写下一首偈语:

  身是菩提树,心如明镜台。

  时时勤拂拭,勿使惹尘埃。

众皆赞叹。然而弘忍的评语却是"只到门前,尚未得入……",也就是说,神秀此作还没有进入禅悟之门,并未见得"自性"。当这偈语传到慧能耳中时,慧能则说"美则美矣,了则未了",即神秀的偈并未彻底了悟。如果不识自己的本心,就是学再多的佛法也毫无益处。而一个人如果识心见性,就可以了悟佛法大意。因为佛法所启示人们的正是唤醒潜藏在每个人心中纯真的本性。于是,他写了一首偈。由于慧能不识字,就让人帮忙也写在墙上。

  菩提本无树,明镜亦非台。

  本来无一物,何处惹尘埃!

从本质上说,神秀的那首是佛家渐修的法门,通过自身的修持希望以知识的丰富和思想的提升达到佛的境界,而慧能的偈则抓住"见性成佛"的关键,是顿悟的法门,它不用任何语言阐释佛教教义,而是以自己最原始的和创造性的体验体现一个人的悟境。慧能的基本思想是如果不了悟自性,不知道心,纵使学了佛法,也是没有用的。这个意旨对当时的佛教界来说,无疑是惊天动地的一种宣言。到了慧能,禅宗才真正是直指人心、见性成佛的禅,是不立文字、教外别传的禅。

【思考练习】

1. 佛教本土化的过程及意义是什么?
2. 如何理解禅宗的"直指人心、见性成佛"?

计　篇

孙　武

【题解】 孙武(前545—前470年),字长卿,春秋末期齐国乐安(今山东省北部)人,是我国历史上著名的军事家、政治家,尊称"兵圣"或"孙子"(孙武子)。他年轻时曾入吴队,参加吴楚战争,负伤后离队隐居,并潜心研究兵法,在总结战争经验的基础上写成《孙子兵法》一书,该书为后世兵法家所推崇,被誉为"兵学圣典"。《孙子兵法》又称《孙武兵法》,是中国现存最早的兵书,也是世界上最早的军事著作。该书主要阐述四个观点:统摄全局的大战略观,"不战而屈人之兵"的"全胜"思想,行之有效的"战胜"思想,重视将帅素质、主张文武兼施的治军理念。该书现存共有六千字左右,共十三篇,其中第一篇是《始计篇》,简称《计篇》。《孙子兵法》是中国古代军事文化遗产中的璀璨瑰宝,其中蕴含的思想和理念对当今政治、经济、哲学都有较大意义。茅元仪高度评价《孙子兵法》:"先秦之言兵者六家,前孙子者,孙子不遗;后孙子者,不能遗孙子。谓五家为《孙子》注释可也。"

【原文】 孙子曰:兵[1]者,国之大事,死生之地[2],存亡之道[3],不可不察[4]也。

故经之以五事[5],校之以计[6],而索[7]其情:一曰道[8],二曰天[9],三曰地[10],四曰将[11],五曰法[12]。道者,令民与上同意[13]也,故可以与之死,可以与之生,而不畏危[14];天者,阴阳、寒暑、时制[15]也;地者,远近、险易、广狭、死生也[16];将者,智、信、仁、勇、严也[17];法者,曲制、官道、主用[18]也。凡此五者,将莫不闻[19],知[20]之者胜,不知者不胜。故校之以计,而索其情,曰:主孰有道?将孰有能?天地孰得?法令孰行?兵众孰强?士卒孰练?赏罚孰明?吾以此知胜负矣。将听吾计,用之必胜,留之;将不听吾计,用之必败,去之。

计利以听[21],乃为之势,以佐其外。势者,因利而制[22]权也。兵者,诡道[23]也。故能而示之不能[24],用而示之不用[25],近而示之远[26],远而示之近。利而诱之,乱[27]而取之,实而备之,强而避之,怒而挠[28]之,卑而骄之[29],佚[30]而劳之,亲而离[31]之,攻其无备,出其不意。此兵家之胜[32],不可先传[33]也。

夫未战而庙算[34]胜者,得算多也[35];未战而庙算不胜者,得算少也。多算胜,少算不胜,而况于无算乎!吾以此观之,胜负见矣。

【注释】

[1]兵:本指兵器,此处指军事、军事学。

[2]地:地区,这里指思想领域。

[3]道:思想、主张。此处与"地"互文见义。

[4]察:细看、考察、研究。

[5]经:度量、衡量、研究。五事:指下文提到的"道""天""地""将""法"。

[6]计:计算。

[7]索:求索。

[8]道:指军事战略的政治基础。

[9]天:天时。

[10]地:地利。

[11]将:将领。

[12]法:军法。

[13]意:意愿、意志。

[14]而不畏危:汉墓竹简《孙子兵法》中此句为"民弗诡也"。危:通"诡",违反。

[15]阴阳:昼夜、阴晴等不断更迭的自然现象。寒暑:气温冷暖变化。时制:春、夏、秋、冬四时更替的自然现象。

[16]地者,远近、险易、广狭、死生也:汉简《孙子兵法》中为"地者,高下、广狭、远近、险易、死生也",多"高下"二字。远近:战场位置的远与近。险易:战场地形的险阻与平坦。广狭:战场地形的开阔与狭窄。死生:地形上的死地与活地,活地是有利于攻守进退的地形,死地与之相反。

[17]将者,智、信、仁、勇、严也:将领具备智慧、威信、仁德、勇敢和严格五个方面的素质。

[18]曲制:军队的组织、编制制度。官道:将吏的任用、分工、管理制度。主用:军事、军需等方面的制度。

[19]闻:听说、一般了解。

[20]知:深刻认识、深入研究。

[21]以:通"已",已经。听:从、采纳。

[22]制:顺从、顺应。

[23]诡:欺诈、多变。道:原则。

[24]能:能力。

[25]用:用兵、出兵。

[26]近而示之远:向近处却装作要向远处。

[27]乱:混乱。

[28]挠:挑逗、激怒。

[29]卑而骄之:对于轻视我方的敌人,要设法使其更加骄傲,然后寻机击破。另一说,对敌人要示以卑弱,使其骄傲、放松戒备,从而利于攻击。

[30]佚:通"逸",安闲、安逸,指军队休整充分。

[31]离:离间。

[32]胜:奥妙。

[33]先:预先。传:讲明、传授。

[34]庙算:古代用兵前在祖庙里举行一定的仪式,讨论决定作战计谋。

[35]得算多也:取胜的条件多。

【作品导读】 《孙子兵法》自问世以来,为历代政治家和军事家所推崇。《计篇》是《孙子兵法》的第一篇,基本思想由战争的筹划理论与实施方法两部分组成,筹划理论与实施方法有机结合、相得益彰。

《计篇》论述了庙算(战前评估)的必要性和重要性,以"五经""七计"评估战前的胜负因素,以"诡道"指导战前的行动和时机。"国之大事,死生之地,存亡之道"一语点明研究战争的重要性。"故经之以五事,校之以计"提出决定战争胜负的种种客观条件,通过对作战双方基本客观条件的分析比较探求战争胜负的情势。"索其情"指出将帅在正确方略的指导下,为使客观制胜条件转化为战争有利态势,应实行权诈的谋略思想、灵活机变的作战原则和战术。"将听吾计,用之必胜""将不听吾计,用之必败"指出将帅采纳正确的军事方略,是取胜的重要条件。

"算计正确"为夺取战争的胜利创造了可能性,但要使它真正成为现实,就必须发挥主观能动性。"计利以听,乃为之势,以佐其外"指出正确的方略确定后,下一步就要通过具体的军事行动努力发挥指挥者的主观能动性以促使可能性转为现实。"兵者,诡道也",其中"诡道"的具体做法表现为"能而示之不能……远而示之近……出其不意",通过不断制造玄虚使敌方无法准确判定我方的真实意图,这体现了辩证思想。"多算胜,少算不胜,而况于无算乎"指出对战争胜负的预测建立在战前谋划及对双方条件的分析比较和把握上。

《计篇》从人事与自然、主观与客观两方面提出了决定战争胜负的基本条件,阐述了战争观、谋略观及战术思想。世界各国的军事战略家普遍把《孙子兵法》奉为圭臬,而作为中华传统文化的继承者更要辩证地认识《孙子兵法》中的中国传统军事思想。

【思考练习】

1. 请分析"将听吾计"与"君命有所不受"的辩证关系。
2. 结合本文分析中国古典兵学战略思想。

城濮之战(节选)

《左传》

【题解】 《左氏春秋》,汉代改称《春秋左氏传》,又称《左传》,是中国古代第一部叙事完备的编年体史书,更是先秦散文著作的代表,标志着我国叙事散文的成熟。《左传》以《春秋》为本,仿照《春秋》体例,按照鲁国君主的次序,记述了自鲁隐公元年(前722年)到鲁哀公二十七年(前468年)春秋时期的具体史实,保存了许多当时社会文化、自然科学等方面的珍贵史料,在史学上占有极其重要的地位。梁启超称《左传》的出现是"商周以来史界之革命"。《左传》是儒家的重要经典之一,与西汉初年写定的《春秋公羊传》《春秋谷梁传》合称"春秋三传"。一般认为,《左传》的作者是与孔子同时的鲁国史官左丘明。实际上,《左传》大约成书于战国初期。

本文选自《左传·僖公二十八年》。

【原文】 宋人使门尹般如晋师告急。公曰:"宋人告急,舍之则绝[1],告楚不许。我欲战矣,齐、秦未可,若之何?"先轸曰:"使宋舍我而赂齐、秦,藉[2]之告楚;我执[3]曹君,而分曹、卫之田以赐宋人,楚爱曹、卫,必不许也。喜赂怒顽[4],能无战乎?"公说,执曹伯,分曹、卫之田以畀[5]宋人。

楚子入[6]居于申,使申叔去谷[7],使子玉去宋,曰:"无从[8]晋师。晋侯在外十九年矣,而果得晋国,险阻艰难,备尝之矣,民之情伪[9],尽知之矣。天假之年,而除其害[10],天之所置,其可废乎?军志曰:'允当则归。'又曰:'知难而退。'又曰:'有德不可敌。'此三志[11]者,晋之谓矣。"

子玉使伯棼请战,曰:"非敢必有功也,愿以间执[12]谗慝之口。"王怒,少与之师,唯西广、东宫与若敖之六卒实从之。

子玉使宛春告于晋师曰:"请复卫侯而封曹,臣亦释宋之围。"子犯曰:"子玉无礼哉!君取一,臣取二。不可失[13]矣。"先轸曰:"子与[14]之。定人之谓礼。楚一言而定三国,我一言而亡之,我则无礼,何以战乎?不许楚言,是弃宋也,救而弃之,谓诸侯何?楚有三施,我有三怨,怨雠已多,将何以战?不如私许复曹、卫以携[15]之,执宛春以怒楚,既战而后图之。"公说,乃拘宛春于卫,且私许复曹、卫。曹、卫告绝[16]于楚。

子玉怒,从晋师[17],晋师退。军吏曰:"以君辟臣,辱也。且楚师老矣,何故退?"子犯曰:"师直为壮,曲为老,岂在久乎?微[18]楚之惠不及此,退三舍辟之,所以报也。背惠食言,以亢[19]其雠,我曲楚直。其众素饱[20],不可谓老。我退而楚还,我将何求?若其不还,君退臣犯,曲在彼矣。"退三舍。楚众欲止,子玉不可。

夏四月,戊辰,晋侯、宋公、齐国归父、崔夭、秦小子次于城濮[21]。楚师背酅[22]而舍,晋侯患之。听舆人之诵[23]曰:"原田每每[24],舍其旧而新是谋[25]。"公疑焉。子犯曰:"战也!战而捷,必得诸侯。若其不捷,表里山河[26],必无害也。"公曰:"若楚惠何?"栾贞子曰:"汉阳[27]诸姬,楚实尽之。思小惠而忘大耻,不如战也。"晋侯梦与楚子搏[28],楚子伏己而盬[29]其脑,是以惧。子犯曰:"吉。我得天,楚伏其罪[30],吾且柔之[31]矣。"

子玉使斗勃[32]请战,曰:"请与君之士戏[33],君冯轼而观之,得臣与寓目[34]焉。"晋侯使栾枝对曰:"寡君闻命矣。楚君之惠,未之敢忘,是以在此。为大夫退,其敢当君乎?既不获命矣,敢烦大夫,谓二三子[35],戒[36]尔车乘,敬尔君事,诘朝[37]将见。"

晋车七百乘,韅、靷、鞅、靽[38]。晋侯登有莘之虚[39]以观师,曰:"少长有礼,其可用也。"遂伐其木,以益其兵。己巳,晋师陈于莘北。胥臣以下军之佐当陈、蔡[40]。子玉以若敖之六卒将中军[41],曰:"今日必无晋矣。"子西[42]将左,子上[43]将右。

胥臣蒙马以虎皮,先犯陈、蔡,陈、蔡奔,楚右师溃。狐毛设二旆[44]而退之,栾枝使舆曳柴[45]而伪遁,楚师驰之。原轸、郤溱以中军公族横[46]击之,狐毛、狐偃以上军夹攻子西,楚左师溃。楚师败绩。子玉收其卒而止,故不败。

【注释】

[1]舍:丢弃不管。绝:晋、宋关系就要断绝。

[2]藉:凭借、依靠。

[3]执:拘捕、抓住。

[4]顽:顽固,指楚国不肯解围。

[5]畀(bì):给。

[6]入:退回。

[7]去谷:撤离谷地。

[8]从:追随。这里是周旋、交战的意思。

[9]情伪:真假。情:实。

[10]害:指晋怀公、吕饴甥等人。

[11]志:记载。

[12]间执:堵塞。

[13]不可失:不可失去战斗的时机。

[14]与:答应。

[15]携:离间。

[16]告绝:宣布绝交。

[17]从晋师:撤离宋国来追逐晋军。

[18]微:没有。

[19]亢:捍卫、庇护。

[20]饱:指士气饱满。

[21]晋侯:指晋文公重耳。宋公:宋成公,襄公之子。国归父、崔夭:均为齐国大夫。秦小子(yín):秦穆公之子。城濮:卫国地名,在今河南省陈留县。

[22]背:背着。郄(xī):城濮附近一个险要的丘陵地带。

[23]诵:不配乐曲的歌曲。

[24]原田:原野。每每:青草茂盛的样子。

[25]舍其旧:除掉旧草的根子。新是谋:谋新,指开辟新田耕种。

[26]表:外。里:内。山:指太行山。河:黄河。

[27]汉阳:汉水北面。

[28]搏:徒手对打、格斗。

[29]伏己:伏在晋文公身上。盬(gǔ):吮吸。

[30]得天:面朝天,意思是得到天助。伏其罪:面朝地,像认罪。

[31]柔之:软化他,意思是使他驯服。

[32]斗勃:楚国大夫。

[33]戏:较量。

[34]得臣:子玉的字。寓目:观看。

[35]大夫:指斗勃。二三子:指楚军将领子玉、子西等人。

[36]戒:准备好。

[37]诘朝:明天早上。

[38]韅(xiǎn):马背上的皮件。靷(yǐn):马胸部的皮件。鞅(yāng):马腹的皮件。鞶(bàn):马后的皮件。

[39]有莘(shēn):古代国名,在今河南省陈留县东北。虚:同"墟",旧城废址。

[40]陈、蔡:陈、蔡两国军队属于楚军右师。

[41]中军:楚军分为左、中、右三军,中军是最高统帅。

[42]子西:楚国左军统帅斗宜申的字。

[43]子上:楚国右军统帅斗勃的字。

[44]旆(pèi):装饰有飘带的大旗。

[45]舆曳柴:战车后面拖着树枝。

[46]中军公族:晋文公统率的亲兵。横:拦腰。

【作品导读】 鲁僖公二十八年(前632年),晋楚之间发生了春秋前期最大的一次战役。这就是城濮之战。城濮之战发生的根本原因是晋、楚争霸中原。春秋时期,王室衰弱,郑庄公在繻葛之战中击败周桓王,已经显露诸侯争霸的迹象。后来,齐桓公在管仲的辅佐下首先成为春秋时期第一个霸主。在齐桓公之后,南方的楚国强大起来,势力向北方的中原地区延伸,黄河流域的鲁、宋、郑、陈、蔡、许、曹、卫等国都先后与楚国结盟,并受其控制,而此时中原地区最主要的诸侯国晋国的晋文公已回国掌权。晋文公曾长期流亡,回国后励精图治,加强军力,晋国国势由弱转强。晋文公要建立霸业,势必与北上的楚国交锋。这是晋楚城濮之战的根本原因。而城濮之战的直接原因是宋叛楚即晋,楚国合郑、蔡、陈、许四国之师攻宋,宋求救于晋,由此爆发了晋楚之间的城濮之战。本文的主要内容包括战前决策、退避三舍和莘北之战三个部分。

城濮之战就是晋楚争霸的关键性一战。晋国通过这次战役确立了在中原的霸主地位。城濮之战的经过揭示了战争中应充分发挥人的主观能动性。毛泽东在《论持久战》一文中曾引述此战来说明"主观指导的正确与否,影响到优势劣势和主动被动的变化"的深刻道理。也就是说,战争指挥者的能动作用的发挥、战略战术的恰当运用,对敌我力量的转化都具有极大的作用。战争之初,晋军军力弱于对手,且渡过黄河为外线作战,处于不利的地位,但城濮之战中晋军战略正确、指挥有方,在作战方向上先取曹、卫,攻敌所必救,再采用先轸"喜赂怒顽"的建议,争取齐、秦结成统一战线。然后用"退避三舍"之计,先避开楚军的锋芒,使其骄纵轻敌;后抓住彼竭我盈的机会,选择对己有利的战场,赢得主动权。决战时,晋军避强击弱,先"蒙马以虎皮",使楚右师溃;再用佯败之计,虚设"二旆"和"舆曳柴而伪遁",诱敌深入,而后反攻夹击,使楚左师溃;最后迫使子玉收兵。

《城濮之战》是《左传》中描述战争的佳篇。本文非常善于抓住本质来描述战争,详略得当,画龙点睛,对战争过程写得相当简洁,主要笔墨用于战前准备和战中策略。这非常符合中国传统的战争思维。同时,本文的人物描写极具个性特点,子玉的傲慢、晋君的谨慎持重、先轸的雄才大略等都被淋漓尽致地呈现出来。

《城濮之战》给我们的重要启示:在大国竞争中,只有综合运用硬实力和软实力,从政治、经济、军事、外交、文化等入手,充分利用有利条件,努力发挥人的主观能动性,才能立于不败之地。

【思考练习】

1. 城濮之战中晋胜楚败的原因是什么?
2. 简析《城濮之战》的写作特点。

垓下之围(节选)

司马迁

【题解】 司马迁(前145—前90年),字子长,夏阳(今陕西省韩城南)人,一说龙门(今山西省河津市)人,我国西汉伟大的史学家、文学家、思想家,创作了中国第一部纪传体通史《史记》(原名《太史公书》),被后世尊称为"史迁""史圣"。他十岁开始学习古文,曾跟随董仲舒、孔安国学过《公羊春秋》《古文尚书》。年轻时的司马迁曾有一段漫游生涯,走遍祖国的山水,"上会稽,探禹穴""上姑苏,望五湖",从吴越到荆楚、从齐鲁到巴蜀,在湖南汨罗江凭吊屈原、在齐鲁孔庙观车服礼器。漫游生涯使他开阔了视野,为《史记》的写作提供了许多新鲜的材料,让他对历史事件有了深刻体会和切身感受。他写《史记》既有秉承中国史传传统的自觉,也有总结历史"润色鸿业"的担当。经历"李陵之祸"后,他的修史动机有所调整充实,其目标转为发愤著书,通过著书抒发其心中的抑郁和不平。这种巨大的变化赋予《史记》更丰富的内涵,使《史记》既是一部通史巨著,又是作者带着心灵创伤的倾诉。

司马迁的《史记》"究天人之际,通古今之变,成一家之言",被公认为中国史书的典范。《史记》记述了上自传说中的黄帝,下至汉武帝太初四年(前101年)共三千多年的历史,共一百三十篇,有十二本纪、十表、八书、三十世家、七十列传。《史记》是我国纪传体史学的奠基之作,也是我国纪传文学的开端。《史记》指次古今,出入风骚,对《诗经》和《楚辞》均有继承,同时战国散文那种酣畅淋漓的风格也为《史记》所借鉴,充分体现了大一统王朝中各种文学传统的融合。《史记》影响深远,为后代文学的发展提供了丰富的营养和强大的动力,被鲁迅誉为"史家之绝唱,无韵之《离骚》"。

本文选自《史记·项羽本纪》。

【原文】 项王军壁[1]垓下[2],兵少食尽。汉军及诸侯兵围之数重。夜闻汉军四面皆楚歌[3],项王乃大惊,曰:"汉皆已得楚乎?是何楚人之多也!"项王则夜起,饮帐中。有美人名虞,常幸从[4];骏马名骓[5],常骑之。于是项王乃悲歌慷慨[6],自为诗曰:"力拔山兮气盖世,时不利兮骓不逝。骓不逝兮可奈何!虞兮虞兮奈若何[7]!"歌数阕[8],美人和之。项王泣数行下,左右皆泣,莫[9]能仰视。

于是项王乃上马骑[10],麾下[11]壮士骑从者八百余人,直夜[12]溃围南出,驰走。平明,汉军乃觉之,令骑将灌婴以五千骑追之。项王渡淮,骑能属者[13]百余人耳。项王至阴陵[14],迷失道,问一田父,田父绐[15]曰:"左。"左,乃陷大泽中。以故汉追及之。项王乃复引兵而东,至东城[16],乃有二十八骑。汉骑追者数千人。项王自度[17]不得脱,谓其骑曰:"吾起兵至今八岁矣,身七十余战,所当者[18]破,所击者服,未尝败北,遂霸有天下。然今卒[19]困于此。此天之亡我,非战之罪也。今日固[20]决死,愿为诸君快战[21],必三胜之,为诸君溃围,斩将,刈[22]旗,令诸君知天亡我,非战之罪也。"乃分其骑以为四队,四向。汉军围之数重。项王谓其骑曰:"吾为公取彼一将。"令四面骑驰下,期山东[23]为三处。于是项王大呼驰下,汉军皆披靡[24],遂斩汉一将。是时赤泉侯[25]为骑将,追项王,项王瞋目[26]而叱之,赤泉侯人马俱惊,辟易[27]数里。与其骑会为三处,汉军不知项王所在。乃分军为三,复围之。项王乃驰,复斩汉一都尉,杀数十百人。复聚其骑,亡其两骑耳。乃谓其骑曰:"何如?"骑皆伏曰:"如大王言。"

于是项王乃欲东渡乌江[28]。乌江亭长[29]舣船待。谓项王曰:"江东[30]虽小,地方[31]千里,众数十万人,亦足王也。愿大王急渡!今独臣有船,汉军至,无以渡。"项王笑曰:"天之亡我,我何渡为?且籍与江东子弟八千人渡江而西,今无一人还。纵江东父兄怜而王我[32],我何面目见之?纵彼不言,籍独[33]不愧于心乎!"乃谓亭长曰:"吾知公长者[34]。吾骑此马五岁,所当无敌,尝一日行千里,不忍杀之,以赐公。"乃令骑皆下马步行,持短兵接战。独籍所杀汉军数百人。项王身亦被十余创。顾见汉骑司马[35]吕马童[36],曰:"若非吾故人乎?"马童面之[37],指王翳曰:"此项王也。"项王乃曰:"吾闻汉购[38]我头千金,邑万户,吾为汝德。"乃自刎而死……

太史公[39]曰:吾闻之周生曰,舜目盖重瞳子[40],又闻项羽亦重瞳子,羽岂其苗裔[41]邪?何兴之暴也!夫秦失其政,陈涉[42]首难[43],豪杰蜂起,相与并争,不可胜数。然羽非有尺寸,乘势起陇亩之中,三年,遂将五诸侯灭秦,分裂天下,而封王侯,政由羽出,号为"霸王";位虽不终,近古[44]以来,未尝有也。及羽背关怀楚[45],放逐义帝[46]而自立,怨王侯叛己,难矣。自矜[47]功伐,奋其私智而不师古,谓霸王之业,欲以力征,经营天下,五年卒亡其国。身死东城,尚不觉寤[48],而不自责,过矣。乃引"天亡我,非用兵之罪也",岂不谬哉!

【注释】

[1]壁:营垒,此处用作动词,扎营。

[2]垓下:地名,在今安徽省灵璧县东南。

[3]四面皆楚歌:四面八方都响起用楚方言所唱的歌曲,喻指楚人多已降汉。

[4]幸从:得到宠爱,跟随在项羽身边。

[5]骓(zhuī):毛色黑白相间的马。这里是以毛色为马命名。

[6]慷慨:悲愤激昂。

[7]奈若何:将你怎么办。若:你。

[8]数阕(què):好几遍。乐曲终止叫阕。

[9]莫:没有人。

[10]骑(jì):名词,一人一马为一骑。

[11]麾下:部下。

[12]直夜:中夜、半夜。

[13]骑能属者:能跟从而来的骑兵。属:随从。

[14]阴陵:秦时地名,在今安徽省定远县西北。

[15]绐(dài):古同"诒",欺骗、诈骗。

[16]东城:秦时地名,在今安徽省定远县东南。

[17]度(duó):揣测、估计。

[18]所当者:所遇到的敌方。

[19]卒:最终。

[20]固:必、一定。

[21]快战:痛痛快快地打一仗。

[22]刈(yì):割、砍。

[23]山东:山的东面。

[24]披靡:如草随风而倒,形容惊溃散乱的样子。

[25]赤泉侯:指杨喜。这是他后来的封号。

[26]瞋(chēn)目:张目怒视。

[27]辟易:因惊惧而退避。辟:同"避"。易:易地。

[28]乌江:渡口名,在今安徽省和县东北四十里长江西岸。

[29]亭长:乡官名。秦、汉时,十里一亭,设亭长一人管理乡里事务。

[30]江东:长江在芜湖、南京之间作西南偏南、东北偏北流向,是南北往来主要渡口的所在地,习惯上称从这里以下的长江南岸地区为江东。

[31]地方:地方千里(土地方圆千里)。

[32]王(wàng)我:拥护我为王。

[33]独:难道。

[34]长(zhǎng)者:年高忠厚的人。

[35]骑司马:骑兵官名。

[36]吕马童:原是项羽的部将。

[37]面之:对面细看。一说,背过脸去,言其忸怩之状。

[38]购:悬赏征求。

[39]太史公:司马迁自称。

[40]重瞳子:一个眼珠里有两个瞳孔,古人认为这是神异的人物。

[41]苗裔:后代子孙。

[42]陈涉:名胜,字涉,阳城(今河南省登封市东南)人,同吴广首先起兵反秦,是我国古代著名的农民起义领袖。

[43]首难:首先起来造反。

[44]近古:指春秋战国以来的时代。

[45]背关怀楚:放弃关中形胜之地,怀念楚国,东归建都彭城(今江苏省徐州市)。

[46]义帝:楚怀王熊槐之后,名心。

[47]矜:夸耀。

[48]寤:通"悟"。

【作品导读】 《项羽本纪》是《史记》中的经典作品。全文通过描绘秦末农民起义和楚汉之争的历史,生动而深刻地展示了项羽波澜壮阔的一生,其中主要写了三个故事:巨鹿之战项羽作为起义领袖,英勇善战、破釜沉舟、背水一战,为灭秦立下了赫赫战功;鸿门宴项羽放虎归山、有勇无谋、坐失良机,为自己的悲剧埋下了伏笔;垓下之围,西楚霸王乌江自刎。本文节选的《垓下之围》是《项羽本纪》的最后一部分。

《垓下之围》主要通过描绘三个经典场景反映项羽人生的最后阶段。一是霸王别姬反映了英雄多情而无可奈何的心境,同时暗示项羽不善用人、众叛亲离的处境。二是东城快战中,溃围、斩将、刈旗展现了项羽勇猛无比的英姿,同时体现了他爱逞匹夫之勇、未认识到自己失败原因的悲剧性。三是乌江自刎,项羽因愧对江东父老而自刎乌江,宁死不屈,揭示了他知耻重义的一面,也反映了他走投无路的末路心态。

在《垓下之围》中，作者塑造了一个失败的英雄。霸王别姬时，项羽被围垓下、四面楚歌，表现出英雄末路、情深无奈的侠骨柔肠。东城突围中，项羽虽兵剩无几，却能连斩数将，展现了勇冠三军、力挫群雄的勇猛英姿。而他反复发出呼告"天之亡我，非战之罪"，又充分反映其恃勇自负的内心世界；兵退乌江，本可渡江以期东山再起，但项羽因愧见江东父老而自刎，体现了宁死不辱、知耻重义的性格特征。"垓下之围"中的项羽，可以说是性格复杂、个性鲜明的。

《史记》"其文直，其事核"，是中国史家"实录"的代表。司马迁打破了"成王败寇"的历史偏见，将项羽放在"本纪"中，并赋予这个失败者较多的赞颂和同情，在当时是颇具胆识的。在创作中，司马迁还善于对历史事实进行艺术加工，写出了许多生动传神的细节。"虞兮虞兮"的悲歌成为"霸王别姬"的典型情节；"天之亡我"在项羽口中先后三次出现，充分反映了项羽"身死东城，尚不觉寤"；"瞋目而叱"的英武、"吾为若德"的蔑视都如在目前。这篇文字达到雄奇悲壮的美学境界，读之令人荡气回肠。

中国具有世界上最深厚的史传传统。历史不仅是对一段时光的客观描述，更重要的是借鉴。读史可以明智，知古方能鉴今，以史为镜，可以知兴替。本篇最后的"太史公曰"对项羽进行了中肯而深刻的评价，既肯定了项羽在灭秦过程中的丰功伟绩，又从政治、军事、个人品性上批评了他放逐义帝、背关怀楚、自矜以武力经营天下的错误。这些都充分体现了司马迁具有非凡的史学见识。

【思考练习】

1. 你认为项羽失败的原因是什么？
2. 简要分析项羽的性格特征。

侠客行

李 白

【题解】 侠客行为乐府旧题。《乐府诗集》卷六十七收此诗,列于《杂曲歌辞》。晋代张华有《游侠篇》,李白拟之作《侠客行》。《侠客行》约成于唐玄宗天宝三载(744年)李白游齐州时,是其任侠意识的真实写照,也是唐代游侠之风盛行的真实反映。李白不仅有《侠客行》,还有《白马篇》。李白将任侠意识与建功立业的理想抱负结合在一起,使传统以个体为主的侠文化向关注国家民生转变。

【原文】 赵客[1]缦胡缨[2],吴钩霜雪明[3]。银鞍照白马,飒沓[4]如流星。十步杀一人,千里不留行[5]。事了拂衣去,深藏身与名。闲过信陵[6]饮,脱剑膝前横。将炙啖朱亥,持觞劝侯嬴[7]。三杯吐然诺,五岳倒为轻。眼花耳热后,意气素霓[8]生。救赵挥金槌,邯郸先震惊。千秋二壮士,烜赫[9]大梁城[10]。纵死侠骨香,不惭世上英。谁能书阁下,白首《太玄经》[11]?

【注释】

[1]赵客:燕赵之地的侠客。自古燕赵多慷慨悲歌之士。《庄子·说剑》中有:"昔赵文王喜剑,剑士夹门而客三千余人。"

[2]胡:古时北方少数民族的通称。缨:系冠帽的带子。

[3]吴钩:宝刀名。霜雪明:谓宝刀的锋刃像霜雪一样明亮。

[4]飒沓:迅疾的样子。

[5]《庄子·说剑》中有:"臣之剑十步一人,千里不留行。"这里说的是侠客剑术高超。

[6]信陵:信陵君,战国四公子之一,为人礼贤下士,门下食客三千余人。

[7]朱亥、侯嬴:都是信陵君的门客。朱亥本是屠夫,侯嬴原是魏国都城大梁东门的门官,两人都受到信陵君的礼遇,都为其所用。

[8]素霓:白虹。古人认为,凡要发生不寻常的大事,就会有不寻常的天象出现,如"白虹贯日"。

[9]烜赫:形容声名盛大。

[10]大梁城:魏国都城,今河南开封。

[11]《太玄经》:西汉扬雄的一部哲学著作。扬雄曾在皇帝藏书的天禄阁承担校刊工作。

【作品导读】 唐代,少年好侠,文人慕侠。王维、陈子昂、孟浩然、王之涣、高适等都有少年任侠的经历。王维的《少年行》:"新丰美酒斗十千,咸阳游侠多少年。相逢意气为君饮,系马高楼垂柳边。"陈子昂的"始以豪家子,驰侠使气,至年十七八未知书",孟浩然的"少好节义,喜振人患难",王之涣的"少有侠气,所从游皆五陵少年,击剑悲歌,从禽纵酒"。李白同样受到唐代游侠风气的影响,少年喜剑术、尚任侠。他"十五好剑术"(《与韩荆州书》)、"高冠佩雄剑"(《忆襄阳旧游赠马少府巨》),甚至一生都不离剑,"抚剑夜吟啸,雄心日千里"(《赠张相镐》其二)、"长剑一杯酒,男儿方寸心"(《赠崔侍御》)。最集中体现李白的侠客精神的作品是《侠客行》。

李白的《侠客行》以夸张的笔墨从游侠的服饰写起"赵客缦胡缨,吴钩霜雪明。银鞍照白马,飒沓如流星",仅用二十个字,就栩栩如生地展现了游侠儿的气势和风貌。从表面上看,诗人写物不写人,实际上所写之物处处体现了人的精神气质。"缦胡"的"缨"、"霜雪明"的"吴钩"、"飒沓如流星"的"白马",这些当时流行的任侠服饰不仅具有典型性,而且体现了主人的豪纵、慷慨之气。

诗人进而写游侠的行为"十步杀一人,千里不留行。事了拂衣去,深藏身与名",也仅用二十个字高度概括了侠客为人排忧解难、不图名利、尚义气、重承诺的高尚品格。诗人盛赞"纵死侠骨香,不惭世上英"的思想。事实上,诗人之所以少好任侠,正是以此为理想品格而心向往之,因此他能把一般的任侠意识写得如此深刻而生动。

接着,诗人以战国时"窃符救赵夺晋鄙军"中的侯嬴、朱亥"二壮士"为例,阐明"纵死侠骨香,不惭世上英"之旨。李白极力推崇他们"闲过信陵饮,脱剑膝前横"的豪迈,"将炙啖朱亥,持觞劝侯嬴"的洒脱,"三杯吐然诺,五岳倒为轻"的守信重诺,"眼花耳热后,意气素霓生"的意气风发,"救赵挥金槌,邯郸先震惊"的言行必果。"千秋二壮士"令人震撼,"不惭世上英"当之无愧。诗人对这种侠义精神不禁叹服不已,情见乎辞。

最后,诗人对创作《太玄经》的扬雄等加以无情的蔑视,"谁能书阁下,白首《太玄经》",这是壮夫所不为的。

【思考练习】

1. 通过《侠客行》分析唐人"尚任侠"的精神内涵。
2. 谈谈《侠客行》的艺术特色。

九歌·国殇

屈 原

【题解】 屈原(约前340—前278年),战国时期楚国的爱国诗人,名平,字原,出身楚国贵族。早年,他任左徒、三闾大夫,主张修明法度、举贤授能,东联齐国,西抗强秦,因提倡"美政"而遭贵族排挤诽谤,被放逐至沅湘流域。前278年,郢都被秦兵攻破,屈原对前途感到绝望,遂投汨罗江而亡。

屈原在楚国民歌的基础上创造了新的诗歌体裁——"楚辞",开创了"香草美人"的传统。以屈原作品为主体的《楚辞》是我国浪漫主义诗歌的源头,与《诗经》并称"风骚"。屈原的主要作品有《离骚》《九歌》《九章》《天问》等。"路漫漫其修远兮,吾将上下而求索",屈原的坚持真理和"求索"精神千百年来激励了无数后人。

《九歌》是屈原模仿楚国南方民间祭歌的形式创作的诗歌,共十一篇,包括《湘夫人》《礼魂》等。《国殇》是《九歌》中的一篇,是追悼楚国阵亡士卒的挽诗。

【原文】 操吴戈兮被犀甲[1],车错毂兮短兵[2]接。旌蔽日兮敌若云,矢交坠[3]兮士争先。凌余阵兮躐余行[4],左骖殪兮右刃伤[5]。霾两轮兮絷[6]四马,援玉枹兮击鸣鼓[7]。天时坠兮威灵[8]怒,严杀尽[9]兮弃原野。

出不入兮往不反[10],平原忽兮路超远[11]。带长剑兮挟秦弓[12],首身离兮心不惩[13]。诚既勇兮又以武[14],终刚强兮不可凌[15]。身既死兮神以灵[16],子魂魄兮为鬼雄[17]。

【注释】

[1]吴戈:吴国制造的戈。被:通"披",穿着。犀甲:犀牛皮制作的铠甲,特别坚硬。

[2]错:交错。毂(gǔ):车轮的中心部分,有圆孔,可以插轴,这里泛指战车的轮轴。短兵:指刀剑一类的短兵器。

[3]矢交坠:两军相射的箭纷纷坠落在阵地上。

[4]凌:侵犯。躐(liè):践踏。行:军队的行列。

[5]骖(cān):古时用四匹战马牵一辆车,左右两旁的马叫骖,中间两匹叫服。殪(yì):死亡。刃伤:为刃所伤。

[6]霾(mái):通"埋",遮掩、掩埋。絷(zhí):拴住马足。

[7]援玉枹兮击鸣鼓:古时以击鼓指挥军队进击。枹(fú):鼓槌。

[8]天时:上天际会,这里指上天。坠:一作"怼",怨恨。威灵:威严的神灵。

[9]严杀:残酷杀戮。尽:皆、全都。

[10]反:通"返",返回。

[11]忽:渺茫、不分明。超远:遥远无尽头。

[12]挟:持、拿。秦弓:良弓,战国时秦地木材质地坚实,制造的弓射程远。

[13]首身离:身首异处。惩:畏惧。

[14]诚:诚然、确实。以:且,连词。武:威武。

[15]终:始终。凌:侵犯。

[16]以:而。神以灵:精神不死成为神灵。

[17]子:对战士亡灵的尊称。鬼雄:鬼中的英雄,用以称誉为国捐躯者。

【作品导读】《九歌·国殇》取民间"九歌"之祭奠之意,以哀悼死难的爱国将士。据《史记·楚世家》记载,从楚怀王十七年(前312年)至顷襄王元年(前298年),楚国有超过十五万将士在与秦军的血战中横死疆场。诗人屈原为了追悼和慰藉这些为国壮烈牺牲的将士的英灵,写下了这首气壮山河、万古不朽的诗篇。

在结构上,诗歌分为两部分:前篇以叙事为主,描绘了短兵相接的战斗中楚国将士奋勇杀敌的壮烈场面,意在歌颂英雄;后篇以抒情为主,意在悼念英雄,颂扬楚国将士为国捐躯的英雄气概和爱国精神。在形式上,诗歌句式整齐,每句句中都有一个"兮"字,具有明显的楚国语言特点,且字数均等,朗朗上口。诗歌开头描写了操吴戈、披犀甲的楚国战士,轮毂交错、短兵相接的楚国战车,从"旌蔽日兮敌若云"可知这是一场敌众我寡的战争,战士与战车沐浴着红日的光华,运用了情景交融的写作手法。"霾两轮兮絷四马,援玉枹兮击鸣鼓"充分显示了楚军的气势高涨和奋勇争先。后篇写激战已过,将士们已英勇就义,他们"生当作人杰,死亦为鬼雄",有的身首分离,有的手执敌弓,有的魂魄武毅。诗人将惨烈的战争场面描绘得栩栩如生,却让人感受不到哀鸣和沮丧。诗篇流露出的情感炽烈,展现了凛然悲壮之美,与《楚辞》中其他作品风格迥异。

【思考练习】

1. 这首诗歌描写战斗场面,将概括叙述与具体描写结合、动态描绘与静止画面结合、暗写敌人凶猛与明写楚军奋勇结合,请简要分析这样写的作用。

2. 试分析"身既死兮神以灵,子魂魄兮为鬼雄"与本诗主题的关系。

满江红·怒发冲冠

岳 飞

【题解】 岳飞(1103—1142年),字鹏举,相州汤阴(今河南省汤阴县)人,中国历史上著名的军事家,南宋"中兴四将"之一,力主抗金,后因不附和议,被秦桧诬陷,于大理寺狱中遇害,宋孝宗时追谥"武穆",宁宗时追封"鄂王",理宗时改谥"忠武"。相传,岳飞背后有其母刺刻的"精忠报国"四个字。

满江红为词牌名,格调沉郁激昂,常用于抒发情怀。

【原文】 怒发冲冠[1],凭栏处、潇潇[2]雨歇。抬望眼、仰天长啸[3],壮怀激烈。三十功名尘与土[4],八千里路云和月[5]。莫等闲[6]、白了少年头,空悲切。

靖康耻[7],犹未雪。臣子恨,何时灭。驾长车踏破,贺兰山[8]缺。壮志饥餐胡虏肉,笑谈渴饮匈奴血。待从头、收拾旧山河,朝天阙[9]。

【注释】

[1]怒发冲冠:愤怒得头发竖起,以至于将帽子顶起,形容愤怒至极。《史记·廉颇蔺相如列传》中记载:"相如因持璧却立,倚柱,怒发上冲冠。"

[2]潇潇:形容雨势急骤。

[3]长啸:感情激动时撮口发出清而长的声音。

[4]尘与土:功名如尘土。

[5]八千里路云和月:形容南征北战,路途遥远,披星戴月,日夜兼程。

[6]等闲:轻易、随便。

[7]靖康耻:靖康二年(1127年),金兵攻陷汴京,掳走徽、钦二帝,北宋灭亡。

[8]贺兰山:在今宁夏西,此处借指金统治区。

[9]天阙:本指宫殿前的楼观,此指皇帝生活的地方。

【作品导读】 岳飞留下来的词不多,但成就颇高,尤其是这首《满江红·怒发冲冠》,它壮怀激烈、正气恢宏,能为天下人而奋一腔热血,能令懦夫顿生奋起之志。

"怒发冲冠,凭栏处、潇潇雨歇"意为骤急的风雨刚刚停歇,我怒发冲冠,独自登高凭栏。"抬望眼、仰天长啸,壮怀激烈"意为抬头远望天空一片高远壮阔,禁不住仰天长啸,一片报国之心、壮烈情怀溢满心胸。开头凌云壮志、气壮山河,写得气势磅礴。

"三十功名尘与土,八千里路云和月"尤其耐人寻味。大丈夫在世,当建奇功、立伟业,人生怎不为功名?何等壮志。走过漫漫征程、度过茫茫岁月,一身尘土,披星戴月,人生又有多少艰辛,何等沧桑?然而人生又岂能只为功名?我视功名如尘土、我视富贵如浮云,多少痛苦与辉煌我都与这天上的云月共赏。何等潇洒。这十四个字,可以说是出乎意料、令人叫绝,半生壮志、九曲刚肠,何等胸襟、何等识见。

"莫等闲、白了少年头,空悲切。"好男儿,要抓紧时间建功立业,不要空空将青春消磨,等年老时徒自悲切。这显然是从"少壮不努力,老大徒伤悲"化出,读来语重心长,如同长者的劝告。

这里有建立功业的热切,珍惜生命的呼号。岳飞本人就是如此。他从小勤练武艺,后拜周同为师学箭,挽弓三百斤,左右开弓箭无虚发。

"靖康耻,犹未雪。臣子恨,何时灭。""靖康之变"的耻辱至今仍然没有被洗雪,作为臣子的愤恨何时才能泯灭,语势急促,满腔激愤。

"驾长车踏破,贺兰山缺。壮志饥餐胡虏肉,笑谈渴饮匈奴血。"这句意为我要驾着战车将贺兰山踏为平地,我满怀壮志,饿了以敌人的肉为食,渴了以敌人的鲜血为饮。

"待从头、收拾旧山河,朝天阙"意为待我重新收复旧日山河,再向国家报捷,满腔悲愤,丹心碧血,倾出肺腑。

【思考练习】

1. 背诵这首词。
2. 如何理解"三十功名尘与土,八千里路云和月"?

情　采

刘　勰

【题解】 刘勰(约465—520年),字彦和,南朝文学理论家、文学批评家,祖籍东莞郡莒县(今山东省日照市莒县东莞镇沈庄)人,八岁丧父,二十岁丧母,家贫笃志好学,投靠名僧僧祐,学习儒家和佛家理论,历任临川王(萧宏)记室、太末(今浙江省龙游县)令、太子通事舍人,颇有清名。

《文心雕龙》成书于501—502年,共五十篇,三万七千余言,分上、下两编,包括总论、文体论、创作论、批评论四个部分。总论五篇,明确提出文学原理和写作原理,是全书的"文之枢纽"。文体论含上编的《明诗》至《书记》二十篇,论述了有韵文和无韵文各体文章的性质、写作要点。创作论含下编的《神思》至《总术》十九篇,探讨了文学创作的情与理、形式与内容等关系。批评论含下编的《时序》至《程器》五篇,论述批评鉴赏的方法和态度,品评历代文学与作家。最后一篇《序志》是全书的序言,叙述作者写作此书的动机和原则。

《文心雕龙》内容丰富、体大思精,形成了完整的理论体系,是中国古代文学理论和文学批评史上的经典之作,对后世产生了深远的影响。

【原文】 圣贤书辞,总称"文章"[1],非采而何?夫水性虚而沦漪[2]结,木体实而花萼[3]振:文附质[4]也。虎豹无文,则鞟[5]同犬羊,犀兕[6]有皮,而色资[7]丹漆:质待文也。若乃综述性灵,敷写器象[8],镂心鸟迹[9]之中,织辞渔网[10]之上,其为彪炳[11],缛采名矣[12]。

故立文之道[13],其理有三:一曰形文[14],五色[15]是也;二曰声文,五音[16]是也;三曰情文,五性[17]是也。五色杂而成黼黻[18],五音比而成韶夏[19],五性发而为辞章,神理之数[20]也。

《孝经》垂典[21],丧言不文[22];故知君子常言[23],未尝质也[24]。老子疾[25]伪,故称"美言不信"[26];而五千精妙,则非弃美矣。庄周云,"辩雕[27]万物",谓藻[28]饰也。韩非云,"艳乎辩说",谓绮[29]丽也。绮丽以艳说,藻饰以辩雕,文辞之变,于斯极矣。

研味《孝》《老》[30],则知文质[31]附乎性情;详览庄、韩,则见华实过乎淫[32]侈。若择源于泾渭[33]之流,按辔[34]于邪正之路,亦可以驭文采矣。夫铅黛[35]所以饰容,而盼倩[36]生于淑姿;文采所以饰言,而辩丽本于情性[37]。故情者文之经,辞者理之纬;经正而后纬成,理定而后辞畅。此立文之本源[38]也。

昔《诗》人什篇[39],为情而造文;辞人赋颂,为文而造情。何以明其然?盖《风》《雅》[40]之兴,志思蓄愤[41],而吟咏情性,以讽其上,此为情而造文也;诸子[42]之徒,心非郁陶[43],苟驰[44]夸饰,鬻声钓[45]世,此为文而造情也。故为情者要约而写真,为文者淫丽而烦滥[46]。而后之作者,采滥忽真,远弃《风》《雅》,近师辞赋,故体情之制[47]日疏,逐文之篇愈盛。

故有志深轩冕[48],而泛咏皋壤[49],心缠机务[50],而虚述人外[51]。真宰[52]弗存,翩[53]其反矣。夫桃李不言而成蹊[54],有实存也;男子树兰而不芳,无其情也。夫以草木之微,依情待实,况乎文章,述志为本,言与志反,文岂足征[55]?

是以联辞结采,将欲明理;采滥辞诡,则心理愈翳[56]。固知翠纶桂饵[57],反所以失鱼。"言隐荣华",殆谓此也。是以"衣锦褧[58]衣",恶文太章[59];《贲》象穷白[60],贵乎反本。夫能设模以位理[61],拟地以置心[62],心定而后结音,理正而后摛藻。使文不灭质,博不溺心[63],正采[64]耀乎朱蓝,间色[65]屏于红紫,乃可谓雕琢其章,彬彬君子矣。

赞曰:言以文远,诚哉斯验。心术[66]既形,英华乃赡。美锦好渝[67],舜英[68]徒艳。繁采寡情,味之必厌。

【注释】

[1]文:条理。章:色彩。

[2]性:性质、特征。沦漪(lúnyī):水的波纹。

[3]萼(è):花托。

[4]质:文章内容。

[5]鞟(kuò):皮革、去毛之皮。

[6]犀(xī):雄犀牛。兕(sì):雌犀牛。

[7]资:凭借。

[8]敷写:铺陈描写。器象:事物的状貌、形象。

[9]镂:雕刻。鸟迹:指文字。相传仓颉受鸟兽足迹的启发而造文字。

[10]织辞:组织、安排词句。渔网:纸张。《后汉书·蔡伦传》中说蔡伦用树皮、渔网等造纸。

[11]彪炳:文采鲜明、光耀。

[12]缛采名矣:以文采繁复著称。名:闻名、著称。

[13]道:道路、途径。

[14]文:指广义的文,包括形文、声文、情文。

[15]五色:青、黄、赤、白、黑,指作品的形象描写。

[16]五音:宫、商、角、徵(zhǐ)、羽,指作品的声韵。

[17]五性:喜、怒、郁、惧、忧五种性情。

[18]黼黻(fǔfú):古代礼服上的花纹。黼:黑白相间的花纹。黻:黑青相间的花纹。

[19]比:并列、比配。韶:舜时的乐曲。夏:禹时的乐曲。

[20]神理:神妙的自然之理。数:规律。

[21]《孝经》:儒家经典之一,论述封建孝道。垂:流传下来。典:法度。

[22]丧言不文:哀悼父母的话不应有文采。

[23]常言:不是哀伤父母的话。

[24]未尝质也:并不朴质。

[25]疾:憎恶。

[26]美言不信:《老子》最后一章中的话,是针对某些虚华不实的文辞说的。

[27]辩雕:古代逻辑术语,指推理。

[28]藻:辞藻。

[29]绮(qǐ):有花纹的丝织品。

[30]《孝》:《孝经》。《老》:《老子》。

[31]文质:本指形式和内容,这里是偏义复词,只指形式。

[32]华实:偏义复词,这里只指华。淫:过分。

[33]泾渭:泾水和渭水一清一浊,二水汇合于陕西省高陵区。

[34]辔(pèi):马缰绳。按辔:收住马缰慢行,此处喻从容不迫。

[35]铅:铅粉。黛(dài):古代女子画眉用的青黑色颜料。

[36]盼:美目。倩:动人的笑貌。

[37]情性:指作品所表达的作者的思想感情。

[38]本源:根本,这里指文学创作的根本原理。

[39]什:十篇为什。什篇:诗篇。

[40]《风》《雅》:指《诗经》中的国风和大、小雅。

[41]志思蓄愤:心怀忧思,郁积了愤懑。

[42]诸子:辞赋家们。

[43]郁陶:情有郁结。

[44]苟驰:任意放纵。

[45]鬻(yù):卖。声:名声。钓:骗取。

[46]淫丽:文辞艳冶。滥:不切实。

[47]制:此处指合乎规范的作品。

[48]轩冕(miǎn):指高级官位,此处喻指功名利禄。轩:有屏藩的车。冕:礼冠。

[49]皋(gāo)壤:水边地,指山野隐居的地方。

[50]机务:政事、政务。

[51]人外:世外。

[52]真宰:真正的主宰,此处指真实的情感。

[53]翩:偏。

[54]蹊:路。

[55]征:取信于人的凭证。

[56]翳(yì):隐蔽。

[57]翠纶:用翡翠鸟毛做的钓鱼线。桂:肉桂,喻珍贵的食物。饵:引鱼的食物。

[58]褧(jiǒng):古代用麻布做的套在外面的罩衣。

[59]章:鲜明。太章:过分显耀。

[60]《贲》(bì)象:《易经》中的卦名。穷白:发展到最后是没有文饰的白色。穷:追溯到底。

[61]模:规范、标准。位理:给情理以恰当位置,使之能充分阐发。

[62]地:底子,这里指文章的基础。置心:安排思路条理,使情思得以表现。

[63]溺:淹没。溺心:淹没思想感情。

[64]正采:古代视朱与蓝为正色。

[65]间色:古代视红与紫为间色,即不纯正的杂色。

[66]心术:思路、构思活动。

[67]渝:变化。

[68]舜英:木槿花。

【作品导读】《文心雕龙》共五十篇，其中《情采》是其下半部分的纲领，为克服"文不对体""虚情假意""浮词滥语"等弊端，刘勰提出"质文并重""质而后文""为情造文"等观点，并阐述不同文体应遵循的创作规范。

刘勰生于魏晋南北朝时期，这既是人觉醒的时代，又是文学自觉的时代。文学家在创作时开始关注内心情感的表达，文学批评家也陆续展开对"情"的关注。刘勰深受儒、释、道三家思想影响，对"情"有辩证的认识，但他的"情""采"与西方文学理论中的"内容与形式"并不等同。具体来说，"情采"之"情"兼具性情、情理两层含义。例如"志思蓄愤""吟咏情性"等中的"情"指性情；"理定而后辞畅""述志为本""将欲明理""心理愈翳"等指志向或道理。"采"也包含两层含义，即"辞采""秀气"。

刘勰在《情采》中开宗明义地提出"质文并重"的观点。"质文"之说出于孔子，"文质彬彬，然后君子"是先秦儒家最核心的文学思想之一。在此基础上，刘勰提出文章写作的一个重要原则，即为情造文，并将"为情造文"与"为文造情"两种作文方式进行对比，认为所作之文只有出于真情才能达到"文质彬彬""理定辞畅"之境，杜绝文章烦滥之弊。与此对应，刘勰又提出文章以"述志为本"，情为文之经，文采一定要服从情感表达的需要。

《情采》中提出的"为情而造文""要约而写真"等观点，不仅对齐梁时期浮浅淫丽的文风有针砭之意，而且由此形成的较为完整的写作理论极具现实指导意义与学术价值。

【思考练习】

1. 结合本文分析"情"与"采"的关系。
2. 阐述刘勰提出的"情采"范畴的理论意义。

文与可画筼筜谷偃竹记

苏 轼

【题解】 苏轼(1037—1101年),字子瞻、和仲,号东坡居士,世称苏东坡,眉州眉山(今四川省眉山市)人。他是北宋中期文坛领袖,在诗、词、散文、书、画等方面取得了很高成就。

【原文】 竹之始生,一寸之萌[1]耳,而节叶具焉;自蜩腹蛇蚹[2],以至于剑拔十寻者,生而有之也。今画者乃节节而为之,叶叶而累之,岂复有竹乎?故画竹必先得成竹于胸中,执笔熟视,乃见其所欲画者,急起从之,振笔直遂[3],以追其所见,如兔起鹘落,少纵则逝矣。与可之教予如此。予不能然也,而心识其所以然。夫既心识其所以然,而不能然者,内外不一,心手不相应,不学之过也。故凡有见于中,而操之不熟者,平居自视了然,而临事忽焉丧之,岂独竹乎?子由为《墨竹赋》以遗与可曰:"庖丁[4],解牛者也,而养生者取之;轮扁,斫轮[5]者也,而读书者与之。今夫夫子之托于斯竹也,而予以为有道者则非耶?"子由未尝画也,故得其意而已。若予者,岂独得其意,并得其法。

与可画竹,初不自贵重。四方之人,持缣素[6]而请者,足相蹑于其门。与可厌之,投诸地而骂曰:"吾将以为袜!"士大夫传之,以为口实。及与可自洋州还,而余为徐州。与可以书遗余曰:"近语士大夫:'吾墨竹一派[7],近在彭城,可往求之。'袜材当萃于子矣[8]。"书尾复写一诗,其略曰:"拟将一段鹅溪[9]绢,扫取寒梢万尺长。"予谓与可:"竹长万尺,当用绢二百五十匹,知公倦于笔砚,愿得此绢而已!"与可无以答,则曰:"吾言妄矣!世岂有万尺竹哉?"余因而实之,答其诗曰:"世间亦有千寻竹,月落庭空影许长。"与可笑曰:"苏子辩矣,然二百五十匹绢,吾将买田而归老焉。"因以所画《筼筜谷偃竹》遗予曰:"此竹数尺耳,而有万尺之势。"筼筜谷在洋州,与可尝令予作洋州三十咏,筼筜谷其一也。予诗云:"汉川修竹贱如蓬,斤斧何曾赦箨龙[10],料得清贫馋太守,渭滨千亩在胸中。"与可是日与其妻游谷中,烧笋晚食,发函得诗,失笑喷饭满案。

元丰二年正月二十日,与可没于陈州[11]。是岁七月七日,予在湖州[12],曝书画,见此竹,废卷而哭失声。

昔曹孟德祭桥公文,有"车过""腹痛"之语[13],而予亦载与可畴昔戏笑之言者,以见与可于予亲厚无间如此也。

【注释】

[1]萌:嫩芽。

[2]蜩腹:蝉的肚皮。蛇蚹:蛇腹下代足爬行的横鳞。

[3]遂:完成。

[4]庖丁:厨师。《庄子·养生主》中载:庖丁解牛的技艺高妙,因为他能洞悉牛的骨骼肌理、运刀自如,十九年解了数千只牛,其刀刃还同新磨的一样,毫无损伤。文惠君听了庖丁的介绍后,说:"善哉!吾闻庖丁之言,得养生焉。"

[5]轮扁,斫轮:《庄子·天道》中载:桓公在堂上读书,轮扁在堂下斫轮,轮扁停下后说,桓公所读的书都是古人的糟粕,桓公责问其由。轮扁说,斫轮"不徐不疾,得之于手而应于心,口不能言,有数存焉于其间"。斫:雕斫。

[6]缣素:供书画用的白色细绢。

[7]墨竹一派:善画墨竹的人,指苏轼。

[8]袜材当萃于子矣:求画的细绢当聚集到你处。

[9]鹅溪:在今四川省盐亭县西北,附近产名绢,称"鹅溪绢",宋人多用作书画材料。

[10]箨龙:竹笋。

[11]陈州:治所在今河南省周口市淮阳区。

[12]湖州:今浙江省湖州市吴兴区,当时苏轼任湖州知州。

[13]昔曹孟德祭桥公文,有"车过""腹痛"之语:建安七年(202年),曹操军过浚仪,遣使以太牢祀旧友桥玄。祀文中说:"承从容约誓之言:'殂逝之后,路有经由,不以斗酒只鸡过相沃酹,车过三步,腹痛勿怪。'虽临时戏笑之言,非至亲之笃好,胡肯为此辞乎?"苏轼以此典比喻自己与文与可的情谊笃厚。

【作品导读】《文与可画筼筜谷偃竹记》是一篇绘画题记,也是中国绘画史乃至艺术史上重要的艺术理论。全文分为三段。第一段从文与可的画竹理论写起,突兀不凡、别开生面,开始就给人一种新鲜感。苏轼借文与可高明的画论、高超的画技和高尚的画品,提出精彩的画竹主张。在文中,苏轼提出绘画理论时不忘交代"与可之教予如此",谦虚地说是文与可教自己画竹的知识。实际上,文与可关于画竹的主张也是苏轼的主张。苏轼与文与可的关系非同一般,他们不但是朋友、亲戚,而且政治倾向也一致。不仅如此,他们还有共同的艺术爱好,都是诗人和画家。他们用诗歌唱和、写文章赠答,而且在画竹方面属于同一流派,所以文中提出的"胸有成竹"也是苏轼的艺术主张。"胸有成竹"实际上是艺术创作中艺术构思的过程。在这个过程中,创作对象由想象升华为意象,意象再经过艺术加工最终成为艺术形象。这个过程可能会转瞬即逝,因此要善于把握。苏轼曾在《郭祥正家醉画竹石壁上郭作诗为谢且遗古铜剑》中,描写他在友人家喝酒后作画的经历。他还在《腊日游孤山访惠勤惠思二僧》中探讨了这种艺术构思的过程,认为写诗要像追赶逃犯一样,迅速把眼前的景色描绘下来,不能稍稍迟缓,否则景色一消失就无从描画了。这如同画竹的"振笔直遂,以追其所见,如兔起鹘落",要善于捕捉形象、及时表现形象。苏轼是诗人兼画家,深谙绘画作诗,诗画中的原理有相通之处,即都追求形象气韵生动,追求神韵而不追求形似。他在《书鄢陵王主簿所画折枝》中曾说"论画以形似,见与儿童邻",即绘画上注重外形相似,这等于小孩子一般的见识。"节节而为之,叶叶而累之"就是力求形似,而水墨画法主张"胸有成竹",是力求神似,通过竹子的完整形象表现其神态。

有了理论知识是否就可以进行艺术创作呢?苏轼认为自己是做不到的,他说"心识其所以然而不能然"。这就涉及艺术理论与艺术实践之间的关系问题。苏轼认为,如果人"不学",就会"内外不一,心手不相应",正因为如此,艺术实践中"操之"甚"熟",才会得心应手、挥洒自如。文与可就是如此。苏轼从一般的认识论原理上强调实践的重要性,不仅是对前者"胸有成竹"的补充与深化,而且是作为一位著名艺术家的甘苦之言。为此,他还借用苏辙给文与可的赠文说明。"子由为《墨竹赋》以遗与可曰:'庖丁,解牛者也,而养生者取之;轮扁,斫轮者也,而读书者与之。今夫夫子之托于斯竹也,而予以为有道者,则非耶?'"苏辙曾因为文与可所画的墨竹而写《墨竹赋》赠给他,赋中以"庖丁解牛"和"轮扁斫轮"两个事例说明如果懂得事物发展的普遍法则,即"有道",就可以做到得心应手。文与可画墨竹得心应手、挥洒自如,也是因为他达到了"有道"的境界,而不只是停留在绘画技巧上。

同时,全文紧扣追怀、悼念好友文与可之意。第一段引用苏辙赞扬文与可的话便有怀念之意,第二段、第三段更是通过文与可为人画竹的态度转变体现其不沽名钓誉的品质。苏轼还通过两人因画竹而发生的往来琐事,尤其是文与可去世后苏轼想起他昔日的嬉笑之言,更觉当时两人的亲密无间。这两段表现了作者与文与可的友谊之深、情感之厚。

苏轼的文章在艺术上已臻化境,看上去好像随笔挥写,实际上形散神凝,"常行于所当行,常止于所不可不止"。全文好似从作者胸中自然流出,滔滔汩汩、毫无滞碍,语言天然本色、朴素清新、不加雕琢。

【思考练习】

1. 本文提出的"胸有成竹"理论在中国古代绘画史上有何意义?
2. 此文如何表达苏轼对文与可的怀念之情?

人间词话(节选)

王国维

【题解】 王国维(1877—1927年),字静安、伯隅,号观堂、永观,浙江省海宁州(今浙江省嘉兴市海宁市)人。他一生淡泊名利、勤于治学,是中国新学术的开拓者,在教育、哲学、文学、戏曲、美学、史学、古文字学等方面均有造诣和创新,成为中国近代学术史上杰出的学者和国际著名学者。他的著述有《海宁王静安先生遗书》《红楼梦评论》《宋元戏曲考》《观堂集林》《古史新证》等六十二种。陈寅恪认为王国维的学术成就"几若无涯岸之可望、辙迹之可寻"。

王国维在文学创作和文学理论上最著名的是《人间词》与《人间词话》。《人间词》是王国维自创词作的集子。《人间词话》作于1908—1909年,最初发表于《国粹学报》,以全新的视角对中国旧文学做出评论,不仅是文艺理论著作,而且具有哲学意义,成为中国美学史上融通中西、承前启后的理论巨著。

【原文】

一

词以境界为最上。有境界则自成高格,自有名句。五代、北宋之词所以独绝者在此。

二

有造境,有写境,此理想与写实二派之所由分。然二者颇[1]难分别。因大诗人所造之境,必合乎自然,所写之境,亦必邻于理想故也。

三

有有我之境,有无我之境。"泪眼问花花不语,乱红飞过秋千去。"[2]"可堪孤馆闭春寒,杜鹃声里斜阳暮。"[3]有我之境也。"采菊东篱下,悠然见南山。"[4]"寒波澹澹起,白鸟悠悠下。"[5]无我之境也。有我之境,以我观物,故物皆著我之色彩。无我之境,以物观物,故不知何者为我,何者为物。古人为词,写有我之境者为多,然未始不能写无我之境,此在豪杰之士能自树立耳。

四

无我之境,人惟于静中得之。有我之境,于由动之静时得之。故一优美,一宏壮也。

……

六

境非独谓景物也。喜怒哀乐,亦人心中之一境界。故能写真景物、真感情者,谓之有境界。否则谓之无境界。

七

"红杏枝头春意闹"[6],著一"闹"字,而境界全出。"云破月来花弄影"[7],著一"弄"字,而境界全出矣。

八

境界有大小,不以是而分优劣。"细雨鱼儿出,微风燕子斜"[8],何遽不若"落日照大旗,马鸣风萧萧"[9]。"宝帘闲挂小银钩"[10],何遽不若"雾失楼台,月迷津渡"[11]也。

……

二十六

古今之成大事业、大学问者,必经过三种之境界:"昨夜西风凋碧树。独上高楼,望尽天涯路。"此第一境也。"衣带渐宽终不悔,为伊消得人憔悴。"[12]此第二境也。"众里寻他千百度。蓦然回首,那人却在,灯火阑珊处。"[13]此第三境也。此等语皆非大词人不能道。然遽以此意解释诸词,恐为晏、欧诸公所不许也。

【注释】

[1]颇:一作"偏"。

[2]此句出自五代南唐词人冯延巳的《鹊踏枝》:"庭院深深深几许?杨柳堆烟,帘幕无重数。玉勒雕鞍游冶处,楼高不见章台路。雨横风狂三月暮。门掩黄昏,无计留春住。泪眼问花花不语,乱红飞过秋千去。"

[3]此句出自北宋词人秦观的《踏莎行》:"雾失楼台,月迷津渡。桃源望断无寻处。可堪孤馆闭春寒,杜鹃声里斜阳暮。驿寄梅花,鱼传尺素,砌成此恨无重数。郴江幸自绕郴山,为谁流下潇湘去。"

[4]此句出自东晋诗人陶渊明的《饮酒》二十首之五。

[5]此句出自元代诗人元好问的《颖亭留别》。

[6]此句出自北宋词人宋祁的《玉楼春·春景》。

[7]此句出自北宋词人张先的《天仙子》。

[8]此句出自唐代诗人杜甫的《水槛遣心二首》之一。

[9]此句出自唐代诗人杜甫的《后出塞五首》之二。

[10]此句出自北宋词人秦观的《浣溪沙》:"漠漠轻寒上小楼,晓阴无赖似穷秋,澹烟流水画屏幽。自在飞花轻似梦,无边丝雨细如愁,宝帘闲挂小银钩。"

[11]此句出自北宋词人秦观的《踏莎行》,同[3]。

[12]此句出自柳永的《凤栖梧》:"伫倚危楼风细细。望极春愁,黯黯生天际。草色烟光残照里。无言谁会凭阑意。拟把疏狂图一醉。对酒当歌,强乐还无味。衣带渐宽终不悔,为伊消得人憔悴。"

[13]此句出自辛弃疾的《青玉案·元夕》:"东风夜放花千树。更吹落、星如雨。宝马雕车香满路。凤箫声动,玉壶光转,一夜鱼龙舞。蛾儿雪柳黄金缕。笑语盈盈暗香去。众里寻他千百度。蓦然回首,那人却在,灯火阑珊处。"

【作品导读】 《人间词话》是王国维的一部文学批评著作,作者以全新的视角对中国旧文学进行评论,首次提出"造境"与"写境"、"理想"与"写实"的问题。朱光潜曾这样评价《人间词话》:"就我个人所读过的来说,似以王静安先生的《人间词话》为最精到。"可见,《人间词话》在中国文学批评史上具有极高的地位。

王国维把"境界"作为诗词创作的总原则,《人间词话》以"境界"为核心统领其他论点,形成全书的脉络。"昨夜西风凋碧树。独上高楼,望尽天涯路。""衣带渐宽终不悔,为伊消得人憔悴。""众里寻他千百度。蓦然回首,那人却在,灯火阑珊处。"这三句分别出自晏殊、柳永和辛弃疾的词作,本来是描写恋爱之情的,但由于它们具有浓厚的哲学意味,王国维用其形容人们坚持不懈地追求目标的过程,进而又将这三句作为解释词的佐证,立意颇妙。

王国维将艺术境界分为三种形态:上焉者,意与境浑;其次,或以境胜;或以意胜。"境界"由"景"与"情"构成,从作者的感受、作品的表现及读者的审美三个方面强调"真感情、真景物"。引用"红杏枝头春意闹""云破月来花弄影",以说明只有情景交融才能打动读者。"境非独谓景物也",感情"亦人心中之一境界",观物写景需感情真挚,"情"与"景"才能融为一体。他以"意"和"境"、"物"与"我"的关系为切入点,将境界分为"有我之境"和"无我之境"。他又根据创造意境的艺术方法,将"境界"分为"造境"与"写境",由于"自然"和"理想"有密切联系,"造境"与"写境"就"颇难分别"。"境界"还有大小之分,境界之大小取决于诗人的写作意图,而没有高下之分。诗词鉴赏不仅是艺术审美活动,而且是生命存在的方式与价值。王国维将传统的印象批评与新的美学观念结合,从艺术审美的角度和观点剖析"境界",使意境理论推陈出新并发扬光大。《人间词话》完美地诠释了王国维的中西文学思想的融合,是中国文论的经典之作。

【思考练习】

1. 简述王国维的"境界"说的美学特征。
2. 简述王国维的"境界"说在中国文学史上的重要意义。

梦溪笔谈·序

沈 括

【题解】 沈括(1031—1095年),字存中,北宋科学家、政治家,杭州钱塘县(今浙江省杭州市)人,博学多闻,在天文、地理、律历、音乐、医药等方面都有研究,对当时的科学发展和生产技术的情况了解颇深,晚年移居润州(今江苏省镇江市),筑梦溪园,举平生所见,撰《梦溪笔谈》。

《梦溪笔谈》包括《笔谈》《补笔谈》《续笔谈》三部分,收录了沈括一生的所见所闻和见解。《梦溪笔谈》的内容涉及天文、历法、气象、地质、地理、物理、化学、生物、农业、水利、建筑、医药、历史、文学、艺术、人事、军事、法律等诸多领域,是一部涉及古代中国自然科学、工艺技术及社会历史现象的综合性笔记体著作。书中的自然科学部分总结了中国古代,特别是北宋时期的科学成就。《梦溪笔谈》用多于三分之一的篇幅记述并阐发这些自然科学知识,这在中国古代笔记类著述中非常少见。北宋的一些重大科技发明和科技人物有赖于本书记载而得以传世,如记载喻皓《木经》及其建筑成就、登州人孙思恭解释虹及龙卷风等。沈括具有很高的科学素养,他所记述的科技知识基本反映了北宋的科学发展水平和其研究心得。《梦溪笔谈》在国际上被英国科学史家李约瑟评价为"中国科学史上的里程碑"。

【原文】 予退处林下[1],深居绝过从[2],思平日与客言者,时纪[3]一事于笔,则若有所晤言[4],萧然[5]移日。所与谈者,唯笔砚而已,谓之《笔谈》。圣谟[6]国政,及事近宫省[7]者,皆不敢私纪。至于系[8]当日士大夫毁誉[9]者,虽善亦不欲书,非止不言人恶而已。所录唯山间木荫,率意谈噱[10],不系人之利害者,下至闾巷之言[11],靡所不有[12]。亦有得于传闻者,其间不能无缺谬[13]。以之为言[14]则甚卑,以予为无意于言可也。

【注释】

[1]予:我。林下:山林之下。旧时的士大夫以不做官隐居民间为"退处林下"。

[2]深居绝过从:深藏不外出,不同别人交际往来。

[3]纪:通"记"。

[4]晤言:会面交谈。

[5]萧然:凄清的样子。

[6]圣谟:皇帝的诏令旨意。封建社会尊皇帝为圣人。

[7]宫省:宫廷和政府。宫:皇帝的内廷。省:政府机构。

[8]系:关系到。

[9]毁誉:名声的好坏。毁:毁谤。誉:称誉。

[10]率意谈噱:随便谈笑。率意:随意。噱(xué):笑。

[11]闾巷之言:民间的言谈。闾巷:泛指乡里民间。

[12]靡所不有:无所不有。靡(mí):无。

[13]缺谬:遗漏和错误。

[14]言:著书立说。

【作品导读】《梦溪笔谈序》篇幅不长,作者主要是希望在序中解释创作《梦溪笔谈》的原因。沈括晚年政治上颇不得志,归退后住在润州,在那里修筑一座梦溪园居住,平时较少外出,也较少与他人来往,将其一生所见所闻和见解诉诸笔端。"所与谈者,唯笔砚而已",所以称为"笔谈",这个名字也反映了晚年的沈括是何等寂寞。但在创作上,他自谓"圣谟国政,及事近宫省者,皆不敢私纪。至于系当日士大夫毁誉者,虽善亦不欲书,非止不言人恶而已",意思是大到帝王之事、当朝得失,小到人事毁誉,乃至之前自己的仕途遭遇等,都没有也不愿意涉及。这大概是因为他对仕途生涯已深感失望。因此,他所谈的都是"不系人之利害者",也许只有"山间木荫"可以"率意谈噱"、"闾巷之言"可以"靡所不有",反映出他对政治何等谨慎。

虽然中国古代"重道轻器",人们对社会科学的研究明显多于自然科学,但中国古人仍以足够的智慧取得了辉煌的科学成就,沈括的《梦溪笔谈》就是对宋代科学技术的一次集中展示。

从文学角度看,有人认为《梦溪笔谈》是笔记体科学著作,不能算是完全意义的文学作品,但《梦溪笔谈》是极具文学性的。且不说本文平易朴实、文风清新,其中的其他文章用语精练通俗、形式灵活多样,涤荡了当时的形式主义文风,其中很多条目既是优秀的科技文艺小品,也是文笔极为精美的散文佳作。

【思考练习】

1. 沈括写作《梦溪笔谈》时心怀何种感情和态度?

2.《梦溪笔谈》在中国古代科学史上具有哪些意义?

溯江纪源

徐霞客

【题解】 徐霞客(1587—1641年),名弘祖,字振之,号霞客,明朝南直隶江阴县(今江苏省江阴市)人,我国著名的地理学家、旅行家和文学家。他幼年好学,博览群书,醉心于地经图志,少年即立下壮志:"丈夫当朝碧海而暮苍梧。"他专心旅行、不畏艰险,曾三次遇盗,数次绝粮,仍勇往直前。他所到之处,探幽寻秘,并记有游记,记录观察到的各种现象、人文、地理、动植物等,直至进入云南丽江,因足疾无法行走但仍坚持编写游记和山志。

《徐霞客游记》是一部以日记体为主的地理著作。徐霞客经三十多年旅行,写下了天台山、雁荡山、黄山、庐山等十七篇名山游记和《浙游日记》《江右游日记》《楚游日记》《粤西游日记》等共六十余万字的游记资料,死后由他人整理成《徐霞客游记》。《徐霞客游记》既是系统考察祖国地貌地质的地理名著,又是描绘山水风景的旅游巨篇,还是文字优美的文学佳作,在国内外产生深远的影响。

本篇选自《徐霞客游记》。

【原文】 江、河为南北二经流,以其特达于海也。而余邑正当大江入海之冲,邑以江名,亦以江之势至此而大且尽也。生长其地者,望洋击楫,知其大不知其远;溯流穷源,知其远者,亦以为发源岷山而已。余初考纪籍,见大河自积石[1]入中国。溯其源者,前有博望之乘槎[2],后有都实[3]之佩金虎符。其言不一,皆云在昆仑之北,计其地,去岷山西北万余里,何江源短而河源长也?岂河之大更倍于江乎?迨逾淮涉汴,而后睹河流如带,其阔不及江三之一,岂江之大,其所入之水,不及于河乎?迨北历三秦[4],南极五岭[5],西出石门、金沙,而后知中国入河之水为省五[6],陕西、山西、河南、山东、南直隶。入江之水为省十一[7]。西北自陕西、四川、河南、湖广、南直,西南自云南、贵州、广西、广东、福建、浙江。计其吐纳,江既倍于河,其大固宜也。

按其发源,河自昆仑之北,江亦自昆仑之南,其远亦同也。发于北者曰星宿海,佛经谓之徙多河[8]。北流经积石,始东折入宁夏[9],为河套,又南曲为龙门大河,而与渭合。发于南者曰犁牛石,佛经谓之殑伽河。南流经石门关[10],始东折而入丽江,为金沙江,又北曲为叙州大江,与岷山之江合。余按岷江经成都至叙[11],不及千里,金沙江经丽江、云南、乌蒙至叙,共二千余里,舍远而宗近,岂其源独与河异乎?非也!河源屡经寻讨,故始得其远;江源从无问津,故仅宗其近。其实岷之入江,与渭之入河,皆中国之支流,而岷江为舟楫所通,金沙江盘折蛮僚溪峒间,水陆俱莫能溯。在叙州者,只知其水出于马湖、乌蒙,而不知上流之由云南丽江;在云南丽江者,知其为金沙江,而不知下流之出叙为江源。云南亦有二金沙江:一南流北转,即此江,乃佛经所谓殑伽河也;一南流下海,即王靖远征麓川,缅人恃以为险者,乃佛经所谓信度河也。云南诸志,俱不载其出入之异,互相疑溷,尚不悉其是一是二,分北分南,又何由辨其为源与否也。既不悉其孰远孰近,第见禹贡"岷山导江"之文,遂以江源归之,而不知禹之导,乃其为害于中国之始,非其滥觞发脉之始也。导河自积石,而河源不始于积石;导江自岷山,而江源亦不出于岷山。岷流入江,而未始为江源,正如渭流入河,而未始为河源也。不第此也,岷流之南,又有大渡河,西自吐蕃,经黎[12]、雅与岷江合,在金沙江西北,其源亦长于岷而不及金沙,故推江源者,必当以金沙为首。

不第此也,宋儒谓中国三大龙,而南龙之脉,亦自岷山,濒大江南岸而下,东渡城陵[13]、湖口[14]而抵金陵,此亦不审大渡、金沙之界断其中也。不第此也,并不审城陵矶、湖口县为洞庭、鄱阳二巨浸入江之口。洞庭之西源自沅,发于贵州之谷芒关[15];南源自湘,发于粤西之釜山、龙庙。鄱阳之南源自赣,发于粤东之浰头、平远;东源自信、丰,发于闽之渔梁山、浙之仙霞南岭[16]。是南龙盘曲去江之南且三千里,而谓南龙濒江乎?不第此也,不审龙脉,所以不辨江源。今详三龙大势,北龙夹河之北,南龙抱江之南,而中龙中界之,特短。北龙亦只南向半支入中国。俱另有说。惟南龙磅礴半宇内,而其脉亦发于昆仑,与金沙江相持南下,经石门、丽江,东金沙、西澜沧,二水夹之。环滇池之南,由普定度贵竺[17]、都黎[18]南界,以趋五岭。龙远江亦远,脉长源亦长,此江之所以大于河也。不第此也,南龙自五岭东趋闽之渔梁,南散为闽省之鼓山[19],东分为浙之台、宕。正脉北转为小箬岭,闽、浙界。度草坪驿,江、浙界。峙为浙岭,徽、浙界。黄山,徽、宁界。而东抵丛山关[20],绩溪、建平界。东分为天目、武林[21]。正脉北度东坝[22],而峙为句曲[23],于是回龙西结金陵,余脉东趋余邑。是余邑不特为大江尽处,亦南龙尽处也。龙与江同发于昆仑,同尽于余邑,屹为江海锁钥,以奠金陵,拥护留都千载不拔之基以此。岂若大河下流,昔曲而北趋碣石[24],今徙而南夺淮、泗,漫无锁钥耶?然则江之大于河者,不第其源之共远,亦以其龙之交会矣。故不探江源,不知其大于河;不与河相提而论,不知其源之远。谈经流者,先南而次北可也。

【注释】

[1]大河:黄河。积石:山名,明代分大积石山和小积石山。

[2]槎(chá):用竹木编成的筏。神话中称乘木排上天河为乘槎。

[3]都实:元代人。《元史·地理志·河源附录》综录了元代探河源的成果,也概述了都实探河源的经过。

[4]三秦:秦亡后,项羽把关中分为三份,封秦降将章邯、司马欣、董翳三人为王,后来即称陕西(不包括汉中)、陇东为三秦。

[5]五岭:越城、都庞、萌渚、骑田、大庾五岭的总称。

[6]入河之水为省五:这是按明代的行政区划讲的。明代无甘肃省,今甘肃省大部分包入陕西,故不提甘肃。明代黄河往南夺淮入海,故说黄河经过南直隶,即今安徽、江苏两省。

[7]入江之水为省十一:现今广东、福建不属长江水系。另有江西属长江水系,《徐霞客游记》未列。

[8]佛经谓之徙多河:古代印度传说,以为地面各大河都是从雪山(指今喜马拉雅山西部一带)四向分流,因称"四河"。在此篇,徐霞客对以上各河多有自己的解释。

[9]宁夏:明置宁夏卫和宁夏镇,隶陕西省,治今宁夏回族自治区银川市。

[10]石门关:明设石门关巡检司。

[11]叙:明置叙州府,在今四川省宜宾市。

[12]黎:明置黎州安抚司,治今四川省汉源县九襄镇。

[13]城陵:城陵矶,为洞庭湖口,在湖南省岳阳市北。

[14]湖口:明设湖口县,为鄱阳湖口,在江西省九江市东。

[15]谷芒关:今名同,在贵定县稍东,有公路从此经过。

[16]"鄱阳之南"句:渔梁山在福建北隅,仙霞南岭在浙江西南隅,皆位于闽、浙、赣三省交界处。而信丰在赣南,今名同,赣水南源亦称信丰江,与渔梁、仙霞不相值。信丰应为广信、永丰的省称,广信府在今江西省上饶市,永丰县在今广丰县。鄱阳东源应指上饶江,即今信江。

[17]贵竺:贵竹,明置贵竹长官司,治今贵州省贵阳市。

[18]都黎:都泥江。

[19]鼓山:今名同,在福州市东郊,闽江北岸,山顶有大石如鼓,故名,为著名的风景胜地。

[20]丛山关：在今安徽省绩溪县北三十里。

[21]东分为天目、武林：武林山为灵隐、天竺诸山的总名，在今浙江省杭州市西。天目山在浙江省西北部，分为东天目山与西天目山，多奇峰竹林，为风景胜地。

[22]东坝：明时又称广通镇，今仍称东坝，在江苏省高淳县东境。

[23]句曲：句曲山，在今江苏省句容县东南，金坛、溧阳以西，又称茅山，有三峰，分别为大茅、中茅、小茅。

[24]碣石：古籍中称碣石的地方很多。《肇域志》载："山东海丰县马谷山，即大碣石。"海丰在今山东省无棣县，则此碣石在无棣县北的海边，距黄河入海处甚近。

【作品导读】 有记者问英国著名登山家乔治·马洛里："你为什么要攀登珠穆朗玛峰？"他说："因为山就在那里！"明代旅行家徐霞客也是这样。他生长在长江口附近的江阴，面对浩渺的大江滚滚流淌，心中充满探究江河的向往，"欲究江河之源"。晚年时，徐霞客到云南，看到金沙江盘绕不定、岸陡水急，自己不能乘船，也不能步行考察，于是从所谓"龙脉"开始，通过认真考察分水岭追踪江流的走向。他沿着金沙江的流向，从昆明到武定、元谋、大姚、宾川、鹤庆、丽江，迂曲前行，通过足勘目验终于发现金沙江发源于昆仑山南麓，金沙江才是长江的正源。《溯江纪源》大约成稿于这次考察结束后。

其实，对中国古人来说，万里长江浩浩汤汤，但在古代人们能见其流，却不知其源，溯江河之源往往成为人们的畅想。徐霞客穷其一生都在研究这个问题。《溯江纪源》也成为他一生地理考察的封笔之作。对于长江及各主要支流，我国汉代以来已有记载，但长江的源头从《尚书·禹贡》以来一直被定为岷山。徐霞客从整个水系的宏观角度进行研究，在《溯江纪源》里大胆否定了《尚书·禹贡》中"岷山导江"的传统说法，在历史上首次论证了金沙江才是长江的正源。他通过实地考察进行地理考证，从而得出科学的结论，使《溯江纪源》成为真正的科学名篇。

徐霞客在文学领域中也有很深的造诣。他写的游记既是地理学上的珍贵文献，又是笔法精湛的游记文学。《溯江纪源》结构严谨、层层递进、逻辑性强，与徐霞客描绘的大自然一样质朴而绮丽。难怪有人称赞徐霞客的作品为"世间真文字，大文字，奇文字"。

【思考练习】

1. 谈谈《徐霞客游记》在中国古代游记文学中的意义。
2. 本文中徐霞客是怎样提出自己的"江源说"的？

应用写作编

通　　知

一、通知的概念与特点

通知是各级党政机关、企事业单位和团体经常使用的一种频率较高、适用范围较广的知照性公文,用于发布法规、规章,转发、传达上级机关、同级机关和不相隶属机关的公文,要求下级机关执行和有关单位周知或者执行的事项,批转、转发公文。通知属于下行文。

通知的特点如下。

1. 应用广泛

通知在所有公文中应用范围最广、使用频率最高,大到国家党政机关,小到基层企事业单位,都可以根据公务、业务活动的需要进行部署。

2. 形式多样

通知的发布形式不受限制,自由灵活,既可以文件形式印发,也可以刊登报纸、广播、电视等形式发布。

3. 具体指导

通知是针对某一项内容做具体要求,通过发布规章、传达指示、布置工作,把需要知晓、办理或执行的事项告知有关单位和人员,具有很强的指导性。

4. 时效快捷

通知是一种时效性较强、运用比较灵活的公文文种,所办理的事项都有比较明确的时间限制,受文机关要在规定时间内完成,不得拖延。

二、通知的基本分类

通知从形式上分为一般性通知、批转引发类通知两类。其中,一般性通知包括部署工作性通知、贯彻指导性通知、管理措施性通知、制定政策性通知、纠风类通知、机构区划调整类通知、任免性通知、会议(培训班)通知、事务性通知、启用印章类通知;批转引发类通知包括批转类通知、转发类通知、印发类通知。

具体而言,根据适用范围的不同,通知可分为五大类。

1. 发布性通知

发布性通知用于发布行政规章制度及党内规章制度,包括条例、规定、办法和实施细则等。

2. 批转引发类通知

批转引发类通知用于转发上级、同级或不相隶属机关的公文给相关所属人员,让其知晓或执行相关决策。

3. 指示性通知

指示性通知用于上级机关就某一项工作指示下级机关,做出指示和安排。

4. 事务性通知

事务性通知用于处理日常工作中具有事务性的事宜,告知相关所属人员各有关方面需要知晓的事项等。

5. 任免性通知

任免性通知用于聘用或任免相关干部职务等。

三、通知的一般格式

1. 标题

通知的标题一般采用公文标题的常规写法,由发文机关、主要内容、文种组成,如《中共中央办公厅、国务院办公厅关于严禁用公费变相出国(境)旅游的通知》。正规通知的标题要求与正文内容有关联性,基本从标题可以知道通知的大致内容,如《关于开展20××年度"优质课堂"评选活动的通知》。通知的标题可长可短,没有具体要求。内容决定标题,一般情况下越是严肃认真的事项标题越长。前面的标题也可以缩写为《"优质课堂"评选活动的通知》。标题用"通知"二字也是可以的,但对于一个单位来说,如果通知的标题只有两个字,显然不够庄重。如果全年发布了几百个通知,那么各种通知也不便被查阅。

2. 主送机关

所有通知都需有主送机关,一般为直属下级机关或需了解通知内容的不相隶属的单位,一个或多个均可。

3. 正文

通知的正文主要包括缘由、事项、结语三个部分。

(1)通知的缘由写明制发通知的理由、目的、依据或情况。

(2)通知事项,即通知主体要求主要受文机关承办、执行和应需知晓的事项。

(3)通知的结语通常有三种写法:一是事项结束,全文自然结尾,意尽言止,不单写结束语;二是以习惯用语"特此通知"收尾,但前言和主体之间如以"特作如下通知"作过渡语,则不宜在结尾处再用习惯用语;三是用简短的文字再次明确主题或做必要的说明,以引起收文单位对该通知的重视。

4. 落款

在正文右下方写明发文机关名称,一些正规严肃的通知不但要写清发文单位,还要盖上单位公章,以示法律效力,如任免通知等。

5. 成文时间

成文时间要写在发文单位下面一行。从成文时间,可以看出通知的内容是否在有效期限内及成文时间后通知内容的执行情况。

6. 随文附件

随文附件并不是每个通知都有,需要有附件的通知在正文中要写清楚附件数量。附件通常另外打印,并标注附件名称,如会议通知的附件包括与会人员名单、日程安排等,转发通知的附件包括通知原件等。附件需随通知一同发送。

四、通知类公文范例

关于开展"优质课堂"评选活动的通知

各教学单位:

为了进一步加强我校教风、学风建设,充分调动教师教学和学生学习的积极性,不断提高课堂教学质量,根据《学校"优质课堂奖"评选实施细则》的规定,学校研究决定于20××年×月在全校开展"优质课堂"评选活动。现将有关事项通知如下:

一、组织领导

学校成立"优质课堂"评选活动工作组,其组成人员如下:

组　长:×××

副组长:×××

成　员:各学院(课部)负责人、全体教学督导员、联络员、教学质量监测与评估中心人员

评委由评选活动工作组成员及另聘专家担任。教学质量监测与评估中心(以下简称"监评中心")负责评选活动工作组各项具体事务的执行,教务处协助评选工作。

二、评选对象

全校非毕业班的所有课堂。

三、参评条件

(1)教师爱岗敬业,热爱教学工作;备课充分,授课基本概念准确、课堂信息量丰富、语言表达能力强、与学生互动好,充满激情,深入浅出,深受学生欢迎;板书设计合理,使用现代教学手段效果好;教学行为规范,为人师表,组织、管控课堂好。

(2)学生学习态度端正,自觉遵守课堂纪律,听课认真、专注,积极参与教学互动,课堂气氛活跃,学习效果良好。

(3)课堂秩序井然,到课率高,基本保持在92%以上;上课时,学生无迟到、早退、睡觉、就餐、玩手机等违纪违规行为。

四、评选办法及程序

本次"优质课堂"评选采取各教学单位推荐、监评中心审核、评委听课评课相结合的办法。

(1)自评自荐。原则上,由教师自荐报名,由各教学单位负责教学工作的领导在评审后择优推荐1~2个课堂参加"优质课堂"评选。

(2)资格审查。评选活动工作组根据监评中心平时检查的信息记录情况,对各教学单位推荐的课堂进行审查,确定参评"优质课堂"的候选课堂名单。

(3)评委听课、评课。评委按照统一安排表到候选课堂随堂听课,并现场评分。

(4)组织评选。评选活动工作组根据评委听课、评课意见,结合各参评教师日常课堂教学表现和教学效果进行评定。

(5)评选结果公示。评选活动工作组将评定的"优质课堂"名单在全校范围内公示3个工作日,接受监督。

五、评选表彰

(1)本次评选设"优质课堂奖",获奖数量控制在参加决赛总课堂数的二分之一以内。

(2)向获得"优质课堂奖"的任课教师颁发荣誉证书,按《学校教学工作奖励办法(试行)》规定给予奖励,并在当年年终考核中给予适当加分。

(3)向获得"优质课堂奖"的班级颁发荣誉证书。

六、评选要求

(1)评选活动的目的是推动学校教学质量的提高和规范教学管理各环节的工作,各教学单位要高度重视、精心组织、广泛动员、认真组织参评。

(2)各教学单位要实事求是、公开透明,严格按照评选条件择优推荐。

(3)各教学单位于×月×日前,将推荐课堂名单及《"优质课堂"自荐信息表》(附件1)送至监评中心,联系电话:××××××××。

(4)评委于×月×—×日统一到候选课堂听课、评课。

附件:
(1)《"优质课堂"自荐信息表》
(2)《"优质课堂"评分表》

教学质量监测与评估中心

20××年×月×日

关于4月×日核酸检测的通知

各位业主:

拟定于20××年4月×日本小区进行核酸检测,业主核酸检测后领取凭证卡(粉色)进出小区。结合小区实际情况具体安排如下:

(1)本小区保留南门(×栋)出入口,以便业主通行。

(2)检测时间:4月×日6:00~12:00;检测地点:×栋物业广场内。

(3)驾车出行的业主完成核酸检测后再开车出小区,以免小区通道内车辆集中造成拥堵。

(4)所有业主完成核酸检测后,现场领取粉色凭证卡进出小区,4月×日前凭蓝色凭证卡进出小区。

××××社区居委会

20××年×月×日

关于开展20××年教职工体检工作的通知

全体教职工:

学校工会定于4月×—×日8:00~12:00进行全校教职工体检。

体检地点:培训中心一楼。

体检形式:在校体检,工会提供体检人员名单,严格按照各单位上报名单时间体检。

参检人员顺序:具体参检人数和参检单位顺序建议由工会协调安排。

体检科室设置及体检项目流程安排:体检单位在体检前做好体检科室的合理设置,如登记导检区、咨询区、待检休息区、男、女分检区、采血区等,重点做好环境卫生、现场布置等,相关医疗仪器和设备于体检前一天调试到位;体检单位制作体检项目流程单。

导检单的领取:参加体检的人员须携带本人身份证于体检当日到体检地点领取。

体检服务质量控制措施如下:

(1)维持安静、有序的体检环境,保护受检人员的个人隐私。

(2)体检医师依据体检所见详细、据实填写体检报告书及检验报告单,不得做虚假不实报告。

(3)实行主检医师负责制,对于有明显异常、重大疾病的体检人员,由体检单位及时反馈。

(4)体检过程中服务热情、周到,不推荐后续治疗及治疗医院。

(5)体检流程科学、合理,全程导医陪同,体检结果准确、可靠。

(6)体检结束后,免费提供详细的个人体检报告及团体健康分析报告,为高发疾病人群提供专业的保健指导意见。

保密措施:为保护教职工的隐私权,个人体检报告统一封存,一人一档一册。

××学校工会办公室
20××年×月×日

【思考练习】

1. 简述通知的特点、结构及各类通知的写作方法。
2. 指出下面例文中的错误。

关于转发《×××市政公用事业管理局事业单位机构改革实施方案的通知的通知

机关各处室、各基层单位:

现将市政公用事业管理局《×××市政公用事业管理局企事业单位机构改革实施方案的通知转发给你们,望各单位围绕此方案组织职工认真学习。

×××市供水公司
2003年11月3日

通　　报

一、通报的概念与特点

通报属于周知性公文，是上级把工作中出现的新情况、新问题、新经验、好坏典型等告知下级的公文。通报的运用范围很广，它是各级党政机关、企事业单位和团体经常使用的文种。通报的作用是表彰先进、批评错误、传达重要的精神或者情况，以便交流经验、吸取教训、教育干部及职工群众，推动工作的进一步开展。

通报的特点如下。

1. 周知性

通报的内容常常是把现实生活中一些正面或反面的典型、某些具有倾向性的重要问题告诉人们，让大家知晓、了解。

2. 真实性

真实性是通报的生命。通报的任何情况、事实都必须建立在真实的基础上，不能有差错，更不能编造虚假情况。因此，写通报时对正、反两个方面的事实都要认真核实，做到准确无误。

3. 教育性

通报的目的是让人们能从正面或反面典型中知晓内容、有所收获，接受先进的思想教育或警示错误，能够自省并吸取教训。这一目的不是靠单纯的指示或命令达到，而是靠正面或反面典型的带动，使人们真正地从思想上获得正确的认识。

4. 政策性

通报中的处理意见直接涉及对具体单位、个人或事情的处理，此后也会牵涉其他单位、部门的效仿执行问题，因此必须有政策依据。

二、通报的基本分类

通报的类型有表彰性通报、批评性通报、情况性通报。

1. 表彰性通报

表彰性通报主要用于在一定范围内表彰单位或个人的好人好事、先进事迹、典型或成功经验，注重通过典型事例发挥榜样的力量，达到学习、宣传、教育的目的，号召人们学习先进，具有鼓舞性、借鉴性和感召力。

2. 批评性通报

批评性通报主要用于在一定范围内对错误行为进行批评和通报,目的是纠正错误、打击歪风,让人们从中吸取教训,以引起相关方面人员的警觉。

3. 情况性通报

情况性通报是通过对相关事件重点进行描述,传达上级重要精神,使受文单位了解全局,是一种达到推动工作目的的通报形式。

三、通报的写作

通报的写作主要有以下三个要点。

1. 标题

通报的标题通常由制文机关单位名称、事由、被表彰或被批评的对象和文种四个要素构成,如《××组织部关于对××同志违反单位制度问题的通报》;有时由制文机关单位名称、事由和文种三个要素构成;有时可省略制文机关单位名称,由事由和文种构成,如《关于抗震救灾的××同志记功表彰的通报》。此外,有少数通报的标题是在文种前冠以制文机关单位名称,无具体事由和被表彰或被批评对象,如《中共××市纪律检查委员会通报》,或只写"通报"二字,但比较重要的通报则不能省略。

通报的签署和时间可以不用再落款,即在标题下方进行标注。通报也可以有抬头、落款,具体时间写在制文机关单位下面。

2. 正文

(1)表彰性通报的正文一般分为三部分:一是阐明具体事实,写清经过情况,突出主要先进事迹;二是分析指出事例的教育意义,要对所叙述的事实进行准确的分析,在阐述先进事迹的基础上提炼主要经验、意义,找到值得学习与发扬的方面,使人们从中得到鼓舞;三是作出决定,应写明予以表彰或处理的决定,对表彰的先进做出嘉奖,同时提出对表彰对象的希望、要求,发出号召。

(2)批评性通报的正文一般分为三部分:一是说明事件批评的原因,即写清楚错误事实的经过、情况、时间、地点、事故、后果等;二是对所叙述的事实进行中肯的评价,找出事故发生的原因,指出事件的性质及其危害,并做出处分决定;三是根据通报的情况,提出避免此类事故的措施,需对症下药,进行告诫或强调,使大家从错误中吸取教训。

(3)情况性通报正文关键是对情况的掌握要真实、全面、充分,一般包括三个部分:一是叙述需要通报的具体经过、情况;二是分析情况,阐明意义;三是提出具体的指导性意见或希望。

3. 落款及时间

在正文后右下方写明制文机关单位及发文日期,如在标题中已写明制文机关单位,可不署制文机关单位。

四、通报与通知的区别

从通报与通知的特点和作用来看,它们的主要区别如下。

1. 内容性质不同

通知告知的主要是工作情况,一般是事实尚未发生;通报则告知正面或反面典型、有关重要的精神等情况,一般以事实发生为前提。二者虽然都有告知的作用,但通报事情的范围大于通知。

2. 目的要求不同

通知的目的是告知事项、布置工作、部署行动,内容具体,要求制文机关单位了解要办什么事、该怎样办理、不能怎样办理,有一定的约束力,要求遵照执行;通报的目的主要是或交流、了解情况,或通过正面、反面典型教育人们,宣传先进的思想和事迹,提高人们的认识,具有教育宣传作用。

3. 表现方法不同

通知的表现方法主要是叙述,告知人们做什么、怎样做,叙述具体,语言朴实;通报的表现方法则常兼用叙述、说明、分析和议论,有较强的感情色彩。

五、通报类公文范例

关于20××年度×××有限公司对优秀学员的通报

×××有限公司各部门:

培训工作已顺利结束,为表彰在培训过程中取得较好成绩的学员,特评选出20××年度优秀学员,并对优秀学员进行通报表扬和5000元现金奖励。

20××年度优秀学员是×××、×××、×××等。

以上排名不分先后。

望以上优秀学员珍惜荣誉,不骄不躁,努力工作。同时,公司号召全体员工以他们为榜样,学习他们勤奋刻苦、锲而不舍的求知精神,为公司的发展做出更大的贡献。

×××有限公司
20××年×月×日

关于后勤部员工×××的通报

20××年×月×日,后勤部员工×××在正常工作时间擅自离岗外出。

根据公司规章制度:"工作时间内不应无故离岗、串岗,不得闲聊、吃零食、大声喧哗,要确保办公环境的安静有序,不得随意换座、随意走动。离开岗位要及时告知组长,组长不在时要告知组员。"员工×××违反公司规章制度,并对公司造成不良的影响。为严肃纪律,根据相关规定,经公司研究决定:

给予后勤部员工×××通报批评。

希望当事人吸取教训,严格遵守公司各项管理制度。同时,希望各位员工引以为戒,在工作中严格遵守公司各项管理规定,以优良作风推动工作落实。

特此通报。

×××有限公司
20××年×月×日

关于对××小学克扣伙食费情况检查结果的通报

6月×—×日,××市"集中整治"工作小组对本市××小学食堂是否存在克扣学生伙食费问题进行了专项检查。现将检查中发现的问题通报如下:

××小学食堂属学校自营食堂,通过对学校后勤部门、财务部门及学校相关人员的检查,未发现学校克扣学生伙食费。

希望××小学规范办学行为,引以为戒。

特此通报。

××市教育局
20××年6月

【思考练习】

1. 以下是××镇党委、××镇政府宣传部门撰写的一篇新闻稿件,目前还未刊发,需于2015年7月在全镇范围内进行表彰通报。现请你根据稿件的内容,拟写一份表彰通报的主体部分,合理拟写主送机关名称,结构上可适当做调整。

××镇党委、××镇政府取得抗洪救灾的全面胜利

2015年,长江流域普降大到暴雨,长江干支流水位迅猛上涨。面对突如其来的灾情,××镇党委、××镇政府带领广大干部、群众团结一致、英勇抗洪,并在灾后积极开展生产自救,取得了抗洪救灾

工作的决定性胜利,充分展示了××镇政府勇担社会责任的良好形象。

6月15日开始的这场严重洪水灾害,使王家坝水位达到25米。水情就是命令,××镇防汛指挥部把办公室移至防洪堤坝上,××镇领导干部全部到抗洪一线指挥防汛,机关同志一律在单位待命,随时准备上堤。××镇政府按要求备置防浪布5000米、编织带4万条、草袋6000条、木桩4000根、铁丝300千克、碎石300余吨及锤、钳、锹、铲等各类工具,组织机关干部奔赴堤坝和各村群众一起运送防汛物资、搭设防汛帐篷。××镇领导班子与广大干部、职工紧密团结,组织一切力量,采取有力措施,不畏环境艰险,顽强拼搏,日夜奋战在抗灾抢险第一线。

回想2010年夏季,××镇党委、××镇政府也正是在抗洪抢险中超前谋划、合理调度、科学安排,克服种种不利因素,才有力保障了全镇居民的生活。

××镇领导表示,广大干部、职工一定会再接再厉,为保障全镇经济稳定发展做出更大的贡献。

2. 分析通知与通报的异同。

计　　划

一、计划的概念与特点

计划是国家机关、企事业单位、社会团体或个人为完成某一任务或实现某项目标，预先对今后一定时期内的工作、活动所做的安排的书面材料的总称。根据内容涉及的范围大小、期限长短和实施步骤的详略，计划有不同的名称，如规划、方案、设想、计划、安排、要点等。

计划的特点如下。

1. 预见性

计划的内容往往具有预见性，它一旦成文，就对实践具有控制和约束作用。规划、计划必须事前制订。从管理过程的角度看，计划先于其他管理职能，因为计划是付诸实施的唯一管理手段。

2. 创新性

不论是中、长期计划，还是短期计划，其内容都要新颖。对一个地区而言，在发展的计划中要有新项目、新措施、新的增长点，要提前规划。对一家企业而言，在发展的计划中要有新产品、新技术、新的经营策略。因此，写计划类公文一定要有创新精神。

3. 可行性

所有计划类公文都必须遵循客观要求，符合事物本身发展的规律，不能脱离现实条件编造杜撰、自由想象。因此，写计划类公文必须要有求实的科学态度，一切从实际出发，量力而行，同时必须有可靠的科学依据及正确科学的方法，使计划类公文既富有创造性，又具有可行性。

4. 指导性

规划、计划、方案等在经上级机关审批后，就具有了权威性。工作计划既是行动的方向，又是指导工作的依据。因此，写计划类公文前一定要认真调查研究，避免失实。

二、计划的分类

从不同的角度来说，计划有很多种分类，本书仅从计划的具体分类来讨论。计划类公文包括规划、设想、计划、要点、方案、安排等。

1. 规划

规划是一种期限较长、目标较远、内容较全、具有发展性的计划类公文。从时间上看,一般都要在三年或五年以上;从范围上看,大都是全局性工作或涉及面较广的重要工作;从内容和写法上看,往往是粗线条的,比较概括,如《××省国民经济和社会发展十年规划》等。

规划相对于其他计划类公文而言,具有全局性、方向性、指导性,因此其内容往往也更具严肃性、科学性和可行性。这就要求制定者必须首先进行深入的调研,在掌握大量可靠资料的基础上做好周密的测算,根据党、国家和具体单位的发展方针确定发展远景、总体目标,充分吸收有关意见,以科学的态度,反复通过多种方案的比较、研究和选择,从而确定各项指标和措施。

2. 设想

设想是一种不太成熟的、具有建议性的、粗线条的计划,是从宏观角度提出一个总体方略或对一些宏观问题提出相关对策,一般不涉及或很少涉及具体问题。设想的时间不一定都是长的。一般来说,时间长一些的称为"设想";范围较广泛的称为"构想";时间不太长、范围也不太广的称为"思路"或"打算"。

设想是为制订某些规划、计划做准备的,是一些初步的想法,在内容的写法上具有概括性。设想在创新性、科学性和指导性方面的要求相对较低,因为它是为正式的规划或计划做准备的,是用于前期讨论,不是给上级领导审阅的,所以不必考虑得太周密,只要基本成形即可。

3. 计划

狭义的计划是广义工作计划中最适中的一种。它是根据组织内、外部的实际情况,权衡客观的需要和主观的可能而提出实现目标的方法。其特点是时间一般在半年、一年左右,范围一般是某个单位的具体工作或某一项重要工作。

4. 要点

要点实际上就是计划的摘要,即通过整理把主要内容摘出来的一种计划。一般以文件下发的计划都采用"要点"形式。

5. 方案

方案,即在案前得出的方法,将方法呈于案前,是计划中内容最为复杂的一种。由于一些具有某种职能的具体工作比较复杂,不做全面部署不足以说明问题,因此方案的内容构成会烦琐一些,一般包括指导方针、主要目标、工作重点、实施步骤、政策措施、具体要求等。

6. 安排

安排是计划中最为具体的一种。由于其工作比较具体、单一,如果不做出确切的安排就不能达到目的,所以安排的内容要写得详细一些,这样容易把控方向。

三、计划类应用文的写作

1. 规划的写作

规划的结构由标题和正文两部分组成。因规划具有严肃性,所以一般都是通过指示性通知转发,通常不必再落款,也不用写成文时间。

规划的标题采用"四要素"写法,即规划制发单位名称+规划正文+规划期限+文种,如《国家教育事业发展"十三五"规划》。

规划的正文包括以下内容。

(1)前言,即分析有关的背景材料和指导方针,也就是制订规划的起因和缘由。这是制订规划的依据,因此不能简单地罗列事实,而应对诸多有关情况进行依次认真的综合分析,找出其中的有利因素和不利因素,这样才能使人相信下面所提出的规划目标言之有据、有可靠性。

(2)目标要求和发展方向。这是规划的纲领和原则,是在前言的基础上提出的,因此既要写得鼓舞人心,又要写得坚定有力,要用精练的语言概要地阐述。

(3)主要任务和政策、措施。这是规划的主体和核心,是回答"做什么"和"怎样做"的问题,因此任务要明确、措施要有力。这部分写作通常有两种结构:一是并列式结构。对于比较宏观、全面或任务项目较多的规划,各项任务比较独立,没有太多共同的完成步骤,措施都在各项任务之后分别提出,一般可采用以任务为主线的并列式结构。二是分列式结构。对于专题类或任务较单一的规划,虽任务项目较少但各项目之间的联系比较紧密,一般可采用任务、措施分开写的分列式结构。

(4)结尾,即展望和号召。在规划的最后进行具有号召力的远景展望,这部分要写得简短、有力。

2. 设想的写作

设想因为具有超前性,所以其写作要求并不十分严格,其格式也不大一样。设想的结构一般由标题、正文和落款三部分组成。

(1)标题可以"四要素",也可以"三要素",或省略单位名称,或省略时间期限,还可以"两要素",即省略单位名称和时间期限,如《关于××机构创新发展的初步设想》。

(2)设想的正文包括前言、主体和结尾。一是前言,即只交代设想的目标、要求的依据,一般适用于时间较长的设想、工作计划的最初构思或打算;二是主体,也是设想的核心部分,包括总的指导思想、应采取的具体步骤和需完成的总目标等,可分条列项说明主要措施;三是结尾,可撰写富有鼓动性、号召性的文字,让人们对实现设想怀有信心。

(3)落款因报送场合不同有所区别。如果是报给上级组织部门,那么需具有严肃性,不必落款,也不必写成文时间,随报告报送;如果是交由集体讨论的,或者不以通知或报告的形式转发或上报,就需落款并写明具体成文时间。

3. 计划的写作

由于计划大多根据某个单位的具体工作内容范围而定,只在单位内要求执行,所以一般不以文件形式下发。计划没有固定不变的格式,一般是由标题、正文、结尾三部分组成。除此之外,计划往往还要在标题下或文后标明时间,即"×年×月×日制订"字样,以示正规。

(1)计划的标题有三种写法:一是可以采用"四要素"写法,即单位名称+计划期限+计划内容+文种;二是可以采用"三要素"写法,即计划期限+计划内容+文种;三是可省略计划期限,即单位名称+计划内容+文种。

如果计划尚不成熟或还未讨论通过,就需要在标题后面加括号注明"初稿""草案""讨论稿""征求意见稿"等字样。

(2)正文写法。由于计划是对某个单位的全面工作或某一项重要工作的具体要求,所以写作时要比规划和设想更具体、详细。正文一般包括三个部分:一是前言,或阐述指导思想,或概述基本情况,或直述总目标、总任务,要写得简明扼要。二是主体,即计划的核心内容,阐述"做什么"(明确目标、任务)、"做到什么程度"(具体要求)和"怎样做"(措施、办法)三项内容,要力求具体、逻辑清晰、语言简洁。每份计划都需将这三个要素的内容写清楚,不过详略重点可有不同侧重。三是结尾,要或突出重点,或强调有关事项,或提出简短号召,当然也可没有结尾。

4. 要点的写作

要点大多是上级机关某一项重要或较大工作计划的摘要,一般都要以文件形式下发,因此多用某个通知作"文件头",所以只要有标题和正文两部分内容就可以,不必再落款、再写成文时间。但也有一些要点由于涉及的工作重大,为规范起见,往往要在标题下面标明制文机关单位名称和制发具体时间。

要点的标题一般采用"三要素"写法,即制发单位名称、适用时间及文种,如《××区政府2003年经济工作要点》。

要点的正文分为前言和要点事项两个部分。前言,即简单概括制订要点的目的、依据和指导方针,有时也可省略此部分,直接写要点事项;要点事项包括要点的项目(目的、任务、指标、要求和时间期限等)和具体步骤。正文部分主要解决三个问题,即"做什么、怎么做、何时做完",要求简洁明了、突出重点。

5. 方案的写作

由于方案的内容是上级对下级或涉及面比较广的工作,一般都以带"文件头"形式下发,所以不用落款,只有标题、正文和成文时间即可。

(1)方案的标题可采用"三要素"写法,即由制文机关单位、计划内容和文种三部分组成,如《××大学五年发展规划总体方案》,也可采用"两要素"写法,即省略制文机关单位,但制文机关单位必须在领头的"批示性通知"的标题中体现出来,如《治理环境污染、实现生态保护方案》。为郑重起见,方案的成文时间一般不省略,而且要注在标题下。

(2)方案的正文一般有两种写法。一是包括"指导方针""主要目标(重点)""实施步骤""政策措施""要求"等;二是根据实际情况进行加项或减项。但是,无论用哪种写法,"主要目标""实施步骤""政策措施"三项必不可少,实际写作时这三项的名称可以不同,如"主要目标"可称为"目标和任务""目标和对策"等、"政策措施"可称为"实施办法""组织措施"等。"主要目标"一般要分总体目标和具体目标;"实施步骤"一般要分基本步骤或阶段和关键步骤,关键步骤里还有重点工作项目;"政策措施"一般要分"政策保证""组织保证""具体措施"等。

6. 安排的写作

安排一般有两种发文形式。

一是上级对下级安排工作,即使涉及面较小,也要用"文件头"形式下发。安排的结构通常由标题、正文和签署三部分构成。标题多由制文机关单位、事由、文种组成,有时也可省略单位名称。正文一般由开头、主体、结尾三部分组成,也有的省略结尾,主体结束,正文即随之结束。开头同计划的开头差不多,或阐述制文的依据,或概述制文的意义,都需简洁明了。主体是正文的核心,一般包括任务、要求、步骤、措施四个方面,在结构上可按这四个方面分项来写,也可把任务和要求、步骤和措施合在一起,需要保证任务具体、要求明确、措施得当。结尾常用富有号召力的语句,有时也可省略不写。签署主要包含制文机关单位和制发日期。

二是单位内部的工作安排,可直接下发文件,格式由标题、正文、签署三部分组成。如果是上级机关单位对下属单位的工作安排,那么可将这部分内容改在标题与题下标示中标明,不必在正文后重复落款。但无论哪种形式,安排都不该有受文单位,如果必须有,就以"文件头"形式下发,或者以"关于……安排的通知"形式下发。

四、计划类公文范例

×××公司2020年度工作计划

在过去的一年里,通过全体员工的努力,×××公司逐渐进入了发展快车道。为了完成2020年的总体经营管理目标,公司特制订2020年工作计划。

一、人力资源部工作

(1)完成公司各部门各职务的工作量及任务分析,为招募人才与薪资评定、绩效考核提供科学依据。

(2)进一步完善公司的组织架构,确定每个职能部门的责任,争取做到组织架构的科学合理。

(3)充分考虑员工福利,做好员工的激励工作,建立内部升迁制度,做好员工的职业生涯规划,增强企业凝聚力。

(4)在现有绩效考核制度基础上,参考先进企业的绩效考评办法,推动完善绩效评价体系,并与薪资挂钩,从而提高绩效考核的权威性、有效性。

(5)大力加强员工岗位知识、技能和素质培训,加快内部人才稳步成长。

二、增加人员配置

(1)售后服务部增至4名员工,其中售后服务部经理2名、售后服务部助理2名。

(2)增加管理人员,其中项目经理1名、技术主管1名、行政人员1名、财务人员2名。

三、加强市场调研

根据公司业务部提供的信息和公司在各区域线上、线下业务开展情况,将派专人(兼职)对各区域销售业务的发展现状和潜在的销售趋势进行充分的市场调研,通过调研获取第一手资料,为公司在各区域开拓新的市场做好参谋。

【思考练习】

1. 运用所学知识,写一篇个人新学期学习计划。

总　　结

一、总结的概念与特点

总结是社会团体、企事业单位和个人对已完成的工作或已发生的事项进行回顾、检查、分析、评价,从而得出经验教训,概括出规律性的认识的书面文书。在日常工作中形成的总结还有其他名称,如回顾、小结、体会、经验、做法、心得等。

总结的特点如下。

1. 客观性

在回顾过去时需要用事实说话,从本单位(或本人)的实践活动中选取材料,其内容必须完全忠于自身的客观实践,并从这些材料中提炼观点、得出结论,不能移花接木、张冠李戴,也不允许任意虚构、主观臆造。

2. 全面性

总结是指某一组织或个人对计划期内的全部工作进行的评价,可以是一个国家、一个地区,也可以是一个单位、一个人在对各方面工作进行回顾后对全局性工作做出的总体性评价。

3. 独特性

总结出的经验教训是基本的,将本质的、有规律性的东西反映出来,其中还应突出其独具特色的地方,以便在日常学习、工作、生活中发挥鼓舞、针砭等作用。

4. 指导性

总结以回顾思考的方式对过去的成绩与失误形成理性的认识,找出事物的本质和发展规律,吸取经验教训,以指导以后的工作。

二、总结的基本分类

从性质、时间、形式等角度,总结可分为不同类型。

(1)按性质划分,总结可分为全面总结和专题总结。全面总结,又称综合性总结,是指在某一时期内对各项工作的全面回顾和检查,从而总结经验与教训,如《××公司2005年度工作总结》。专题总结,也称单项总结,是在一定时期内对某项工作或某方面问题进行专门总结,尤以总结推广成功经验为多见,如《××集团2005年度销售工作总结》。

(2)按内容划分,总结可分为工作总结、学习总结、科研总结、教学总结、行业总结等。

(3)按时间划分,总结可分为年度总结、季度总结、月总结等。

(4)按功能划分,总结可分为汇报性总结、经验性总结。

还有一种简单的总结称为小结。这类总结较为简单、短小,适用于内容比较单纯、情况比较简单、时间较为短促、范围比较狭窄的事情,如一个单位某项工作的简要小结、班组工作小结、个人学习小结等。小结的篇幅一般不超过2000字,内容简明扼要、思想单一明确、文字言简意赅。

三、总结的写作

总结没有固定的写法,应根据不同的对象、内容与目的确定具体的写法。其结构基本由标题、正文、落款三部分组成。

1. 标题

总结的标题有多种拟写方式,常见的有以下两种。

(1)公文式标题。此类标题一般采用"四要素"结构,即单位名称、时间、事由、文种名称,如《××系2003年学生工作总结》《××县防疫工作总结》,有的只写《工作总结》等。

(2)非公文式标题。此类标题比较灵活,可采用单行式标题,即文章式标题,只概括主要内容或基本观点,不出现"总结"字样,但对总结内容有提示作用,如某企业的专题总结《科技创新是企业振兴之路》;也可采用双行式标题,分别以单行式标题和文件式标题为正、副标题,正标题揭示观点或概括主要内容,副标题点明单位名称、时限、性质和总结种类,如《知名教授上讲台教书育人放异彩——××大学德育工作总结》。

2. 正文

(1)前言一般介绍总结写作的依据、背景、基本概况等,也可交代总结主旨并作出基本评价,力求简洁、开宗明义。常见的前言写法有四种:一是概括式,简要介绍基本情况,分清主次,为下文叙述奠定基础。二是提问式,以提问的方式将总结的主题直接点明,引人注意。三是对比式,将前后、新旧或先进与落后进行对比,从而分出优劣,引出下文。四是结论式,开门见山提出结论,引起人们对总结过程的兴趣。

(2)主体是总结的核心部分,包括主要工作的基本情况、具体做法、所取得的成绩、经验和体会、面临的问题或教训等,先介绍基本情况(具体任务、具体做法),然后写取得的成绩和经验(总结的核心),再写存在的问题和应吸取的教训。不同类型的总结主体内容有所侧重。全面总结的主体包括两个层次,即成绩和经验、存在的问题和教训。对于一般的工作总结,重点应放在成绩和经验上。

(3)结尾作为总结的结束语,或概述全文,或提出改进意见、指出努力方向,或呼应主题、表达决心和信心等,要求干净利落。

3. 落款

一般在正文右下方署名,撰写日期放在署名的下方。如单位名称已在标题里注明,则结尾只写日期即可。

总结的写作要充分地占有材料,要客观、公正、全面地反映情况,要具有科学性和理论性,要有清晰的层次和简洁的语言。

四、总结类公文范例

20××年度个人工作总结

在20××年的工作中,我遵纪守法,努力工作,认真完成领导交办的各项工作任务,在同事们的关心、支持和帮助下,在思想、学习和工作等方面取得了新的进步。现将主要工作总结如下:

一、严于律己,不断加强党性修养,政治觉悟进一步提高

我始终热爱祖国,热爱中国共产党,拥护党的领导,认真贯彻执行党的路线、方针、政策,为加快社会主义建设事业认真做好本职工作;工作积极主动、勤奋努力、不畏艰难、尽职尽责,在平凡的工作岗位上做出了力所能及的贡献。

二、强化理论和业务学习,不断提高自身综合素质

我重视加强理论和业务知识学习,坚持一边工作一边学习,不断提高自身综合素质,能够正确认真地对待每一项工作,遵守劳动纪律,保证按时出勤,有效利用工作时间,坚守岗位。在工作之余,我认真学习业务知识,做到找重点、抓重点,结合自己在业务上的不足之处有针对性地学习,不断提高自己的业务能力。

三、工作中善于总结和思考

在具体工作中,我努力做好本职工作,同时分析存在的主要问题,总结工作经验。如果发现在某些工作的处理上有问题,我会先与同事沟通,分享自己的解决方案。如果能解决,就立刻解决;如果不能解决,就及时向直接领导汇报,让领导尽可能全面、准确地了解实际情况,并提出自己的意见。

回顾一年来的工作,我在思想上、学习上、工作上取得了新的进步,但也认识到自己的不足之处:理论水平还不够,办公技能还有待加强。今后,我会发扬优点,克服缺点,不断学习、努力工作,为公司发展做出更多的贡献。

【思考练习】

1. 运用所学总结知识,写一篇个人期末学习总结。

调查报告

一、调查报告的概念与特点

调查报告是根据调查研究的成果写出来的正确反映客观事物及其规律的书面报告，通常反映重大事件、新生事物、突出的典型、重要的经验和严重的问题。具体来说，调查报告是对某项工作、某个事件、某个问题，经过深入细致的调查后，将调查中收集到的材料进行系统整理、综合分析、深入研究，以书面形式向组织和领导汇报调查情况的一种文书。

调查报告与公文中的报告有很大的不同。公文中的报告侧重汇报日常工作，供主管领导部门指导工作时参考，而调查报告不限于日常工作，凡与日常工作相关的重大情况、典型事件、经验或教训等具有普遍意义的问题，都可用调查报告进行反映。调查报告的范围较为广泛，内容也较复杂，可供内部参考，也可公开发表。

调查报告具有以下特点。

1. 真实性

调查报告是在占有大量现实和历史资料的基础上，用叙述性的语言实事求是地反映某一客观事物。充分了解实情和全面掌握真实可靠的素材是写好调查报告的基础。

2. 典型性

调查报告具有典型性，典型事物最能反映一般事物的本质与规律，是为了解决某个问题、总结某项经验、研究事物的发展趋势而写的，因此需要恰当地选择典型，深入研究，探索事物的发展规律，寻求解决矛盾的办法。

3. 针对性

调查报告一般有比较明确的意向，相关的调查取证都是针对和围绕某一综合性或专题性问题展开的，所以调查报告反映的问题集中而有深度。

4. 科学性

调查报告离不开确凿的事实，但又不是材料的机械堆砌，而要对核实无误的数据和事实进行严密的逻辑论证，探明事物发展变化的原因，预测事物发展变化的趋势，提示本质性和规律性的东西，得出科学的结论。

二、调查报告的基本分类

调查报告的分类主要有以下三种。

(1)基本情况调查报告是提供事实资料,重在反映本地区、本单位工作中各方面的真实情况的一种调查报告。这种调查报告是为领导机关和有关部门正确认清形势、制定切合实际的政策提供参考。

(2)典型经验调查报告的基本特点是肯定和赞扬,它是通过分析典型事例重在反映和推广工作中的有效做法和成功经验,从而指导和推动某方面工作的一种调查报告。

(3)问题调查报告的基本特点是警示和批评,它是针对某一方面的问题开展专项调查,澄清事实真相,判明问题的原因和性质,确定造成的危害,并提出解决问题的途径和建议,为问题的最后处理提供依据,也为其他有关方面提供参考和借鉴的一种调查报告。

三、调查报告的写作

1. 调查报告的准备

一般来说,调查报告的形成可分为选题、调查、研究、撰写四个阶段。其中,选题阶段要重视选题的针对性,要能解决现实工作、生活中的焦点、难点和热点问题;调查阶段中,选择合适的调查方法是调查的关键,主要的调查方法有普遍调查法、典型调查法、抽样调查法、实地考察法、问卷调查法、谈话法等。

2. 调查报告的结构

(1)标题。标题可以有三种写法。一是公式化的标题,也称单标题,即调查对象+调查课题+文种名称,其格式为"××关于××××的调查报告""关于××××的调查报告""××××调查"等。二是常规化标题,包括陈述式标题、提问式标题和形象画面式标题。其中,陈述式标题,如《××大学硕士毕业生就业情况调查》;提问式标题,如《儿童为什么需要远离电子产品?》;形象画面式标题,如《"神舟六号"逐梦太空》等。三是双标题写法,即正标题、副标题结合,正标题一般陈述调查报告的主要结论或提出中心问题,副标题采用公式化写法,由调查对象、调查课题、文体名称组成,如《高校开展重在学科建立的实践思考——对××高校文科学科的调查报告》等。

(2)前言。调查报告的前言一般要根据主体部分材料的组织来安排,常用的写法有:一是概括式前言,即在开头就使读者对调查的基本情况有大致的了解,可以对调查对象最主要的情况进行概括后写在开头;二是交代式前言,即在开头简单地交代调查的目的、方法、时间、范围、背景等;三是问题式前言,即在开头先提出问题,引起读者对调查课题的关注,促其思考,后面则采用叙述的方式直接反映问题。

(3)正文。正文是前言之后、结尾之前的文字,是调查报告的主体内容,是调查报告最主要的部分。正文部分材料丰富、内容复杂,需详述调查研究的基本情况、做法、经历,并分析在调查研究过程中得出的各种具体认识、观点和最终结论。

在不同类型的调查报告中,正文部分常用的结构方式有:基本情况调查报告的结构大体是"基本情况—成绩—问题—意见或建议";典型经验调查报告的结构大体是"工作成果—工作方法—工作经验""工作方法—工作成果—工作经验";问题调查报告的结构大体是"存在的问题—问题的原因—解决问题的意见或建议""事件发生过程—事件善后工作—处理意见或建议"。

由于调查的目的、方法、内容等因素不同,正文部分的写法没有千篇一律、一成不变的格式,还需根据既定的调查目的、方法、内容和表达需要,灵活安排正文的结构层次。正文部分写作的总体要求是进行情况叙述、问题分析,观点鲜明、中心突出,观点和材料相统一。

(4)结尾。调查报告通常在结尾提出作者的观点,对主体部分的内容进行概括、升华,因此结尾往往是比较重要的。结尾可以总结全文,进一步深化主题;可以针对问题提出解决的方法、对策或下一步改进工作的建议;可以指出新问题,启发人们对这一问题做进一步思考;可以展望前景,发出鼓舞和号召;还可以不写结尾,写完正文,调查报告即可结束。

四、调查报告范例

暑期关于空巢老人的调查报告

一、存在的问题

暑假期间,我做了一项关于空巢老人的调查,调查的结果令人担忧。调查结果显示,随着社会老龄化程度的加深,空巢老人在生活中面临着以下突出问题。

(1)空巢老人的身体状况普遍较差。由于他们的子女大多外出务工,与老人的联系较少,所以多数老人的身体状况未能受到足够重视,普遍较差。调查显示,空巢老人中有4%的老人在调查前看过病,独自住院的老人占比为7%,平均看病次数为4次,有的老人甚至因行动不便对自己的身体状况不够重视,其健康状况令人担忧。

(2)空巢老人的日常生活保障较少。多数空巢老人患有慢性疾病,如高血压、心脏病、骨质疏松症、白内障、青光眼、阿尔茨海默病等,生活能够自理的老人在调查的258人中仅占5%,他们的生活自理能力随着年龄的增长呈不断下降趋势。

(3)空巢老人的收入情况复杂。在调查过程中了解到,113位老人有退休金,15位老人仍在工作,18位老人享受社会救助,100位老人接受过子女的经济帮助。受访者中仅有6%的空巢老人对自己的经济状况表示满意。

二、问题的原因

(1)监护管理不到位。经调查发现,空巢老人中被托付护工照管的占2%,被托付其他亲戚或邻居照管的占3%,有78%的空巢老人无人照顾,独自一人生活。空巢老人的照顾者,无论是子女还是其他亲戚,都认为只要老人有饭吃、身体健康不生病、平安不出事,就算是尽到了自己的照顾责任。子女因没有太多时间照顾老人,只能从物质上尽量满足他们的需求。

(2)随着城市化发展进程的加快,农村劳动力流动加快,农村青年多在城市务工,不能长期陪伴父母。据统计,全国进城务工人员已超过2亿人,他们收入少、工作压力大,无法将父母接到城市同住,只能把老人留在家中。

三、解决问题的建议

针对目前空巢老人面临的主要问题,我认为,应从以下方面着手解决。

(1)政府应加大投入,兴建老年人活动中心,为空巢老人提供良好的生活和娱乐环境,让他们有归属感。

(2)加强宣传力度,营造敬老爱老的社会氛围,提高子女关爱空巢老人的主动性,让他们在工作之余能多花时间陪伴父母。

(3)制定完善与农村养老保障相关的法律法规,如《赡养老人保障法》,对家庭养老的原则、形式及责任等事项做出明确规定,以法律保障老人被赡养的权益,让更多的人认识到养老不仅是"家务事",也是应尽的义务,需要社会及个人承担赡养老人的责任和义务,从根本上解决空巢老人面临的问题。

【思考练习】

1. 运用所学调查报告知识,撰写一篇关于在校大学生消费水平的调查报告。
2. 设计一份关于学生自主学习情况的调查问卷。

毕业论文

一、毕业论文的概念与特点

毕业论文是指高等学校或某些专业为对毕业学生集中进行科学研究训练而要求其在毕业前撰写的论文。撰写毕业论文的目的是培养学生的科学研究能力,加强对学生综合运用所学知识、理论和技能解决实际问题的训练,从总体上考查学生学习所达到的学业水平。毕业论文一般被安排在修业的最后一个学年或学期进行,学生必须在教师的指导下选定课题进行研究,撰写并提交论文。

毕业论文具有如下特点。

1. 科学性

作者在立论时不得带有个人的偏见,不得主观臆造,必须切实地从客观实际出发,得出符合实际的结论;在论据上应尽可能地占有资料,以最充分、确凿有力的资料作为立论的依据;在论证时必须通过周密的思考进行严谨的论证。

2. 理论性

毕业论文在形式上属于议论文,但与一般议论文不同,必须有自己的理论系统,不能只是材料的罗列,还应对大量的事实、材料进行分析研究,使感性认识上升到理性认识;其内容必须符合唯物辩证法,运用"实事求是""有的放矢""既分析又综合"的科学研究方法。

3. 实践性

实践性是论文价值的具体体现,主要体现在内容上,根据一定的论证分析依据得出相应的处理方法、技巧或流程等。

4. 专业性

毕业论文论述的对象要有针对性,与主题密切相关,具有不同的专业特点。

5. 创造性

科学研究是对新知识的探求,创造性是科学研究的生命。作者要有独到的见解,能提出新的观点、新的理论。

二、撰写毕业论文的一般过程

1. 选题

所谓选题,就是选择研究课题。选题对于毕业论文的撰写极为重要,因为选题实际上就是确定研究的方向、研究的对象,是进行学术研究的第一步,也是撰写论文的第一步。一般来说,学生的毕业论文题目由教师指定或由学生提出,经教师同意后确定。

选择论文选题时要注意的问题:一是以能否解决问题为标准;二是要预先进行学术调查,避免与他人的研究课题重复;三是选择力所能及的课题;四是选择有利于发挥自身优势的课题。

2. 材料的准备

首先,要进行材料的收集整理。一方面可以借助材料了解学科研究的现状与动态,另一方面可以借助材料参考他人的观点和看法。对学术论文写作来说,材料收集得越多越好。其次,要进行材料的分析研究。只有对材料进行详尽的、深入的分析研究,才能保证学术研究在正确的方向上开展。

3. 撰写论文

毕业论文的结构和内容如下。

(1)目录。篇幅较长的毕业论文一般都有分标题,层次比较多,理论体系也比较庞大、复杂。为了使读者能在阅读论文之前对全文有大致了解,快速选择某个分论点进行精读或略读,有必要设置目录。目录一般放在正文之前,可引导对论文的阅读。要起到导读作用,目录必须与全文的纲目一致,即要与各级标题一一对应;应逐一标注各级标题在正文中的页码,且清楚无误;论文中各项内容都应在目录中体现出来,不得遗漏,保证其完整性。

(2)标题。标题是文章的眉目,也是论文的题目,通常由教师指定或由学生提出,经教师同意后确定。虽然标题样式众多,但都要全面或从不同的侧面体现作者的写作意图、论文主旨。有些论文直接以一个总标题作为标题,此类标题的拟法主要有五种:一是揭示课题的实质,直接呈现文章的中心论点,高度概括全文内容,如"关于经济体制改革问题的探讨";二是提问式,常用设问句隐去要回答的内容,以婉转的语意表达作者的观点,如"商品经济等同于资本主义经济吗?";三是交代内容范围,不提出作者的观点,只对文章内容的范围做出限定,用于文章的主要论点难以用一句简短的话加以归纳或为引起读者的重视和共鸣等情况,如"试论依法治国与以德治国的关系";四是用判断句式对全文内容进行限定,概括性和灵活性都很强,从小处着眼、大处着手,如"从乡村旅游产业的兴起看中国农村的希望之光";五是用形象化语句拟题,如"鼓舞人心的企业治理体制"。

有些论文标题由主标题和副标题构成。其中,副标题主要用于点明论文的研究对象、内容和目的,对主标题加以补充、解释。而为了清楚地显示论文的层次,有时还会使用分标题,标明各层次的中心内容。

(3)内容提要。内容提要是对全文内容的提炼,也是正文的附属部分,起到提出主要论点、总结研究成果、简述全文框架结构的作用,一般放在论文的开头,方便指导教师在未审阅全文时先对主要内容有大致的了解,清楚研究所取得的主要成果和研究的主要逻辑顺序,同时能使其他读者通过阅读大概了解作者所研究的问题,从而产生共鸣,进一步吸引读者阅读全文。其主要写法有两种:报道性提要,介绍研究的主要方法、成果和分析等;指示性提要,概述研究成果,如数据、看法、意见和结论等,不涉及研究手段、方法和过程。毕业论文一般采用指示性提要。

写作内容提要时应注意:提要属二次文献,要用第三人称,不要使用"本文""我们""笔者"等,不能出现参考文献标识和图表、公式的标号;提要是用于如实、客观、准确、恰当地阐述关键内容的,不能出现夸张、虚假和解释说明的词语,也不需要对论文进行评价,因为论文的价值要通过实践检验、由读者评价。

(4)关键词。关键词是标示论文关键内容但未经规范处理的主题词,一般从论文中选取,是用以表示全文主要内容信息款目的单词或术语。一篇论文可选取3~5个关键词。

(5)正文。正文是毕业论文的关键部分,也是主体部分,具有展开论题、分析论证的作用。正文可采用以下结构:并列分论式,即将实际考察所得到的论点并列起来分别进行论述,确保事实根据全面、客观;串联推论式是对前人的相关论述、考察方法、过程和所得结论等进行展开论述并分析推论,将他人的意见、观点和本人的意见、观点串联起来,做明确区分;并列分论式和串联推论式相结合,即经本人分析、论述得出结论,再与前人的成果论述有机结合。

(6)结论。结论是毕业论文最终的、总体的结论,是文章的价值所在,应体现作者更深层的认识,要从整篇论文的全部材料出发,经推理、判断和归纳等逻辑分析过程,得到新的学术观点、见解,如论文的研究结果说明了什么问题,对前人的有关看法做了哪些修正、补充、发展、证实或否定,论文的不足之处或遗留的未予解决的问题有哪些,以及解决这些问题的可能关键点和方向有哪些。结论而不是某一局部问题或分支问题的结论,也不是正文中各段的小结总括。撰写结论部分应措辞严谨、高度精练,突出核心成果,还可以提出需要进一步讨论的问题或建议。

(7)参考文献。参考文献(资料)附在论文的最后,有较多文献时应分页列出。凡有引用他人成果之处,均应按其在论文中出现的先后次序列于参考文献中。引用文献资料的方式分为直接引用和间接引用。直接引用原文,需加上引号;间接引用时,只是转述其意,不需加引号。同时,引用需列出作者名字、文献名称、文献版次等信息。

(8)附录。对于一些不宜放入正文但对毕业论文具有重要参考价值的内容,可编入附录,如调查问卷原件、数据、图表和说明等。附录对论文具有补充说明的作用。

毕业论文的主题应是本专业学科发展或实践中提出的理论问题和实际问题。就问题而言,它是对某一专业领域的现实问题或理论问题进行科学研究探索的表现。毕业论文是教学、科研过程中的一个环节,也是学业成绩考核和评定的一种重要方式。其目的是培养学生综合运用、巩固和扩展所学的全部专业知识和技能解决较复杂问题的能力,让他们学会根据有关科学研究选题收集、查阅文献,制定研究方案,开展科学实验或进行社会调查,处理数据或整理调查结果,提出论点、综合论证并得出结论,撰写论文等。

三、毕业论文范例

毕业论文一般由专门的指导教师指导完成,因此最后往往还有"致谢"部分。

【题目】 关于法学专业人才引进问题的研究

【摘要】 法学专业对人才素质、学历均有较高要求。近年来,法律行业相关单位存在较大的人才缺口,如何解决这一缺口成为学校及社会共同关注的问题。下面将在研究法学专业学生就业现状及存在的问题的基础上,提出解决我国法学专业人才引进问题的若干措施。

【关键词】 法学;就业现状;人才引进

【正文】

一、法学专业学生的就业现状及存在的问题

(1)法学专业学生就业需求分析。

随着经济社会的快速发展,律师或法律顾问开始成为热门职业。据不完全统计,2010年,我国设有法学本科专业的高校有675所,法学专业成为我国开设数量最多的专业之一。法学专业毕业生倾向于在专业较对口的行业就业,其中公共管理、社会保障和社会组织、金融业是法学专业人才主要的就业流向。

......

【结论】 近年来,我国经济正处在快速发展阶段。总体来看,法学专业学生就业形势普遍较好,但是在繁荣发展的背后法学专业还存在高素质人才引进的问题,这需要引起社会及高校的重视。只有采取积极有效的措施引入人才,才能促进法学专业进一步发展。

【参考文献】

[1]××.法学专业大学生职业生涯规划教育研究[D].××大学,2013.

【思考练习】

1. 阐述毕业论文与学术论文在格式上的不同。
2. 谈谈毕业论文的结构。

求职简历

一、求职简历的常见类型及适用范围

1. 功能型简历

功能型简历是一种不太常用但往往很有效的简历形式,是按工作经历的功能撰写的,强调个人的资历与能力,并对个人的专长和优势进行一定的分析和说明。这种类型的个人简历非常具有针对性,工作技能与专长是其核心内容。一份功能型简历一般包括目的、成绩、能力、工作经历及学历等部分。求职者可根据自己的实际情况选择使用功能型简历。功能型简历一般适用于部分工作经历及技能与求职目的无关,只突出那些与应聘岗位相关的内容;应届毕业生、退伍军人或者打算转行的求职者;工作经历有中断,或有特殊情况。

2. 时序型简历

时序型简历是最普通、最直接的简历类型,即从本人最近的经历开始,逆序逐条列举个人信息。随着时间的推移,求职者的工作能力持续增长,个人的工作经历可以被非常清晰地展示出来。这种简历清晰、简洁,便于阅读。按时间顺序排列的简历应包括目的、摘要、经历和学历等部分。时序型简历一般适用于工作经历能较好地反映求职者相关工作技能的不断提高,一份可靠的工作记录体现其获得了不断的调整和提升;最近所担任的职务足以体现个人优势等情况。

3. 复合型简历

复合型简历是功能型简历和时序型简历的结合,可以按时间顺序列出个人信息,同时特别突出其成就和优势。复合型简历一般包括目的、概况、成就、经历、学历等。复合型简历最能直接反映求职目的,一般适合应届毕业生、退伍军人或者考虑转行的求职者,已经达到事业巅峰的求职者不仅要突出个人的成就和能力,还要突出个人经历。

4. 目的导向型简历

目的导向型简历可以根据求职者的目的安排内容,一般适用于求职者对特定职业的应聘,如教师、程序员、警察等。目的导向型简历通常也适用于复合型简历。

5. 业绩型简历

业绩型简历通常包括目的、成绩、资历、技能、工作经历及学历等,以突出求职者个人成绩为主。

6. 创意型简历

创意型简历不是每个人都适用,它强调的是与众不同的个性和标新立异的态度,目的是表现求职者的创造力和想象力。这种类型的简历慎用,它适合一些创新性岗位,如广告策划、美术设计等。

二、求职简历的一般写作格式

个人简历并没有固定的格式,形式多样,可以是表格,也可以是行文,但要遵循一定规则。求职简历包括标题、正文和结尾三部分。

1. 标题

标题一般写为"个人简历"或"履历表"即可。

2. 正文

正文主要陈述求职资格和工作能力,要选择对想应聘的工作特别具有说服力的资历和能力进行描述,具体内容如下。

(1)开头一般概括求职者的个人情况,包括基本信息、联系地址和求职目标,用简洁的语言介绍基本情况、资格和技能、求职岗位类型等。

(2)求职目标需充分体现求职者在该领域所具有的优势和专长,后面的个人特长也可与之相呼应。

(3)教育背景,即学历、所学专业等受教育情况。求职者要将自己在大学期间的主修课程、专业、特长写清楚。对缺乏工作经验的应届毕业生来说,受教育的程度是极其重要的。

(4)工作经历,即职务、职责、业绩等。如果工作经历丰富,而且成绩突出,那么这些对求职有很大帮助。对应届毕业生来说,可以写一些自己参加过的社会实践活动,如实践单位、实践内容等。

(5)成绩、荣誉,即参与的社会活动和工作中取得的成绩等,最好能与应聘岗位相匹配。

(6)个人特长,如语言表达能力、工作能力、专业能力等。这部分可附上相关证书。

3. 结尾

结尾一般列举有关附加性参考材料,如学历证明、获奖证书、专业技术职务证书、专家教授推荐信、发表的论文、出版的论著等。

如果需要提供证明人,一般提供2~4个,主要用于对求职资格、工作能力和个人情况的备询或保证。一般应选择在校期间或以前工作单位或所参加社团中比较熟悉且知名的人，尤其是知名的用人单位。一般不建议选择父母或亲戚，因为可信度不高。

三、求职简历写作的注意事项

1. 突出重点

求职者应持认真负责的态度。招聘者寻找的是适合某一特定职位的人才，会审查求职者是否选择了与申请职位最相关的工作，以体现其与职位的匹配，所以不要指望一份简历能应聘很多工作，要突出重点、有针对性。

求职者可以在简历页面上部针对所求职的岗位写一段概括性的文字，陈述自己在求职上最大的优势，然后在个人介绍中将这些优势以经历和成绩的形式展示。

2. 学会推销自己

把简历当作一份广告。成功的广告要简短而有感召力，并且多次重复重要的信息。个人情况介绍不要采用段落的形式，尽量用动作性短语，使语言鲜活有力。

根据求职者所申请的目标职业介绍具体的技能和工作经验，不要简单地罗列担任过的每个职位。招聘者最感兴趣的是求职者近些年的工作经历和从中获得的技能，重点关注其在最近和最相关的工作中是否突出。

3. 简历的格式和版面设计

很多招聘网站都有自己的简历格式，求职者可根据招聘单位的具体要求填写。如果是纸质简历，建议不要做得太过花哨，布局清晰、易于阅读即可，并选择合适的字体和字号，同时需注意以下方面。

（1）求职简历不要压缩版面，用1～2张纸即可，最好用1张A4纸呈现。

（2）在简历中尽可能充分展示求职者的专业特长，一般写出3种以上成绩或优点，最好与求职目标相匹配，再结合应聘岗位的要求排列顺序。

（3）一般来说，白纸黑字是个人简历的最佳载体。排版时，注意间隔及采用常规字体，同时注意语法、标点、措辞，避免出现错字。

4. 良好的文字水平与语言表达

求职者的职业目标和发展定位应清晰，用词尽量生动。求职者即使转行，缺少招聘工作所需的经验，也不要在简历中流露出来，而是尽可能地让用人单位相信自己具备应聘职位需要的知识和技能。

四、求职简历范例

基本信息

姓名:×××

性别:男

出生日期:××××年×月×日

身高:××cm

婚姻状况:未婚

户口所在地:×××

现居住地:×××

个人特长:钢琴、绘画

语言能力

英语:××等级

其他语言:××等级

教育或培训经历

毕业院校:××××大学

最高学历:本科

所学专业:心理学

工作经历

20××年×月—20××年×月　××××公司

职位:心理咨询师

工作描述

本人从事心理咨询工作,主要负责对心理问题进行诊断,制订咨询方案,为个体、团体提供心理咨询、心理矫正等服务。

自我评价

本人性格开朗,做事踏实认真,对待工作一丝不苟且善于沟通,有较强的组织能力和团队协作精神,勤于学习,能不断提高自身的能力与综合素质。

【思考练习】

1. 你的最大优势是什么?
2. 运用所学知识,撰写一份个人求职简历。

演讲稿

一、演讲稿的使用范围及特点

演讲稿,也叫演讲词,是在较为隆重的仪式上和某些公众场合发表的讲话文稿。演讲稿是进行演讲的依据,是对演讲内容和形式的规范与提示,体现了演讲的目的和手段。演讲稿是人们在工作和社会生活中经常使用的一种文体。它可以用来交流思想、感情,表达主张、见解,也可以用来介绍自己的学习、工作情况和经验等。演讲稿具有宣传、鼓动、教育和欣赏等作用,可以把演讲者的观点、主张、思想、感情传达给听众及读者,使他们信服并在思想、感情上产生共鸣。

演讲稿的特点如下。

1. 有声性

演讲是一种社会活动,是用于公众场合的一种宣传形式,具有口头传播的特性。演讲的本质在于"讲",而不在于"演",它以"讲"为主、以"演"为辅,要求运用口语化的表达,让说者朗朗上口、听者明白易懂。因此,演讲稿写成之后作者最好能通过试讲或默念进行检查,凡是讲不顺口、听不清楚之处,句子过长之处等,均应修改调整。

2. 针对性

所谓针对性,首先是作者提出的问题是听众所关心的,要能为听众所接受并心悦诚服,这样才能产生应有的传播效果;其次是听众有不同的对象和层次,而公众场合也有不同类型,如党团集会、专业性会议、服务性俱乐部、学校、社会团体、各类竞赛场合等,所以写作时要根据不同场合和不同对象设计不同的演讲内容。

3. 鼓动性

好的演讲自有一种调动听众情绪、赢得好感的鼓动性,做到理、事、情三者交融统一。要做到这一点,就要依靠演讲稿思想内容的丰富、深刻,见解精辟、有独到之处、发人深思,语言表达要形象生动、富有感染力。

4. 整体性

演讲稿并不能独立地完成演讲任务,它只是演讲的文字依据,是演讲活动的一个组成部分。演讲主体、听众对象、特定的时空条件共同构成了演讲活动整体。撰写演讲稿时,不能将它从整体中剥离出来。因此,演讲稿的撰写要注意以下方面。

一是要根据听众的文化层次、工作性质、生活环境、品位修养、爱好愿望确定主题、选择表达方式,以便更好地沟通。

二是演讲稿不仅要充分体现演讲者独到、深刻的观点和见解,而且要对声调的高低、语速的快慢、体态语的运用进行设计并加以注释,以达到最佳的传播效果。

三是要考虑演讲的时间、空间、现场氛围等因素,以强化演讲的现场效果。

5. 临场性

演讲活动是演讲者与听众面对面的一种交流和沟通。听众会对演讲内容及时做出反应,或表示赞同,或表示反对,或饶有兴趣,或无动于衷。演讲稿的内容需根据听者的反应调整,以满足听众的需求。要充分考虑演讲时可能出现的种种情况及对策。总之,演讲稿要具有弹性,体现出必要的控场技巧。

二、演讲稿的分类

1. 按体裁分类

(1)叙述式演讲稿是向听众讲述自己的思想、经历、事迹,转述自己看到、听到的他人的事迹或事件时使用,在叙述中也可夹用议论和抒情。

(2)议论式演讲稿是摆事实、讲道理,既有事实材料,又有逻辑推断,立场坚定,旗帜鲜明。

(3)说明式演讲稿是对听众说明事理,通过解释某个道理或某一问题来达到树立观点的目的。

2. 按内容分类

(1)时政演讲稿是政治家或代表某一权力机构的要员阐述政治主张和对当下时事热点发表自己见解的演讲稿。各级领导的施政演说、新当选的领导人的就职演说、政治家的竞选演说等,都属于这一类型。著名的时政演讲,如林肯在葛底斯堡的演讲、丘吉尔在美国圣诞节的即兴演讲等。

(2)学术演讲稿是传播、交流科学知识、学术见解及研究成果的演讲文稿。它对某一学科领域中的现象或问题进行深入剖析和阐述,具有很强的专业性,需要在前人研究的基础上有自己的新见解、新思想,同时要避免复杂抽象的、不易被一般人理解的专业术语,把深奥的道理阐述得通俗易懂。

(3)思想教育类演讲稿针对现实生活中人们的思想动态、思想倾向和思想问题,以真切的事实、有力的论证、充盈的感情讴歌真善美、鞭挞假恶丑,引导听众树立正确的人生观、价值观,激励听众为崇高的理想、事业而奋斗。这类演讲稿适用于演讲比赛、主题演讲会、巡回报告等。

(4)课堂演讲稿可分为两种:一是教师在传授知识时使用;二是学生为提高自己的演讲水平而写的。

三、演讲稿的一般格式与要求

演讲稿分开头、主体、结尾三个部分,其结构原则与一般文章的结构原则大体相同。

1. 开头

演讲稿的开头,也叫开场白,在演讲稿的结构中处于显要的地位,具有特殊的作用。演讲稿的开头通常有以下几种。

(1)开门见山,揭示主题。好的演讲词开头就应用最简洁的语言把听众的注意力吸引过来。一般来说,政治性或学术性的演讲稿都是开门见山的,直接揭示演讲的中心论点,这样才能达到出奇制胜的效果。运用这种开头,必须先明确把握演讲的中心论点,把要向听众揭示的中心论点摆出来,使听众一听就知道所讲的中心论点是什么,其注意力马上就能集中起来。

(2)阐明情况,交代背景。一般地,这种开头会对事情发生的时间、地点、人物做必要的说明,为进一步向听众揭示论题做准备。运用这种开头,一定要从演讲的中心论点出发,不能信口开河、离题万里,更要避免套话、空话。

(3)提出问题,启发听众思考。演讲稿的开头可根据听众的特点和演讲的内容提出一些启发听众思考的问题,以引起其兴趣。这种问题应该新颖、独特,确实能促使听众思考。

2. 主体

演讲稿在开头后要迅速转入主体,主体是演讲稿的核心部分,也是演讲稿的高潮所在。能否写好主体直接关系到演讲的质量和效果,主体内容的安排应注意以下方面。

(1)确定结构形式。演讲稿的形式比较灵活,或旁征博引、剖析事理,或引经据典、挥洒自如,或层层深入,或就事论事,一般可根据不同的场合自行确定。无论结构形式如何变化,都要求内容突出、问题说透、推理严密、层次清晰、情理交融。

(2)认真组织材料。演讲稿的理论依据和事实论据的组织安排要恰当,首先必须保证事例的真实性、典型性。演讲稿不能太长,一般控制在30分钟左右为好,内容要求言简意赅。

(3)创设演讲高潮。一个成功的演讲不可能没有高潮。高潮要体现三个特点:一是思想深刻、态度明确,最集中地反映演讲者的思想观点;二是感情强烈,演讲者的饱满情绪均在这里得以体现;三是语句精练。

如何创设演讲高潮呢?一是表达新颖,巧用机关。巧用机关并不是故弄玄虚,而是可以采用一种不平铺直叙的方式、语气或态度上的反转,在语意跌宕中巧妙收拢,使演讲气氛活跃、效果迥然。二是形象说理,感情升华。演讲者在阐明道理时要尽量避免抽象,善于借助具体的形象或真实可感的事物讲出道理。同时,注意个人思想感情的升华,与听众的思想感情产生共鸣。三是语言精练,主题深刻。演讲要注意语言的锤炼,表达具有时代感的新颖主题,给人以新的认识和启迪,讲出新意。同时,可以使用排比、反问等句式增强气势,也可借助名言警句把思想揭示得更深刻。

3. 结尾

结尾是演讲稿的有机组成部分,应自然结束。结尾给听众的印象往往代表整个演讲给听众的印象。演讲稿的结尾没有固定的格式,或对整个演讲全文要点进行简单小结,或以号召性、鼓动性的话收尾,或者以诗文名言及幽默俏皮的话结尾,但一般原则是要给听众留下深刻的印象。结尾常见的结构为引导式、希望式、感慨式和抒情式。

写结尾时普遍存在的问题是要么草草收兵、要么画蛇添足、要么套用陈词滥调,还有的在本来已经讲完后又唠叨几句"我讲得不好,请大家批评指正"之类的话,势必让人反感。

四、演讲稿范例

乘风破浪
——高中毕业演讲

尊敬的老师、亲爱的同学们:

岁月匆匆,高中三年转瞬即逝。我们告别了天真,走向了沉稳;脱去了稚气,获得了自信;我们从一个懵懂少年成长为风华正茂的青年。三年的光阴、三年的苦读、三年的探索,使我们不断成长。毕业之际,不舍我们的同学、不舍陪伴了我们三年的宿舍、不舍我们的教室,还有校园里熟悉的一草一木。

虽然即将与相处三年的同窗好友分别,但我们不会把自己和属于花季年龄的回忆全都忘掉,因为在这美好的年龄我们已用最美好的青春做了一次交换。

三年来,我们共担苦乐、荣辱与共;我们不会忘记每天早上放声读书的朝气蓬勃,不会忘记夜幕下埋头苦学的光阴。人生又能有几次几十个人在同一间教室里一同向着心中的目标默契地奋斗呢？因为有你，有你们，让我感受到了什么是相互理解、相互帮助、相互扶持。生活在这样的集体中，我才知道什么是归属感、集体感。我衷心地感谢每一个支持我的同学，每一个给我微笑的同学，每一个和我共同成长的同学。

对于我们来说，梦想就是我们的翅膀，心怀梦想，永远都不会孤单。

在此，我由衷地感谢母校对我的培养，让我学会了各种生活技能和懂得如何为人处世。祝福我的母校××高中明天会更好！同时，我也由衷地感谢同学们对我的关心和帮助，感谢各位朋友的关怀。认识你们是我人生的一大财富，衷心祝愿各位学业有成，考上自己理想的大学！

谢谢大家！

【思考练习】

1. 以"青春心向党"为主题，自拟题目写一篇演讲稿。
2. 运用所学的演讲稿知识，撰写一篇竞选学生干部的演讲稿。

策划方案

一、策划方案的概念与特点

策划方案是策划成果的表现形态,通常以文字或图文为载体,源于提案者的初始念头,终结于方案实施者的手头参考,其目的是将策划思路与内容客观地、清晰地、生动地呈现出来,并高效地指导实践活动。

策划方案的特点如下。

1. 目标性

策划方案是围绕相关活动目标或营销绩效开展的策划活动。

2. 前瞻性

策划方案是在一定思考及调查的基础上进行的科学预测,因此具有一定的前瞻性。

3. 风险性

虽然策划方案是建立在详尽的调查和研究的基础上,但策划本身属于一种预测或提前筹划,同时所处环境的不断变化会使其具有一定的不确定性和风险性。

4. 系统性

策划方案必须遵循经济规律、自然规律,它是一个结构层次分明的整体,强调不同维度之间需具有清晰的逻辑关系,强调多种手段在策划过程中的系统、综合运用。

5. 创造性

策划是一种思维的革新。能够形成新奇独特且具有价值的策划,才是真正的策划。策划方案的创造性以创造性思维为核心,主要体现为敏锐的洞察力、丰富的想象力与主动的挑战力等。

6. 可操作性

可操作性是策划方案的前提。如果一个策划方案连最基本的可操作性都没有,那么这个策划方案再有创意、再好,也是一个失败的策划方案,因此策划方案必须具有可操作性。

二、策划方案的基本分类

根据不同的用途和内容,策划方案可分为活动型策划方案、营销主导型策划方案、品牌传播型策划方案、复合型策划方案。

活动型策划方案具有可执行性和可操作性,对企业或组织举办相关活动具有重要的指导意义,如校园活动策划方案、企业开业庆典活动策划方案、会议活动策划方案、周年庆典活动策划方案等。一个好的活动型策划方案无论对主办方的知名度,还是对活动开展的完成,都起到积极的作用。

营销主导型策划方案通常用于以盈利销售为主、品牌宣传为辅而展开的主题活动,其主要目的是让消费者关注品牌产品,从而吸引更多的潜在客户,引导消费。营销主导型策划方案中一般要设计吸睛且新奇的活动内容,这样才能满足消费者的猎奇心理,增加大家对产品的了解,从而促进销售。

品牌传播型策划方案通常用于以品牌宣传为主、盈利销售为辅而展开的主题活动,其主要目的是提高产品的知名度、增加声誉、提升销量。品牌传播型策划方案注重媒体的宣传效果,所以相关媒体应在策划方案中有所体现。

复合型策划方案融合了各种策划方案的特点,如活动的娱乐性、营销的盈利性及传播的广泛性,属于混合型策划方案。

三、策划方案的一般格式与要求

一般来说,一份完整的策划方案应具备序言或前言、市场分析或市场背景、产品或服务的优劣势分析、市场战略或推广策略或广告促销策略、广告或促销文案、媒体投放分析或计划、费用预算、前景预测或效果评估、市场资源开拓、宣传规划。

本书以大学生在校期间实际用到最多的校园活动策划方案为例进行分析。活动型策划方案应包括封面、正文、附件三个部分。

1. 封面

封面通常采用"四要素"写法,即活动名称、具体方案、活动参与单位、策划时间。封面要简洁明了,写清楚活动名称,如"××活动策划方案","××"为活动内容或活动主题,不需冠以协会名称。

2. 正文

正文分为活动主题、活动背景、活动对象、活动目的、活动时间、活动地点、活动形式、活动内容、活动开展、活动经费预算、策划单位、策划时间共12项,为一级标题,可根据活动的不同增减内容;如有二级以上标题,可使用不同层级标题区分,如(一)、1、(1)、①等。

(1)活动主题是反映活动主题的最精炼的概括。

(2)活动背景是指策划活动的客观条件,是策划方案的重要组成部分之一。要求紧扣"三个背景",即时代背景、社会背景、教育背景。

(3)活动目的是举办活动需达到的目标。以清晰、明确的"目的"为导向的活动才能有序地开展。陈述活动目的应具体简洁。

(4)活动对象。用简洁的语言说明参与的具体对象。

(5)活动时间。注明活动从举办到结束的全部用时。

(6)活动地点。注明活动涉及的所有地点。

(7)活动形式。注明所开展活动的形式,如文艺演出、文体竞赛、摄影大赛、迎新或毕业季活动、讲座、知识宣传、展览、调查等。

(8)活动内容是活动举办的核心部分,包括活动流程、活动的项目设置、活动的具体要求等相关事宜。

(9)活动开展包括活动具体流程、奖项设置安排、时间规划等,涉及奖项评定标准、活动规则等内容可以附录形式出现。活动开展作为策划的主体部分,表述方面要尽量翔实,除了用文字外,也可适当加入统计图表、数据等,使更加具象化。

活动流程安排大致可以分为四个阶段:一是活动策划阶段,是总体纲领,包括主题、目的、意义、参与对象、时间、地点、内容、具体流程、经费预算、突发事件及应急措施等;二是活动准备阶段,包括确定各项活动负责人、场地安排情况、海报宣传、前期报名、赞助经费、物资购买等;三是活动执行阶段,包括活动现场宣传、人员的组织配置等,也可注明开展活动的阶段负责人、指导单位、参加人数等信息;四是活动结尾阶段,包括结果公示、活动展开情况复盘总结等,如有涉及校园卫生、环境等情况,应及时处理。

(10)活动经费预算是整个活动经费预算的明细。

(11)策划单位。活动策划具体到部门或个人。

(12)策划时间需具体到年月日。

3. 附件

附件需另用一页纸,其内容一般为比赛规则、评分标准、奖项设置等,可附于策划方案后面。

四、策划方案范例

"寻找最美家乡年味"摄影大赛活动策划方案

1. 活动主题

浓情家乡情,最美中国年

2. 活动背景

2020年"鼠实不疫",2121年"牛转乾坤",春意浓,节味儿更浓。春节期间,全国各地都沉浸在浓浓的年味儿中。挂红灯笼、写春联、剪纸、贴窗花、包饺子、秧歌表演,到处一派喜气洋洋的景象。在摄影中体验美、享受美,感受这份年味儿……一起记录和分享身边和谐美好的生活气息、现代文明和潮流、不同文化风俗年味儿。这样喜庆的节日,你可千万不要停止创作,来和我们一起分享镜头下的年味儿瞬间。

3. 活动时间

(1)作品征集时间:2月3—9日为短视频征集时间;2月3—18日为摄影作品征集时间。

(2)作品短视频展示时间:2月11日。

(3)作品初评时间:2月19—21日。

(4)作品终评时间:2月22—25日。

(5)作品展示时间:2月26日。

4. 活动对象

××学院全体师生。

5. 活动地点

线上举行,主要通过QQ线上平台。

6. 主办方

××大学××学院团委。

7. 承办方

××大学××学院团委宣传部。

8. 活动内容

(1)前期筹备(2月1—3日)。制作完成线上宣传海报、年味宣传视频,并发布相关活动预告。发布平台涉及官方微信公众号、微博公众号、班级通知群,及时发布活动内容及要求,并做好获奖作品展示准备,向年级班长传达活动要求及相关内容,各班班长、团支书向所在班级通知活动时间、宣传活动内容。

(2)中期活动征集(2月3—18日)。

一是征集新年贺词短视频。征集对象为歌手大赛"十佳歌手"以新年祝福贺词为内容录制的歌曲短视频,以及各班同学(包括个人及集体)的新年祝福短视频。

二是征集年味摄影作品。作品要求:单张或组图(组图图片不得多于6张),每组图片能够讲述一段年味故事,体现一个主题;参赛图片不得经过编辑工具合成,但允许作品做简单的调整(图片可做亮度、对比、色饱和度的调适,不得进行大幅度的色彩等技术处理)。图片使用各类相机、手机拍摄均可,彩色、黑白不限。摄影作品内容积极向上,组图作品请标注序号;每组摄影作品请附主题介绍等文字说明(字数不超过30字),并备注摄影地点、时间;作品类型可为全家福、新年民俗、团圆年夜饭、地方习俗、新年新家、春联、拜新年等与年味儿相关的摄影作品,也可分为在中国的外国友人体验新春民俗、海外华侨华人迎新春、度佳节、海内外共庆新春的作品;作品必须为本人创作,不得抄袭。

三是参赛方式。参赛选手选择报名后进入参赛QQ群内,可将作品发送至邮箱×××××@qq.com,作品名称为"班级+学号+姓名+联系方式"。

(3)后期评选展示(2月19—26日)。2月11日,播放新年贺岁短视频;初评时间为2月19—21日,由院系学生会、团委评选组对参赛作品进行初步筛选;终评时间为2月22—25日,由院系教师审评,为参赛作品综合打分,按得分高低选出最终获奖作品;获奖作品及奖品将于师生返校后由联系人负责发放;获奖作品还将在我校官方微信公众号上进行展示和推广。

9. 奖项设置

奖项设置及奖品

奖项	个数/个	奖品
一等奖	1	获奖证书、等值奖品若干、年味儿摄影集册
二等奖	2	获奖证书、等值奖品若干、年味儿摄影集册
三等奖	3	获奖证书、年味儿摄影集册

10. 活动要求

(1)××学院邮箱×××××@qq.com作为本次活动的唯一投稿作品上传平台,所有报名参赛者须在指定时间将作品发至该邮箱。

(2)投稿作品不限风格和器材,单张或组图均可。

(3)投稿作品可进行简单的后期编辑,如调整曝光、对比度,但不得进行增减原始画面、合成等操作。

（4）投稿作品请勿加水印，均须保留作品的原始EXIF信息及RAW格式原件，如因著作权等知识产权发生纠纷，无法为提供保留原始EXIF信息的原图或视频原始素材进行证明，赛事主办方有权取消作品的获奖资格。

（5）参赛作品画面清晰。提交作品须保持解析度最低不少于长边4000像素，无水印内容相似作品不可重复上传。

（6）内容涉及暴力、色情、诋毁社会、宗教禁忌等法律不允许范围的作品不予参评。

11. 注意事项

（1）如因参赛者提交的参赛照片侵犯第三方合法权益、违反相关法律法规或社会公序良俗，其法律责任由参赛者承担，与主办方无关。主办方因此受到损失的，主办方有权要求参赛者承担损害赔偿责任。

（2）如因参赛者个人原因（包括但不限于参赛者未提供真实有效信息）导致活动主办方未在有效期内联系获奖用户的，视为该获奖用户主动放弃奖品。

（3）参赛者应对其作品拥有独立、完整、明确、无争议的著作权，还应保证其投送的作品不侵犯第三人的包括但不限于著作权、肖像权、名誉权、隐私权等在内的任何权利。

（4）参赛者对其投稿作品拥有永久著作权，活动主办方和征稿平台拥有其作品在活动推广期间的使用权，不另行支付稿酬，如用于后续展览、画册及相关衍生品等，需另行单独与作者取得授权。征稿期间，用于宣传和展示的作品不代表最终入选结果。主办方包括其关联公司、战略合作伙伴等，参赛者被视为默认此项规则。

（5）最终解释权归××大学××学院团委所有。

12. 附件

奖项、个数及预算

奖项	个数/个	预算/元
获奖证书	8	20
等值奖品若干	1	300～500
等值奖品若干	2	200～400
年味儿摄影集册	6	200

【思考练习】

1. 运用所学知识，撰写一份在校期间开展任一活动的策划方案。

启　事

一、启事的概念与特点

启事是机关、社会团体、企事业单位或公民个人需要向公众公开说明某件事项,希望有关人员参与或者协助办理而使用的告知性应用文。

启事的特点如下。

1. 公开性

启事的内容是公开呈现出来的,通过各种新闻媒体公开传播,为公众所知晓。

2. 广泛性

启事的内容可以用于公务中的招生、招聘、开业、庆典、单位成立、商标的使用与更换等多种事宜。

3. 回应性

启事不同于只是向社会"告知"的声明,它要求通过告知得到社会广泛的回应,以解决自己的某项公务事宜。

4. 自主性

启事不具有强制性和约束力。启事的对象有参与的自主性,可以参与或不参与。

二、启事的基本分类

启事的种类很多,使用范围也越来越广,已由原来仅限于寻人、寻物、招领等启事,发展到征婚、招贤、招聘、征集等几十种类型,涉及社会生活的各方面。

按内容性质,启事可分为招生启事、招聘启事、寻物启事、征婚启事、庆典启事、挂失启事、招工启事等。

按公布形式,启事可分为报刊启事、广播启事、电视启事、网络启事、街头启事等。

三、启事的一般格式与要求

启事一般由标题、正文和落款组成。

1. 标题

启事的标题比较灵活,可以由事由和文种构成,如征集启事、征稿启事等,也可以只写文种,或由启事机关单位的名称和事由组成,如××大学英语四六级培训班即日起开始报名。

2. 正文

启事的正文主要说明启事事项,具体包括发出启事的目的、意义,办理启事事项的方式、方法、要求等内容。

正文的写法比较灵活,可以分段说明,也可以不分段说明,可以标序列述,也可以列小标题分述。要注意不同的启事写法不尽相同,形式应该为内容服务;表述要简洁明确、直截了当;恰当使用礼貌用语。

3. 落款

落款包括署名、时间和附项等。附项,即在正文左下方注明联系地址、邮编、电话及联系人等内容。

启事的写作要求标题鲜明,使人一眼就能看出启事的性质与内容;不能将"启事"误写为"启示";内容必须完全真实,不得弄虚作假,否则就是欺骗他人;应一事一启,事项单一,使人容易明确启事的目的和具体要求,好着手办理;文字要简明,让人一看就懂,不要写得"雾里看花",不得要领;措辞要礼貌讲究,注意适当运用表示欢迎、希冀、感谢之类的词语。

四、启事范例

招领启事

昨天下午3点,本人在实验楼捡到一副耳机。请丢失耳机的同学到高一(2)班××处认领。

高一(2)班××

20××年×月×日

寻物启事

昨天上午8点30分的体育课上,本人将一副网球拍遗落于网球场。有拾到者请联系高三(1)班王××。感谢!

高三(1)班王××

20××年×月×日

×× 市 ×× 大酒店招聘启事

×× 市 ×× 大酒店招聘以下人员：

(1)财务经理1名,财务主管1名,收入审计主管1名,技术维修主管1名。要求管理学本科及以上学历,具有酒店工作经验,较强的社交能力、口头及书面表达能力,富有开拓精神,年龄26~35岁,需有本地户口、单位证明。酒店可提供住宿。

(2)前台1名。要求大专及以上学历,女性,身高1.65m以上,年龄20~30岁,具有较强的社交能力。

有意者请于即日起7天内将相关资料及简历寄至 ×× 市 ×× 街 × 号楼 × 单元 × 室。

×× 市 ×× 大酒店

20×× 年 × 月 × 日

【思考练习】

1. 根据下面提供的材料,请以王一的名义写一则招领启事。要求文体符合、言简意赅、措辞得当。

2020年4月7日,李明在返校途中不慎将白色钱包遗失。钱包内有人民币680元,当日海南至武汉的飞机票一张,耳机一副。李明的白色钱包于当日被他人拾到并交给学校保卫处的王一。学校保卫处的电话是86868888。

2. 学校即将举行校园文化艺术节,请以学生会的名义在全校发布一则征集节目的启事。

新　　闻

一、新闻的概念与特点

新闻,又称消息,是经新闻媒体,如报纸、电台、电视台、互联网等传播的记录社会、传播信息、反映时代的一种文体。新闻的概念通常有广义和狭义之分。广义的新闻是指对新近发生或正在发生的事实的报道,或者对早已发生却是新近发现的有社会意义的能引起广泛兴趣的事实及时报道和传播,包括消息、通讯、特写、报告文学、深度报道和新闻述评等;狭义的新闻专指消息,即用概括的叙述方式、简明扼要的文字迅速、及时地报道国内外新近发生的有价值的、群众最关心的事实。

新闻的特点如下。

1. 公开性

新闻是一种公开发表的文体。新闻事实只有被公开报道出来,为公众所知晓、为社会所承认,才能实现其新闻价值。

2. 真实性

真实是新闻的生命,是新闻存在的基础。在新闻报道中的每一个具体事实必须符合客观实际,即新闻所报道的事件、人物、数字、思想、观点等都必须准确、可靠。新闻报道要与具体事实相符,能反映全面的事实真相,也要准确地报道全面的事实。

3. 时效性

新闻是对瞬息万变的客观现实的及时记录。由于新闻报道所产生的社会效果的时间有限,人们对新闻时效的要求也越来越严苛,所以贵在迅速及时。在新闻实践中,一般而言,事件性新闻时效比较短,而非事件性新闻时效比较长。讲求时效并不是越早越好,更重要的是选准时机。

4. 准确性

准确性主要有三层含义:一是报道的时间必须准确,报道新近已经发生或正在发生,或者早已发生却是新近发现的事件;二是报道的地点必须准确;三是报道的人物必须与事实相符。

二、新闻的六要素

新闻的要素是构成消息所写事实的基本因素。从表达方式看,新闻作为一种以叙事为主的文体,其基本要素大体与记叙文的六要素相同。新闻的六要素,即时间、地点、人物,事件的起因、经过和结果。很多学者将新闻的六要素总结为"5W1H",即 Who(何人)、What(何事)、When(何时)、Where(何地)、Why(何因)、How(如何)。

一篇新闻,无论是消息,还是通讯、特写,一般都包含六个要素,这样一件事才能被说清楚。当然,对消息来说,新闻的六要素不必样样俱全。为了把消息写短,使消息的写作富有变化,删除某些要素也是可以的。

三、新闻的结构

新闻的结构是指新闻作品谋篇布局的整体设计。新闻在结构上一般包括标题、导语、主体、背景和结语五个部分。

1. 标题

一则好的新闻,首先要有一个引人入胜的标题。标题一般包括引标题、主标题和副标题等。第一行为引标题,主要是介绍背景、烘托气氛、说明因果、引出主标题等;第二行为主标题,用来揭示消息的核心内容和主要事实;第三行为副标题,用于补充主标题的不足,或提供新的事实,或点明思想意义。新闻标题的拟定既要概括消息的主要内容,又要醒目、突出重点,如高温天气即将缓和最高气温降至30~33℃(引标题)、暴雨来袭!湖北启动四级应急响应(主标题)、请大家注意防范暴雨及强对流天气(副标题)。

2. 导语

导语是新闻开头的第一句话或第一个自然段,通常以简明扼要的文字概括介绍新闻的主要内容,揭示新闻的主题,呈现最重要、最新鲜或者最有特点的新闻事实,进一步吸引读者阅读。新闻导语的写法通常有描写式、叙述式、评论式、结论式、提问式、引语式等。

3. 主体

主体是新闻的主干部分,承接导语,是用具体而充分的新闻事实对导语内容进行展开与补充,使导语能进一步扩展和阐述所要揭示的主题,或者回答导语中提出的问题。主体的结构一般有三种:逻辑结构、时序结构和时序与逻辑兼备的结构。

4. 背景

背景是新闻事件发生的历史环境和客观条件。除简讯外,一般的新闻都需要交代背景。背景使读者能够更好、更准确地理解新闻内容,背景的交代对新闻事实起到说明、补充与衬托的作用。

5. 结语

结语,又称结尾,是新闻正文的最后一句话或最后一段,是新闻事实的结尾。新闻的结语可以结束全文、深化主题,或阐明消息所述事实的意义,加深读者的理解和感受,或指出发展趋势、展望未来等。消息的结尾方式有小结式、评论式和希望式等。

四、新闻范例

国际篮联三人篮球亚洲杯资格赛

中国男篮以21∶8大胜斯里兰卡队获两连胜

齐鲁壹点7月8日报道:

北京时间7月7日,国际篮联三人篮球亚洲杯资格赛继续进行,中国男篮在首战大胜汤加男篮后,迎来了资格赛的第二个对手斯里兰卡队。面对实力较弱的斯里兰卡队,中国队开局略显急躁,出现了一些失误,但随后稳住阵脚,很快便取得了明显的领先优势,最终中国男篮以21∶8轻松战胜对手,在收获两连胜的同时,成功晋级亚洲杯正赛。

【思考练习】

1. 运用所学新闻知识,结合最近发生的新闻事件,自拟标题,写一篇新闻报道。要求结构完整、语言生动、主题鲜明,不超过600字。

参考文献

[1]朱东润.中国历代文学作品选·上编[M].上海:上海古籍出版社,2008.

[2]董楚平.楚辞译注[M].上海:上海古籍出版社,2012.

[3]闻钟.世说新语[M].北京:商务印书馆,2018.

[4]朱东润.中国历代文学作品选·中编[M].上海:上海古籍出版社,2008.

[5]骆宾王.骆临海集笺注[M].陈熙晋,笺注.上海:上海古籍出版社,1985.

[6]萧涤非,周汝昌,等.唐诗鉴赏辞典[M].上海:上海辞书出版社,1985.

[7]郁贤皓.李白选集[M].上海:上海古籍出版社,2013.

[8]萧涤非.杜甫全集校注[M].北京:人民文学出版社,2013.

[9]李昉,等.太平广记[M].上海:上海古籍出版社,2008.

[10]屈光.柳宗元选集[M].上海:上海古籍出版社,2016.

[11]陈允吉,吴海勇.李贺诗评选[M].上海:上海古籍出版社,2011.

[12]刘石.苏轼词集[M].上海:上海古籍出版社,2010.

[13]邓广铭.稼轩词编年笺注卷二[M].上海:上海古籍出版社,1993.

[14]王实甫.西厢记[M].武汉:长江文艺出版社,2020.

[15]汤显祖.牡丹亭[M].北京:知识出版社,2015.

[16]罗贯中.三国演义[M].南京:译林出版社,2019.

[17]张岱.陶庵梦忆[M].马兴荣,点校.上海:上海古籍出版社,1982.

[18]朱东润.中国历代文学作品选·下编[M].上海:上海古籍出版社,2008.

[19]蒲松龄.聊斋志异[M].南京:江苏凤凰文艺出版社,2018.

[20]曹雪芹.红楼梦[M].北京:华文出版社,2019.

[21]徐志摩.再别康桥:徐志摩诗歌全集[M].北京:线装书局,2008.

[22]老舍.茶馆[M].北京:商务印书馆,2017.

[23]戴望舒.雨巷·我用残损的手掌[M].上海:复旦大学出版社,2006.

[24]威廉·莎士比亚.哈姆莱特[M].朱生豪,译.北京:商务印书馆,2012.

[25]杰克·伦敦.杰克·伦敦小说选[M].万紫,雨宁,胡春兰,译.北京:人民文学出版社,2003.

[26]山海经[M].方韬,译注.北京:中华书局,2011.

[27]古斯塔夫·施瓦布.希腊神话和传说[M].楚图南,译.北京:人民文学出版社,2021.

[28]论语[M].陈晓芬,译注.北京:中华书局,2016.

[29]孟子[M].方勇,译注.北京:中华书局,2017.

[30]惠能.周读书系·六祖坛经[M].李明,注释.长沙:岳麓书社,2016.

[31]孙武.孙子兵法[M].陈曦,译注.北京:中华书局,2022.

[32]楚辞[M].林家骊,注释.北京:中华书局,2019.

[33]谭新红,王兆鹏.唐宋词名篇导读[M].武汉:长江文艺出版社,2005.

[34]文心雕龙[M].王志彬,译注.北京:中华书局,2012.

[35]王永照.苏轼选集[M].上海:上海古籍出版社,2013.

[36]王国维.人间词话[M].徐调孚,周振甫,注.王仲闻,校订.北京:人民文学出版社,2018.

[37]沈括.梦溪笔谈[M].诸雨辰,译注.北京:中华书局,2016.

[38]徐霞客.徐霞客游记[M].朱惠荣,译注.北京:中华书局,2016.

[39]刘畅.新编现代应用文写作与范例大全[M].北京:清华大学出版社,2019.

[40]吴满珍.大学语文与实用写作[M].北京:清华大学出版社,2020.

[41]张瑞年,张国俊.应用文写作大全[M].北京:商务印书馆,2020.

[42]李华,廖晓文,贾悟凡.新媒体写作与传播[M].北京:人民邮电出版社,2021.